웨슬리안 실천교리

웨슬리안 실천교리

초판 1쇄 발행 | 2019년 9월 17일
초판 2쇄 발행 | 2023년 11월 7일

지은이 | 김민석
발행인 | 강영란

편집 | 강혜미, 권지연
디자인 | 트리니티
마케팅 및 경영지원 | 이진호

펴낸곳 | 도서출판 샘솟는기쁨
주소 | 서울시 충무로 3가 59-9 예림빌딩 402호
전화 | 대표 (02)517-2045
팩스 | (02)517-5125(주문)

이메일 | atfeel@hanmail.net
홈페이지 | www.vivi2.net
출판등록 | 2006년 7월 8일

ISBN 979-11-89303-20-4(03200)

이 도서의 국립중앙도서관 출판예정도서목록(CIP)은
서지정보유통지원시스템 홈페이지(http://seoji.nl.go.kr)와
국가자료종합목록 구축시스템(http://kolis-net.nl.go.kr)에서
이용하실 수 있습니다. (CIP제어번호 : CIP2019033077)

존 웨슬리의
자녀들을 위한
교훈서(1746),
1749 교리 총회록
번역 수록

John Wesley

무엇을 가르칠 것인가?

무엇을 알아야 하는가?

웨슬리안 실천교리

김민석 지음

샘솟는기쁨

이 책을 높이 평가하며 추천합니다!

전영호 명예교수 | 조직신학, Saint Paul School of Theology, Leawood, Kansas, U.S.A.

누군가 "왜 교리가 필요합니까?"라고 묻는다면, 나는 예수께서 제자들에게 "너희는 나를 누구라고 말할 것이냐?"(마태 15:15)라고 던진 질문에 대해 답을 제대로 할 수 없기 때문이라고 하겠다.

기독교 교리는 인간에게 문화적으로 각각 주어진 언어로 다음과 같은 안목을 통하여 예수의 질문에 응답할 틀을 제시할 수 있다. 예수는 누구인가? (기독론), 왜 그는 고난을 당했니? (죄론), 어떻게 그의 십자가의 죽음이 우리에게 속죄를 부여했는지? (속죄론), 어떻게 그와 관계맺고 있는지? (성령론), 어떻게 그의 죽음으로부터 우리가 혜택을 얻는지? (구원론), 어떻게 성령이 그리스도 안에서 새로운 창조의 첫 열매를 거두는지? (교회론), 그가 재림할 때 무슨 일이 일어날지? (종말론)

예수가 누구인지를 모든 이들에게 설파하기 위해서는 하나님, 삼위일체, 창조와 같은 교리도 필요로 한다. 예수에 대한 이야기는 동정녀 마리아에게 탄생한 사건으로부터 시작이 아니고, 이 세상의 모든 것을 그와 더불어 창조하신 성부와 성령과의 친밀하고도 영원한 교제로부터 시작되었기 때문이다. 끝으로 예수 그리스도는 참 하나님이시고 참 인간이시기에 인간은 무엇인가?라는 질문을 다루어야 하고, 따라서 보듯이 조직신학에서 다루는 모든 교리적 주제들이, "예수가 누구인가?"에 대하여 제대로 이야기하려면 모두 동원되어야 한다.

김민석 박사가 저술한 『웨슬리안 실천교리』는 위의 중요하고도 핵심적 교리를 심도 있으면서 평이한 언어로 간결하게 다루고 있다. 이 책을 읽는 이들은 예수에 대한 더 깊고 넓은 신학적 지식을 얻을 뿐만 아니라, 더 깊고 더 넓은 지식을 갈망할 영적 탐구 정신을 얻게 되리라 믿는다. 특히 웨슬리의 신학적 전통과 영적 전승을 따르는 감리교, 성결교, 구세군 등 그 후예들에게 새로운 통찰력 있는 정보와 지식도 터득하게 될 것이다.

왜 이 같은 교리가 필요한가? 교리를 제대로 이해하면, 삶을 영위할 때 신앙인으로서 정체성을 지니고 세상을 대할 수 있고, 독선적이 아니면서 자긍심과 자존감을 가지게 한다. 이것이야말로 오늘날 우리가 살고 있는 사회와 역사에 아주 필요한 고결한 미덕이라 생각된다. 또한 건전한 삶을 영위하려면, 지적 성장, 도덕적 성장, 사회성 성장, 감성적 성장, 심리적 성장, 그리고 영적 성장이 있어야 한다.

이 책은 기독교 교리와 함께 영적 성장에 필요한 요소들에 대한 설명과 해설이 잘 정리되어 있다. 기독교인의 3가지 삶의 목적은 (1) 하나님께 모든 영광을 돌리고, (2) 남에게 유익한 일을 조건 없이 사랑으로 하며, (3) 하나님의 형상을 회복하는 데 나에게도 유익하며 보람 있는 일에 헌신하는 것이다.

이 책을 통하여 웨슬리의 핵심 교리인 하나님을 향한 사랑과 예수 그리스도를 통하여 받은 사랑을 이웃과 아낌없이 나누고 선물할 때 맛볼 수 있는 새로운 삶의 에너지, 기쁨, 그리고 행복을 알게 될 것이다. 이 같은 일에 우리의 마음(heart)을 다하고, 뜻(mind)을 다하고, 힘(strength)을 다하고, 몸(body)을 다하여 교회에서 훈련하여 성화와 완전 성화에 이르도록 각성이 있기를 바라고, 이 책을 높이 평가하며 추천의 말을 맺는다.

웨슬리 신학의 르네상스, 영적 각성을 열망하며

김홍기 교수 | 감리교신학대학교 전 총장, 웨슬리신학 및 역사신학

저자 김민석 박사는 미국의 명문 게렛신학대학원에서 신학과 윤리(웨슬리안과 감리교 신학 전공)로 박사학위를 받은 장래가 촉망되는 학자다. 이번에 목회자와 평신도가 함께 읽을 수 있는 웨슬리안 신학의 교리 해설을 중심으로 첫 책을 세상에 내놓게 되어 축하드린다.

나는 한국교회가 절대적으로 부족한 사랑의 사회적 실천을 통하여 세상 속에 빛을 발하는 "사회적 성화(social sanctification)"를 지난 20년간 강조하여 왔다. 특히 웨슬리가 역사적으로 루터주의 모라비안들과 신학논쟁을 하면서, 그리고 칼빈주의자들과 신학논쟁을 하면서 예정론, 신앙제일주의, 은총의 방편을 무시하는 사상을 넘어서 믿음으로 행함과 사랑으

로 온전케 되는 성화론, 18세기 산업혁명 과정에서 노동속회와 더불어 경제적 성화와 사회적 성화운동의 역사적 변혁을 일으켰음을 밝혀 왔다.

그런데 이번에 김민석 박사가 나의 해석을 더 발전시켜 성화를 "거룩"과 "사랑"의 역설적이며 통전적 결합인 "거룩한 사랑(holy love)"이란 개념으로 해석하니 아주 기쁘다. 이것은 웨슬리의 본래적 사상이다. 웨슬리는 찬송가 서문에서 "나는 사회적 성결(social holiness)이 아닌 성결을 모른다"고 강조하였고, 김 박사는 본 저서에서 거룩한 사랑은 위로 하나님을 사랑하고 아래로 사회 속에서 인간을 사랑하는 것임을 강조하고 있다. 특히 거룩한 사랑으로 성서적 성결을 개인적으로, 교회적으로, 국가적으로 널리 전파하여 개인이 변하고, 교회가 변하며, 나아가 국가가 변하는 민족개혁의 꿈을 웨슬리가 실현하였음을 잘 강조하였다.

또한 이 책은 웨슬리의 삼위일체 이해와 구원의 질서 이해를 잘 소개하였고, 선행은총, 회개의 은총, 의롭다 하심의 은총, 거듭남의 은총, 성화의 은총, 완전은총을 교회론적, 종말론적 시각과 함께 신학적이고, 실천적인 교리로 잘 소개하고 있다.

이 책을 통하여 웨슬리 신학의 르네상스가 다시 일어나길 소망한다. 또한 교회마다 웨슬리 영적 각성 부흥운동이 다시 불붙기를 열망한다. 그리고 신학생들과 목회자들이 교회를 살리고 교인들을 영적으로 성숙시켜 작은 예수 운동이 많이 나타나길 꿈꾼다.

목회현장, 신앙생활에 꼭 필요한 가이드라인

이후정 교수 | 감리교신학대학교, 역사신학

사랑하는 제자 김민석 박사에 의해『웨슬리안 실천교리』가 출판되어 진심으로 기뻐하며 추천합니다. 김 박사는 웨슬리안 전통을 역사적, 교리적, 조직신학적, 나아가서는 윤리적인 연구를 많이 하면서 폭넓은 학문적 준비를 해 왔습니다. 이 방면의 풍부한 지식이 모여 이 저서가 나오게 된 것입니다. 이 책에서 단편적인 웨슬리 연구를 넘어서 포괄적인 비전과 전망을 얻게 될 것입니다.

저자의 말대로 그리스도교 신앙에서 앎은 그저 앎으로 끝나지 않습니다. 먼저 신앙고백이 있고, 그 체험된 하나님 신앙, 구원의 경륜은 교회의 올바른 가르침으로 세워집니다. 이것을 '교리'라고 부릅니다. 그것을 배우고 알게 될 때, 신앙은 이해로 나아가고 바른 신앙생활과 영성생활을 할 수 있습니다. 그러한 신앙과 지식을 생활에서 적용하면서 웨슬리안 전통은 특히 훈련의 차원을 중요하게 여기게 됩니다. 동시에 체험과 실천이란 면에서 중요합니다. 그래서 웨슬리는 참된 산 신학을 "실천적인 신학", "경험적인 신학"이라고 했습니다.

이 책의 제목처럼,『웨슬리안 실천교리』는 기독교 교리를 삶의 실천 관계에서 펼쳤다는 점에서 깊은 의미를 가집니다. 단지 이론, 혹은 추상적인 사변에 그치는 교리가 아니라는 것입니다. 구체적인 삶의 실존에서 하나님을 만나고 체험한 그 구원의 길(순서)에 의해 웨슬리는 교리를 성경적으로 세웠습니다.

이 책은 특히 〈자녀들을 위한 교훈서〉와 〈1749년 총회록〉을 통해 이러한 교리의 기초를 문답서 형태로 풀어간 좋은 책입니다. 이 저술이 그동안 매우 필요했는데 정말로 기쁜 일입니다. 오늘날에도 교회에서 자녀들을 성경으로 가르칠 때 기초적 교리 해설이 필요할 뿐만 아니라, 성인들에게도 웨슬리안 교리를 교육하는 것이 목회현장에서 매우 중요하기 때문입니다. 바라기는 이 귀중한 책이 목회와 신자의 신앙생활, 영성훈련 등에 꼭 필요한 가이드라인을 주는 기초 자료로 사용됨으로써 많은 독자들에게 큰 유익이 있기를 기도하며 추천합니다.

경건한 삶을 추구하는 모든 사람의 책

최이우 목사 | 종교교회 담임

"하나님이 세상을 이처럼 사랑하사 독생자를 주셨으니 이는 그를 믿는 자마다 멸망하지 않고 영생을 얻게 하려 하심이라." 요한복음 3장 16절은 누구나 구원받을 수 있는 길을 누구나 이해할 수 있도록 선포하신 예수님 말씀이다. 우리 교회가 몇 년 전부터 '신구약성경 10,000회 통독'을 진행하고 있는데, 이제 4,000독에 이르렀다. 몇몇 분은 100독을 넘게 하신 분들도 있다. 이분들이 신학을 전공하신 분들이 아니라, 아주 평범한 교우들로서 연세가 높은 분들도 있다. 이처럼 성경이 가장 오랫동안

베스트셀러가 되어 온 것은 누구나 읽고 이해할 수 있는 쉬운 책이기 때문이다.

그런데 신실하게 교회를 섬기고 은퇴하신 한 장로님의 말이 귓전에 울린다. "예수님의 복음서를 읽으면 참 쉬운데, 사도바울의 서신들은 복잡하다. 목사님들은 같은 본문으로 너무 다르게 설교하기 때문에 헷갈리고, 신학자들의 책은 읽고 또 읽어도 도무지 무슨 소리인지 알 수가 없다." 심혈을 기울여 준비하고 생명을 다하여 선포하는 목사의 설교를 성도들이 듣기 어려워하고, 신학자들이 머리에 쥐가 나도록 연구하여 출판한 책들이 대부분 초판 발행에서 멈추는 이유가 무엇인지 이해할 듯하다. 한마디로 너무 어렵고 혼란스럽다는 말이다. 기독교의 교리를 교회강단에서 다양한 계층의 성도들이 쉽게 이해할 수 있도록 설교한다는 것은 간단하지 않다.

그동안 한국교회는 비록 감리교회용은 아니지만, '소요리문답' '기독교강요' 같은 교리서들이 있어서 나름 교회를 든든히 세우는 데 기여해 왔다. 감리교회는 늦은 감이 있지만, 김 박사께서 『웨슬리안 실천교리』를 저술하여 감리교인이 무엇을 어떻게 알고 믿어야 하는지 길라잡이가 되도록 하셔서 고마운 마음이 크다.

한국의 기성교회들의 영적 열정이 조금씩 식어가자 이단교회와 사상이 우후죽순처럼 일어나고 있는 이때 이 책은 메마른 땅에 기다리던 단비와 같다. 예수님이 핏값으로 사신 몸 된 교회와 성도들을 사랑하는 김 박사의 따뜻한 사랑을 담아 알기 쉽게 쓴 이 저서가 목사님들이 강단설교에 적극 활용할 수 있는 책, 모든 성도들이 쉽게 읽을 수 있는 책이 되기를 바란다. 한국교회 모든 신학자, 목회자, 성도가 숙독하는 은혜로운 책이 되기를 기도하며, 다시 한 번 김민석 목사님께 감사드린다.

기다렸어야 했고, 진작 우리 곁에 있어야 할 책

나형석 교수 | 협성대학교, 예배학

교리에 대한 무관심, 실용주의적 혼합, 혹은 왜곡으로 인해 메소디스트 공동체는 지난 두 세대 동안 역사적 정체성과 사역의 방향을 잃고 표류해 왔다. 이런 사정을 배경으로 저자는 본서에서 이 시대의 메소디스트 운동을 향해 교리적 재건축의 필요성을 호소하고, 목회현장을 위해 교리적 자료들을 제시하고 있다.

그에게 교리는 단지 지식이 아니라 구원의 영적 세계를 창조하는 룰이며 세계관으로서 메소디스트들의 자기 정체성을 유지해주는 버팀목이다. 본서를 통해 이 공동체의 역사적 존재 이유가 성서적 성결의 실현에 있으며, 그것에 이르는 길은 주께서 성경에서 밝힌 구원의 순서(ordo salutis)에 있음을 밝힌다. 그리고 그 길을 교리적으로, 목회적으로 친절히 설명해주고 있다.

저자에게 교리는 공의회 문서나 설교 원고뿐만 아니라 그리스도인의 영적 세계의 내재적 원리로서 존재해야 하는 것이다. 따라서 교리의 내용 못지않게 그것의 기능과 사명을 자리매김하는 데 정성을 들인다. 독자들은 파트 1의 "웨슬리안 교리해설"에서 저자가 제시하는 짧고 직선적이며 담백한 개념 설명과 함께 구원의 순서에 대한 큰 그림을 마주하게될 것이다. 읽다 보면 웨슬리의 교리에 대한 이해들이 미세하게 조정되고 틈들이 메워지며, 그 관계들이 의미 있게 이어진다는 경험을 피할 수없게 된다.

본서의 교리는 웨슬리 초기뿐 아니라 중기와 후기의 신학적 궤적이산재한 150여 편의 설교 전 편에 근거해 제시되고 있어 1746년부터 1760년까지 설교문을 엮은 44편의 표준설교를 보다 다층적이고 역사적 안목에서 이해하는 데 도움을 준다.

파트 2의 "자녀들을 위한 교훈서"(1746)에서는 자녀들을 위한 교리 교육 교재가 번역되어 제시되었다. 청소년들과 어린이들을 종교적으로 책임져야 할 부모들을 위한 실천적 교재이다. 교리를 교육과 영성형성의매체로 삼은 웨슬리의 교리이해가 인상적이다. 교리 문답과 주제별 교훈들로 구성되어 있는데, 특히 교훈들은 메소디스트 영성의 길, 모양 그리고 향을 느끼게 해준다. 내용은 도전적이며 독자에게 자기에 대한 정직,겸손, 용기를 요구하는 것들이다. 웨슬리가 말하듯 메소디스트답게 생각하는 법을 가르쳐준다.

"교리 총회록(1749)"은 폭발적 부흥운동으로 발전하면서 마주하게 되는 주변의 격렬한 반응과 도전 앞에서 초기 메소디스트 영적 세계의 입안자들이 어떠한 긴장, 정직, 확신, 의심, 인내를 가지고 성경, 체험, 전통그리고 이성에 견주어 교리 문제를 세워왔는지 그 조심스럽고 두근거리는 역사적 발전 과정과 심리적 긴장을 엿보게 해준다. 기대하고 있지 않았으나 막상 출판되어 살펴보니 반드시 기다렸어야 했고, 진작 우리 옆에 있어야 할 책이었다는 생각이 든다.

『웨슬리안 실천교리』의 출판을 환영하며, 이 책을 특히 유아세례에 참여한 부모들, 교회학교 교사들, 신학생들, 목회자들, 그리고, 웨슬리의 자료들을 분명하고 계통 있게 읽고자 하는 이들에게 추천한다.

그리스도인의 정체성 회복

이은재 교수 | 감리교신학대학교, 역사신학

먼저 '웨슬리안'이란 표현이 낯설거나 생소한 이들에게 이 책은 '하나님의 자녀'와 다른 것이 아님을 밝혀줄 것이다. 둘째, '실천교리'란 용어는 교리와 신조가 이론적인 영역에 그치지 않고, 삶의 실재에서 경험 가능하고 실제적인 영향을 제공한다는 것을 의미한다. 셋째, 한국교회의 현실에서 '그리스도인의 정체성'이 바르게 회복되어야 한다는 점이 시급하다.

이런 연유로 김민석 박사님의 기도와 수고가 담긴 이 책을 기쁜 마음으로 추천한다.

웨슬리안 교리 해설

존 웨슬리가 제안한 교리 문답

신학과 실천, 아카데미아와 목회현장 디딤돌

하나님께서 우리를 왜 하나님의 자녀로 부르셨는가? 왜 웨슬리안으로 부르셨는가? 웨슬리의 언어로는 성서적 성결의 전파를 통한 개인의 변화와 교회와 국가의 변혁을 위해서이다. 세상의 변혁을 위해서 예수 그리스도의 제자가 되는 것이며, 그분의 제자를 양성하는 데 우리의 사명이 있다. 이 사명을 잘 감당하기 위해서 하나님의 진리를 아는데 힘써야 할 것이다. 그 진리가 우리의 마음과 삶에 체화되는 데 힘써야 할 것이다. 또한 앎과 훈련으로 끝나는 것이 아니라 꾸준한 실천이 있어야 할 것이다.

사명을 감당하는 데 있어서 웨슬리는 앎, 훈련, 그리고 실천의 통전적 추구가 매우 중요하다고 강조했다. 이 책은 앎, 훈련, 그리고 실천 중에 "앎"의 부분에 해당한다. 이 책의 목적은 웨슬리안이 무엇을 알아야 하고 무엇을 가르쳐야 하는가라는 질문을 향해 있다. 웨슬리안 교리를 알아가는 과정을 통해서 독자들께서는 웨슬리안으로서 정체성을 확고히 세우기를 바란다.

이 책의 내용을 간략하게 살펴보기 전에 신학적 주제들을 어떠한 순서로 배열하는지, 그리고 그 배열의 이유는 무엇인지에 대해 설명하고자 한다. 신학적 주제에 따른 교리를 배열하는 데에는 두 가지 원칙이 있다. 첫 번째 원칙은 하나님에 대해서, 그리고 하나님과 관련된 모든 것들과 하나님과의 관계이다. 두 번째 원칙은 삼위 하나님의 구원 사역 순서에 따른 것이다.[1]

토마스 아퀴나스의 경우, 삼위 하나님의 구원 사역을 염두에 두고 첫 번째 원칙의 틀을 활용하여 『신학 대전(Summa Theologica)』을 3부로 구성했다. 1부는 "하나님", 2부는 "이성적 존재가 하나님을 향해 가는 운동", 그리고 3부는 "우리를 하나님께로 이끄는 길이신 예수 그리스도(인간으로서 예수)와 성례전"이다.[2]

또한 첫 번째 원칙을 염두에 두고 삼위 하나님의 구원 사역 순서에 따르는 경우가 있다. 우리에게 이 원칙이 더 익숙하다. '성부 하나님'으로 시작해서 '창조, 피조물, 타락과 죄, 언약의 역사, 성자 하나님, 성령 하나님, 교회'라는 주제를 다루고 나서 '종말'로 마무리하는 순서이다. 조직신학의 전반적 주제를 다루는 서적들 중에 많은 수가 이러한 구조를 활용하였다. 큰 틀에서는 〈사도신경〉 역시 두 번째 원칙의 특징을 강하게 가지고 있다. 따라서 사도신경의 구조를 그대로 가지고 가는 칼뱅의 〈기독교 강요〉 역시 삼위 하나님의 구원의 순서를 따르고 있다고 볼 수 있다.[3]

1. Webster, John, Kathryn Tanner and Iain Torrance eds., The Oxford Handbook of Systematic Theology (New York: Oxford University Press, 2007), 12.
2. Thomas Aquinas, 손은실·박형국 옮김, 『신학대전: 자연과 은총에 관한 주요 문제들』 (서울: 두란노 아카데미, 2011)의 서론을 참고하라.

이 책에서 웨슬리안 교리 문답의 예로 제시하고 있는 존 웨슬리의 "자녀들을 위한 교훈서"도 그러하다. 이러한 이유로 본서의 구성 역시 삼위 하나님의 구원 사역 순서를 따르고 있다.

이 책은 두 PART로 구성되었다. PART 1은 웨슬리안 관점에 따른 조직신학의 주제별 교리 해석이다. PART 2에서는 존 웨슬리가 저술한 두 가지 교리 문답 자료를 번역하여 제시되었다.

PART 1은 웨슬리안 관점에 따른 조직신학의 주제별 교리 해석은 앞에서 말했듯이 존 웨슬리가 저술한 "자녀들을 위한 교훈서"의 교리문답과 마찬가지로 삼위 하나님의 구원 사역 순서를 따르고 있다. 각 주제와 순서에 따라 웨슬리안 사명, 교리의 필요성, 신학 방법론, 신론, 삼위일체론, 인간론, 그리스도론, 성령론, 구원론, 교회와 사회, 종말론 등을 포함하고 있다. 분량의 문제로 몇몇 주제들(언약의 역사 등)은 간략하게 설명하고 넘어갔다. 그럼에도 불구하고 이 책을 통해서 각 주제들에 대한 웨슬리안 신학의 관점을 전반적으로 살펴볼 수 있을 것이다. 따라서 이 부분은 교회 현장의 목회자는 물론 교회학교 교사 및 리더십들에게 유용한 자료가 될 것이다.

PART 2에 존 웨슬리의 "자녀들을 위한 교훈서(Instructions for Children)" 그리고 "1749 교리 총회록(연회록)"이 원문 그대로 알기 쉽게 번역되어 있다. 자녀들을 위한 교훈서는 어린이를 비롯한 청소년과 성인 새신자를

---

3. John Calvin의 Institutes of the Christian Religion, ed., John T. McNeill and trans., Ford Lewis Battles (Louisville: Westminster John Knox Press, 1960)을 참고하라.

위한 교리 문답서이다. 1749 교리총회록은 구원의 여정에 깊은 관심을 가지고 있는 사람들을 위한 좋은 길라잡이 역할을 할 수 있다. 자녀들을 위한 교훈서에는 구원의 여정(순서)에 관한 부분이 없고, 1749 교리 총회록의 주요 내용은 구원의 순서(여정)에 따른 구원론이다. 따라서 이 두 자료를 합치면 웨슬리안을 위한 교리 문답 역할을 할 수 있다.

교리는 그리스도인의 삶과 떼려야 뗄 수 없는 관계가 있다. 그 이유는 교리와 신학에 주요한 기능들 때문이다. 교리와 신학의 주요한 기능은 세계관 형성에 도움을 준다. 신앙과 삶의 규범이 되며 신앙적 삶을 위한 훈련의 가이드라인을 제공한다. 또한 우리는 교리를 통해 우리의 신앙을 변증할 수 있다.

이러한 이유로 웨슬리안을 위한 교리 해설서가 필요하다. 그런데 지금까지 웨슬리안의 교리를 체계적으로 정리하고 해설한 책을 찾기 힘들었다. 이것은 웨슬리안이 '현장 없는 신학'과 '신학 없는 현장'에 빠지기 쉽게 만드는 요인들 중에 하나였다.

따라서 현장성 있는 신학과 동시에 신학의 굳건한 토대 위에 서 있는 목회에 도움이 되기를 소망하는 마음에 이 책을 썼다. 이 책의 일차 독자는 목회자, 신학생, 교회학교 교사, 그리고 웨슬리안 전통에 익숙한 교인이다. 이 책이 신학과 실천, 그리고 아카데미아와 목회현장 사이의 가교, 디딤돌이 되기를 기대한다. 또한 교회현장에서 교리 교육을 준비하는 데 있어서 원천 자료로 잘 활용되기를 소망한다.

저자 김민석

PART 1

웨슬리안 교리 해설

John Wesley

01
사명

하나님께서 웨슬리안을 부르신 목적이 있다. 초기 메소디스트 운동(Methodist Movement)은 "국가를, 특별히 교회를 개혁하기 위해서 그리고 이 땅에 성서적 성결을 전파하기 위해서" 하나님께서 그들을 세우셨다고 믿었다. 연합감리교회(UMC)는 자신들의 사명이 '세상의 변혁을 위한 예수 그리스도의 제자를 만드는 것(to make disciples of Jesus Christ for the transformation of the world)'에 있다고 말한다. 이 사명이 250년 전의 영국 웨슬리안, 혹은 현재 연합감리교회 사명으로 제한되는 것은 아닐 것이다. 이 사명은 모든 웨슬리안의 사명, 더 나아가 하나님의 백성 모두 사명임에 틀림없다.

메소디스트 운동 초기, 설교자의 삶

1. 생전에 우리가 또 다시 모였네 예수의 보호하심을 다 찬송하리라

2. 주 예수 은혜를 힘입어 살 동안 싸움터 같은 세상에 두려움 없었네

3. 주 예수 변찮는 큰 사랑 베푸사 이때껏 인도하셨고 늘 인도하시리

4. 구주의 권능을 힘입고 살았네 그 은혜 찬송하려고 이곳에 모였네.

_생전에 우리가, 통일찬송가 280장

이 찬양의 작사자는 찰스 웨슬리이다. 통일찬송가 280장에 수록된 이 곡 '생전에 우리가'는 1749년 만들어졌으며, 원곡의 제목은 '우리가 아직 살아 있습니까?(And are we yet alive?)'이며, 8행씩 4절로 구성되어 있다. 가

사는 그의 찬송시집『찬송가들과 거룩한 시』에 수록되어 있다.

　존 웨슬리는 이 찬송가의 마지막 절을 빼고 앞의 3절을 4행씩 6절로 편집하여『메소디스트를 위한 찬송가 모음집』에 수록했고, 이 편집된 찬송시는 다시 연합감리교회(United Methodist Church) 찬송가 모음집에 수록되었다.

　찰스 웨슬리가 작사한 이 곡은 메소디스트 운동의 연회(annual conference) 혹은 총회(general conference)의 개회 찬송가가 되었다. 연회에 모인 메소디스트 운동의 지도자들은 '우리가 아직 살아 있습니까?'라는 찬양을 부르며 동역자들과의 만남을 시작했다. 이 전통은 지금까지 연합감리교회 활동에 남아 있으며, 연회(annual conference)가 시작될 때마다 이 곡을 연회의 개회 찬송으로 부르곤 한다. 연회란 일 년에 한 번씩 모여서 지난 한 해의 사역을 정리하고, 앞으로의 사역의 방향성을 결정하는 모임이다.

　메소디스트 운동의 연회는 1744년에 시작되었다. 첫 연회의 준비 모임에 안수받은 목회자들이 모였다. 그 모임에서 논의된 첫 안건은 '평신도 설교자들의 연회 참석 허가 여부'였다. 논의한 결과, 평신도 설교자들도 연회에 참석할 수 있게 되었다. 이 사건은 거의 모든 영역에 평신도 지도자들의 적극적인 참여가 웨슬리안의 전통임을 보여주는 예 중에 하나이다.

　18세기 메소디스트 운동 초기, 야외 설교자들의 사망률은 우리가 상상하는 것 이상으로 높았다. 그들은 복음을 전하다가 병으로, 낙마로, 테러로, 강도 상해 등으로 건강을 잃기도 하고 예기치 않게 목숨을 잃기도

했다. 이러한 환경 때문에 당시 설교자들은 연회에서 모일 때마다 지난 해 만났던 친구들을 볼 수 없는 경우가 많았다. 연회에서 누가 참석했는지 누가 어떻게 사망했는지를 확인하기도 했다.

이러한 상황에서 이 찬양을 부른 것이다. 우리의 옛 찬송가 280장 '생전에 우리가'의 가사는 찰스 웨슬리의 가사 원문을 충실하게 번역한 것은 아니다. 원문에 더 큰 은혜와 감동이 있다. 원문의 1절 가사는 다음과 같다.

1. 우리가 아직 살아 있습니까? 그리고 서로 얼굴을 보고 있습니까? 하나님의 무한한 은혜에 예수께 영광과 감사를 돌립시다! 하나님의 권능에 의해 여기 충만한 구원으로 인도된 우리는 그 분 앞에서 예수를 찬양하기 위해 모여 있습니다. _UMC, The United Methodist Hymnal, 553

우리가 당시의 복음 전도자였다면, 과연 이 찬송을 아무 감정 없이 부를 수 있었을까? 만약 부르게 된다면 어떠한 마음으로 이 찬송을 부르게 될까? 하나님의 사역을 감당하던 중 여러 가지 사건 사고로 인해 한 해 한 해 친구들이 시야에서 사라진다. 우리 또한 다음 모임에 건강하게 참석하지 못할 수도 있다. 이러한 상황에서 감사와 영광의 찬양을 주님께 올려 드릴 수 있을까?

메소디스트 운동 초기 야외 설교가들, 그리고 초기 미국 감리교회의 순회 설교가(circuit riders)들은 이러한 상황에서도 감사하며 함께 모여 '우리가 아직 살아있습니까?'라는 찬송을 불렀다. 그들에게 이를 가능하게 한 것은 무엇인가?

웨슬리안을 향한 하나님의 뜻

우리가 하나님의 자녀로 그리고 기독교인으로 살아갈 수 있는 것은 수많은 신앙 선배들의 수고와 헌신 덕분이다. 웨슬리안이 웨슬리안으로서 신앙생활을 할 수 있는 것 역시 초기 메소디스트 운동 참여자들의 생명과 헌신, 피와 땀으로 인한 것이다. 그들은 어떠한 어려움 중에도 하나님께서 그들에게 주신 사명을 완수하기 위해 노력했다.

지금 이 순간 여러분에게 다음과 같은 질문을 던지고자 한다.

"왜 하나님께서 당신을 하나님의 자녀로 부르셨는가?"

"왜 하나님께서 당신을 웨슬리안으로 부르셨는가?"

이 질문에 대답하기 위해서 웨슬리와 메소디스트들이 확신했던 사명, 하나님께서 부여하셨다고 믿었던 사명에 대해 알아보는 것은 의미 있는 일이다.

초기 메소디스트 운동 연회록에 웨슬리안 사명 선언문이 있다. 연회록은 연회에서 있었던 모든 일에 대한 기록을 모은 문서이다. 연회록 관련해서 특별히 기억할 만한 것은 1749년에 『교리 총회록』과 『장정 총회록』을 구분해서 출판한 것과 '연회록'의 확장판인 『대연회록(Large Minutes; 1753, 1763, 1770, 1772, 1780, 1789, 1797)』이 출판되었다는 점이다.

이 중에 "1749 교리 총회록"은 1744년부터 1747년 연회에서 다루었던 신학적 뉘앙스를 고려한 웨슬리안의 구원론 관련 문답을 모은 것인데, 이 책에 소개된 교리 문답서 역할을 할 수 있는 웨슬리의 저술 "자녀들을 위한 교훈서(Instructions for Children)"에는 구원의 여정(순서)에 관한 내용이 없다. 따라서 이 두 자료, "자녀들을 위한 교훈서"와 "1749 교리 총회록"을 합하면 웨슬리안을 위한 교리 문답 구성의 기초가 될 것이다.

웨슬리는 연회에 모인 메소디스트 운동 지도자에게 메소디스트를 향한 하나님의 뜻과 계획에 관련된 질문을 한다. 이 물음은 웨슬리안의 사명과 연결된다.

"메소디스트 설교자들을 세우신 하나님의 의도가 무엇이라고 믿는 것이 합리적입니까?"

그곳에 모인 설교가들은 다음과 같이 대답했다.

"국가, 특별히 교회를 개혁하기 위해서 그리고 온 땅에 성서적 성결을 전파하기 위해서입니다." [1]

초기 메소디스트 운동 참여자들은 하나님께서 개인의 변화와 세상의 변혁을 위해서 그들을 불렀다는 확신이 있었다. 그리고 성서적 성결의 전파로 개인의 변화와 세상의 변혁이 성취된다고 믿었다.

그러면 웨슬리안에게 성서적 성결이란 무엇을 의미하는가? 웨슬리는 그의 저작들에서 성결에 대해 다양하게 설명한다. 그 중에 핵심적이며 아주 간결한 설명이 "자녀들을 위한 교훈서"에 있다. "성결이란 무엇입니

---

1. Large Minutes, 1753-63, in Works, 10:845 (Works는 The Bicentennial Edition of the Works of John Wesley 의 약어); 메소디스트 운동을 향한 하나님의 계획과 뜻에 대한 문답은 1763 총회록, 1770 총회록, 그리고 1772 총회록에서는 4번 문항에, 그리고 1780 총회록과 1789 총회록에서는 3번 문항에 나온다. Ibid., 936.

까?"라는 물음에 "하나님을 사랑하고 하나님을 위해서 온 인류를 사랑하는 것입니다"라고 답했다.

성서적 성결이란 다름 아닌 하나님의 거룩한 사랑을 받은 우리가 하나님을 사랑하고, 하나님께서 사랑하시는 모든 피조물들을 사랑하는 것이다. 온 땅에 성서적 성결이 전파된 상태는 하나님 사랑과 이웃 사랑의 실천을 통해 온 땅이 하나님의 거룩한 사랑으로 충만해진 상태이다.

어떤 사람은 이 사명 선언이 설교자들을 위한 것이 아니냐고 물을 수도 있을 것이다. 그러나 이 사명은 단순히 지도자들과 설교자들에게만 주어진 것이 아니었다. 웨슬리는 신도회(Society, 오늘날 개체 교회)의 목적, 그리고 신도회 소그룹(속회, 밴드, 선발 신도회 등)의 목적 또한 "성서적 성결" 전파에 있다고 분명히 말하고 있다. 이 점에 비추어 보면 메소디스트들은 성서적 성결 전파와 사회 개혁이 하나님께서 그들에게 주신 사명이라고 믿었음에 틀림없다.

세월이 흐르면서 상황의 변화에 따라 이러한 메소디스트 운동의 사명 선언 또한 변화의 과정을 거친다. 먼저 웨슬리 생전 영국의 메소디스트 운동 내부에서는 국교회로부터 분리되어 독립된 교단과 교회를 만들자는 요구가 생겼다. 웨슬리는 이 요구를 거부했다. 이러한 거부의 명확한 표현으로 메소디스트 운동의 사명 진술에 "분파를 만들려는 것이 아니라"라는 귀절을 추가했다.

초기 메소디스트 운동이 교단으로 교회로 처음 제도화된 것은 영국이 아닌 미국에서였다. 북아메리카 대륙에 메소디스트 운동이 전파된 것은 영국 메소디스트 운동의 확장 결과 중에 하나였다. 특이한 점은 웨슬리가 설교자들을 먼저 신대륙에 보낸 것이 아니었다는 것이다.

신대륙의 메소디스트 운동은 1760년대 초반에 자생적으로 시작되었다. 영국에서 메소디스트 운동에 참여했던 사람들이 신대륙으로 이민을 가서 자발적으로 모임을 시작했다. 메릴랜드(Maryland) 북부와 동부에서 활동했던 로버트 스트로브리지(Robert Strawbridge, 1732-1781), 뉴욕에서 활동했던 필립 엠버리(Philip Embury, 1728-1773), 바바라 헥(Babara Heck, 1734-1804), 토마스 웹(Captain Thomas Webb, 1724-1796) 등이 핵심 인물이다.

이 모임들이 성장함에 따라 1768년에 토마스 테일러는 존 웨슬리에게 편지를 보내 자생하고 있는 식민지의 메소디스트 운동을 위해서 공식적으로 설교자들을 보내줄 것을 요청했다. 이 요청에 응답한 웨슬리는 1769년 리처드 보드만(Richard Boardman, 뉴욕)과 요셉 필모어(Joseph Pilmore, 필라델피아)를 파송했다.

미국의 독립 전쟁 승리로 북아메리카의 메소디스트 운동은 본국(영국)보다 먼저 교단으로 제도화된다. 1784년 12월 크리스마스 기간에 미국 감리교회를 창립하는 연회가 개최되었다. 연회 장소는 볼티모어(Baltimore)의 러블리 레인 예배당(Lovely Lane Chapel)이었다. 참석한 사람들은 웨슬리가 안수해서 보낸 토마스 콕(Thomas Coke), 리차드 와트코트(Richard Whatcoat)와 토마스 바시(Thomas Vasey) 그리고 당시 미국 대륙에서 활동하던 프랜시스 에즈베리(Francis Asbury)와 약 60여 명의 평신도 설교자들이었다. 이 연회를 '크리스마스 연회'라고 부른다. 그리고 이 연회를 통해 미국 감리교회(Methodist Episcopal Church) 교단이 세워졌다.

크리스마스 연회에서 결정된 사항들이 1785년에 『미국 감리교회 장정』이라는 제목으로 출판되었다. 이 장정에 "이 대륙을 개혁하고 이 땅들에 성서적 성결을 전파하기 위하여"라는 미국 감리교회(MEC)의 사명 진술이 기록되어 있다.[2] '그 대륙'과 '이 땅들'이라는 표현을 통해 신대륙에 성서적 성결을 전파함으로 신대륙을 개혁하고자 한 당시 미국 감리교회의 열망을 미루어 짐작할 수 있다.

사명 선언의 재발견

웨슬리안 사명 진술에 대한 전통의 맥이 19세기를 지나 20세기를 향해 가면서 끊기게 되었다. 그 이유는 19세기부터 20세기 중반까지 미국 감리교회가 "사명(Mission)"의 의미를 "전도(Outreach)"의 의미로 축소시킨 사실과 깊은 관련이 있다.[3] 이 여파로 어느 순간 성서적 성결의 전파와 세상의 변혁이라는 메소디스트 운동의 사명 진술이 교리와 장정에서 사라졌다.

그러나 20세기 중 후반에 활발하게 활동한 웨슬리 연구의 대가인 앨버트 아우틀러(Albert Outler)와 리차드 하이젠레이터(Richard Heitzenrater)가

---

2. Russell E. Richey, Kenneth E. Rowe, and Jean Miller Schmidt, The Methodist Experience in America: A Sourcebook, (Nashville: Abingdon, 2000), 82.
3. 다나 로버트(Dana L. Robert)와 더글라스 트잔(Douglas D. Tzan)이 함께 쓴 "Traditions and Transitions in Mission Thought" in The Oxford Handbook of Methodist Studies, eds. William J. Abraham and James E. Kirby (Oxford; New York: Oxford University Press, 2009) 그리고 엘라인 로빈슨(Elaine A. Robinson)의 "The Global Mission of The United Methodist Church" in Considering The Great Commission: Evangelism and Mission in The Wesleyan Spirit, eds. W. Stephen Gunter and Elaine Robinson (Nashville: Abingdon Press, 2005)을 참고하라.

감리교 사명과 목적 진술의 귀중함을 다시 한 번 상기시켰다.[4] 1980년대 아우틀러는 연합감리교회에 '인격의 변화와 사회의 변혁'이라는 웨슬리안 사명 확신에 대해 회복할 것을 요청했다.

아우틀러에 따르면, 이 사명은 '은총과 의(righteousness)의 법'을 통해서 실현 가능하다. 이 땅에서 하나님 나라 선포와 용서, 화해, 확신, 그리고 헌신이라는 비공로적 하나님의 선물들에 대한 선포가 의무이다. 또한 '인격의 변화와 사회의 변혁'은 인간의 업적이라기 보다 하나님의 선물들과 열매들이다.[5]

이러한 노력의 결과로 연합감리교회(UMC)는 자신들의 사명이 그리스도의 제자를 만들고 전도하는 것에 있다는 분명한 사명 진술을 2004년 장정을 통해 선포했다. 2008년부터 연합감리교회는 그들의 사명이 "세상의 변혁을 위한 예수 그리스도의 제자를 만드는 것(to make disciples of Jesus Christ for the transformation of the world)"에 있다고 선포하였다.[6]

이 사명 선언은 웨슬리가 분명하게 선포했던 웨슬리안 사명 선언의 정신을 온전하게 포함하고 있다. 지금까지 초기 메소디스트 운동에서 분명하게 선포되었으나 세월이 흐르면서 잃어버린 메소디스트 운동의 사명 선언이었다.

"국가를, 특히 교회를 개혁하고 이 땅에 성서적 성결을 전파"하는 사

---

4. Richard Heitzenrater, Wesley and The People Called Methodist: Second Edition (Nashville: Abingdon Press, 2013), chapter 5와 6.

5. Albert Outler, "The Mission Fair," in Albert Outler: The Churchman, ed. Bob W. Parrott (Anderson, IN: Bristol House, 1995), 215.

6. UMC, Book of Discipline (2004), 87; UMC, Book of Discipline (2008), 93.

명이, 그리고 "세상을 변화시키기 위하여 그리스도의 제자가 되고 그리스도의 제자를 만드는" 사명이 초기 메소디스트 운동의 구성원만, 혹은 현재 연합감리교회 교인만 국한된 것이 아니다. 이 사명은 하나님께서 이 땅의 모든 웨슬리안에게, 더 나아가 모든 그리스도인에게 주신 사명이었다.

불에서 건져낸 타다 남은 나무토막

존 웨슬리 이야기를 소개한다. 존 웨슬리의 아버지 사무엘 웨슬리 (Samuel Wesley, Sr.)는 교구민들에게 인기 있던 목회자는 아니었던 것 같다. 기록에 의하면 존 웨슬리가 태어나기 한 해 전 1702년에 엡워드 (Epworth)의 성 안드레 교회(St. Andrew) 목사관 삼분의 이가 타는 화재를 겪었다. 또한 1704년에 웨슬리 가정이 키우고 있던 작물들이 불에 탔고, 1709년에 목사관이 모두 불에 타는 화재가 발생했다. 이 세 건 모두 화재의 원인이 방화라고 추정되었다.

세 번째 화재에서 존 웨슬리는 불에 타서 죽을 뻔했다. 화재가 발생했을 때 가족들은 빠져나왔지만 당시 2층에서 잠을 자고 있던 어린 존 웨슬리는 불에 타오르던 집에서 빠져나오지 못하고 있었다. 가족들이 모두 발을 동동 구르고 있을 때 마을 사람들이 불을 끄려고 애썼으나 어떤 젊은 사람이 홀연히 나타나 목사관 2층에서 애타게 구조를 기다리던 존 웨슬리를 극적으로 구출했다. 이 사건 이후 어머니 수산나 웨슬리(Susanna

Wesley)는 존 웨슬리를 '불에서 건져낸 타다 남은 나무토막(A brand plucked out of the burning)'이라고 부르곤 했다.[7]

존 웨슬리 자신도 '불에서 건져낸 타다 남은 나무토막'(스가랴 3:2)이라는 별명을 사용했다. 예를 들면, 1753년 존 웨슬리는 건강 문제로 죽을 것이라고 생각했다. 위에서 설명했듯이 초기 감리회 운동 당시 야외 설교자들은 건강을 잃기 쉬운 여러 가지 상황 속에서 사명을 감당했다. 웨슬리 역시 마찬가지였다. 자신의 몸을 돌보지 않고 말을 타고 다니며, 복음의 소식이 필요한 곳은 어디든 달려가서 복음을 전하다가 건강이 나빠지는 경우가 종종 있었다. 1753년에 그는 건강을 회복할 수 없을 것이라고 단정했다. 이러한 이유로 웨슬리는 묘비명을 다음과 같이 준비했다.

여기 불에서 건져낸 타다 남은 나무토막 존 웨슬리의 육신이 누워 있다.
빚을 다 갚고 난 후 그에게는 10파운드도 남지 않은 채 '하나님이시여 무
익한 종인 저에게 자비를 베풀어 주소서'라고 기도하며 그의 나이 51세
에 힘을 다 소진함으로 죽음을 맞이했다. _1754년 웨슬리가 쓴 묘비명

그러나 하나님께서는 1754년에 웨슬리를 이 땅에서 데려가지 않으셨다. 웨슬리는 1791년 3월 2일까지 생존했고, 죽기 전까지 하나님께서 그에게 주신 사명을 온 힘을 다해 감당했다.

임종을 맞이할 때 웨슬리 친구들이 침대에 누워 있는 그의 곁에 모였

---

7. http://www.umc.org/what-we-believe/shaped-by-tragedy-and-grace-wesleys-rescue-from-fire.

다. 웨슬리는 그들의 손을 잡고 '안녕히 계시오. 잘 있으시오'라고 사람마다 작별 인사를 마치고, 마지막으로 남은 힘을 다하여 그의 팔을 하늘을 향해 들고 "모든 것 중에 가장 좋은 것은 하나님께서 우리와 함께하시는 것입니다(The best of all, God is with us)"라고 외쳤다. 그리고 다시 한 번 약해진 목소리로 "모든 것 중에 가장 좋은 것은 하나님께서 우리와 함께하시는 것입니다"라고 말하고 조용히 잠들었다.

어머니 수산나가 존 웨슬리에게 붙여준 '불에서 타다 남은 나무토막'이라는 별명은 웨슬리의 자의식 형성에 큰 역할을 했다. 어머니가 이 별명을 부를 때마다 어린 시절 그가 겪었던 화마 가운데 하나님께서 어떤 사람을 보내 목숨을 구해주었음을 기억했을 것이다. 그리고 그때마다 죽었어야 할 나를 하나님께서 구하셨고, 나의 생명은 나의 것이 아닌 하나님의 것이라는 것을 마음에 되새겼을 것이다. 이러한 자의식이 웨슬리가 하나님께서 주신 소명을 최선을 다해 감당할 것을 결심하게 했을 것이다.

02
교리의
필요성

신앙인으로서 삶을 살아가는 데 있어서 교리가 중요하다는 것을 간과해서는 안 된다. 교리의 기능은 다음과 같다.
1) 우리에게 기독교적 세계관을 갖게 만든다.
2) 신앙과 삶의 규범을 제공한다.
3) 신앙 훈련의 가이드라인을 제공한다.
4) 다른 세계관을 가진 사람들과 만날 때 우리의 신앙과 삶의 양태를 변증하는 것을 돕는다.

교리, 훈련, 그리고 실천

앞에서 웨슬리의 초기 메소디스트 운동의 사명 진술과 연합감리교회의 사명 진술을 통해서 하나님께서 웨슬리안을 부르신 이유에 대하여 살펴보았다. 웨슬리에 따르면, 18세기 메소디스트 운동 사명은 "국가를, 특별히 교회를 개혁하기 위해서, 그리고 이 땅에 성서적 성결을 전파하기 위해서"였다. 그리고 연합감리교회는 "세상의 변혁을 위해서 그리스도의 제자들을 만드는 사역"을 사명이라고 말하고 있다. 이 사명은 현대를 살아가는 웨슬리안의 사명이기도 하다.

그렇다면 어떻게 이 사명을 성취할 수 있을까? 메소디스트 운동의 첫 연회록(1744/5) 맨 앞에 웨슬리와 메소디스트 운동의 지도자들이 연회로 모인 목적이 분명하게 기록되어 있다.

"우리 모임의 목적이 제안되었다. 1. 무엇을 가르칠 것인가? 2. 어떻게 가르칠 것인가? 3. 무엇을 해야 하는가? 즉, 교리, 훈련(규율), 그리고 실천을 하나님 앞에서 숙고하자는 제안이 있었다."[1]

이와 같이 교리, 훈련(규율), 그리고 실천을 하나님 앞에서 숙고하기 위해서 연회로 모였다. 이러한 깊은 생각의 결과물이 연회록에 포함되어 있다. 따라서 웨슬리 당시 연회록은 교리 문답서, 신앙 공동체를 위한 규율과 훈련을 위한 해설서, 그리고 구체적 실천을 위한 안내서 역할을 했던 귀중한 문서이다.

연회의 목적이 무엇인지에 대한 진술은 초기 메소디스트 운동이 앎, 훈련, 그리고 실천을 통전적으로 추구하는 것을 중요하게 생각했다는 것을 알려 준다. 그들은 이 땅에 성서적 성결을 전파하고, 교회와 세상을 변화시키는 사역을 감당하는 데 있어서 교리, 훈련, 그리고 실천의 통전적 추구가 중요하다고 믿었다. 웨슬리 후예인 지금의 웨슬리안 교단들은 어떠한 목적과 이유로 연회 혹은 총회로 모이는가?

웨슬리는 앎, 훈련, 실천의 통전적 추구에 있어서 중요한 원칙 하나를 강조하고 있다. 그것은 바로 선물하기(gifting)이다. 웨슬리는 "기독교의 무능함에 대한 원인들"(1789)이라는 설교에서 당시 기독교가, 부유해진 당시의 메소디스트 운동이 왜 영향력을 상실해 가는지를 분석하고 있다.[2]

중요한 신앙 원칙 중에 하나는 교리와 훈련이 같이 가야 한다는 것이

---

1. 이 책의 Part II. 02. "1749 교리 총회록"의 첫 부분을 보라.

다. 웨슬리 생전의 메소디스트 운동은 이 원칙을 잘 지켰다. 그의 말년에도 교리와 훈련의 괴리 현상이 보이지 않았다. 그런데 점점 더 메소디스트 운동의 영향력이 감소되었다.

이러한 상황 가운데 웨슬리는 다음과 같은 질문을 한다. 왜 교리와 훈련에 충실한 기독교인들이(메소디스트 운동의 구성원들이) 온전한 그리스도인이 되지 못하고 있는가? 왜 예수 그리스도의 마음을 온전히 품지 못하고 있는가? 왜 예수 그리스도께서 걸어가셨던 길을 함께 가지 못하고 있는가? 교리와 훈련만으로 부족하기 때문이다. 한 가지 더 필요하다. 그것은 바로 우리 주 예수 그리스도가 우리에게 자신의 모든 것을 주셨듯이 아낌없이 주는 것을 실천하는 것이다.

현재 우리에게 전하는 말씀 같지 않은가? 아니, 어쩌면 사랑의 실천에 대한 물음까지 가지 못할 수 있다. 하나님을 알아감에 있어서 우리는 최선을 다하고 있는가? 훈련을 통해 하나님의 말씀이 내 안에서 체화(體化; habitus; embodiment)되도록 노력하고 있는가?

메소디스트 운동 초기와 중기에 메소디스트들은 값없이 주는 사역을 열심히 했다. 사랑을 열심히 실천했다. 그러나 웨슬리에 의하면, 웨슬리 말년의 메소디스트 운동 구성원은 버는 것(earn all you can)과 모으는 것(save all you can)에 최선을 다했으나 주는 것(give all you can)에 미흡했다.[3]

---

2. Sermon 122, "Causes of the Inefficacy of Christianity," Works 4:85-96 (설교 140, "기독교의 무능함에 대한 원인들"); 앞으로 설교 인용과 관련해서 먼저 200주년 기념판(The Bicentennial Edition of the Works of John Wesley)을 활용한 후 가로를 사용해서 한국 웨슬리학회에서 완역한 『웨슬리 설교전집』의 설교 번호와 설교 제목 번역을 제공할 것이다.
3. Ibid., §.18.

우리의 모든 것은 하나님 것이다. 우리의 삶과 이웃의 삶의 주인 역시 하나님이시다. 이러한 믿음의 확신은 우리에게 주어진 필요 이상의 것들이 하나님께서 원하시는 대로 쓰이는 것을 소원하게 만든다. 점점 함께 하는 사람들이 늘어가고, 점점 더 부유해졌던 메소디스트 운동은 이러한 믿음의 확신을 삶의 중심부에서 점차 주변부로 치워버렸다. 결과적으로 그들은 값없이 '주기/선물하기(gifting)'라는 덕목을 잃어버렸다.

이 원리는 단순히 윤리, 청지기 의식, 사회 정의 문제들로 제한되는 것이 아니다. 값없이 주기(선물하기)는 하나님의 구원 사역에서 가장 중요한 원리이자 방법이다. 복음의 정수이다. 이 원리는 성육신, 십자가 사건, 부활 사건이라는 예수 그리스도의 핵심 사역들에서 명확하게 드러난다. 하나님께서는 가장 귀한 독생자를 우리에게 값없이 선물하셨다. 독생자 예수 그리스도는 성부 하나님 뜻에 순종해서 자신의 모든 것을 값없이 우리에게 선물하셨다.

줄 수 있는 모든 것을 값없이 주는 사역에 동참하는 것을 거부한다면, 우리는 하나님 사역의 가장 중요한 원리를 받아들이지 않는 것이며, 하나님의 은총 가운데 거하는 삶을 거부하는 것이다. 이러한 거부는 우리에게 주어진 가장 귀한 은사를 상실하게 한다. 그리고 이 은사의 상실은 우리를 무능력하고 열매 없는 명목상의 그리스도인이 되게 한다. 결국 영적으로 죽거나 빈사 상태에 처하게 될 것이다.

그러면 실천만 하면 되는 것인가? "선물하기"라는 원리에 내포된 전제가 있다. 그것은 앎과 훈련을 배제하는 실천이 아니라는 것이다. 뚜렷한 목적과 방향성을 가진 실천이 되기 위해서는 진리에 대한 진정한 앎이 있어야 한다. 또한 한 번 혹은 두세 번의 단발성 실천이 아니라 꾸준한 실천이 되기 위해서는 훈련을 통한 체화(habitus)의 과정이 필요하다. 교리, 훈련, 그리고 실천을 함께 추구하는 것이 중요하다.

교리가 왜 필요한가?

이제 이번 주제로 돌아가서 기독교 가르침인 '교리의 필요성'에 대해서 생각해 보자. 우리는 교리가 필요없다고 생각하거나 혹은 교리를 판단의 절대적인 기준으로 여기기 쉽다. 그러나 교리를 절대화시키는 교리 제일주의는 하나님의 자리에 교리를 세워 둠으로 우상 숭배의 현장으로 우리를 인도할 수 있다. 교리 무용론 또한 그리스도인에게 좋은 삶의 자세는 아니다.

웨슬리는 이 두 가지 문제를 피해갈 수 있는 지혜를 우리에게 주었다. 그는 기독교 교리를 핵심 교리(fundamental doctrine)와 의견(opinion)으로 구분한다. 우리는 의견이라는 개념을 통해서 사소한 교리적 차이도 참지 못하는 교리제일주의의 폐해를 피할 수 있다. 동시에 기독교의 핵심 교리에 대한 강조는 교리 무용론의 폐해를 피해 갈 수 있게 한다.

어떤 교리가 핵심 교리인가? 웨슬리는 인간 이성의 한계를 지적한다. 이러한 이유로 그는 핵심 교리에 대한 리스트를 최종적으로 확정하지는 않았다. 그럼에도 불구하고 웨슬리는 원죄(original sin), 칭의(justification), 마음과 삶의 성결 교리(holiness of heart and life)가 핵심 교리라고 자주 말했다.[4] 핵심 교리로서 이 세 교리에 대한 빈번한 언급은 그가 그리스도인의 삶이 칭의에서 멈추는 것이 아니라 마음과 삶의 성결까지 나아가야 한다고 강조하고 있음을 우리에게 알려 준다. 여기에 더불어 삼위일체, 삼위 하나님의 구원 사역, 그리스도의 신성과 인성, 그리스도 사역의 효력, 그리고 신앙 공동체의 중요성이 위의 세 교리의 전제가 된다는 점을 기억할 필요가 있다.[5]

교리는 기독교인의 삶과 분명하게 관련이 있다. 교리는 기독교적 세계관을 형성하는 데 도움을 주고, 신앙과 삶의 기준을 제공하며, 변증의 기능이 있으며, 그리고 훈련에 도움을 준다. 이러한 측면에서 교리는 우리가 그리스도인으로서 삶을 살아가는 데 필요한 것이다.

1) 세계관 형성

교리적 확신에는 세계관 형성의 기능적 측면이 있다. 세계관은 이 세계를 분석하는 틀을 제공하기 때문에 세상을 어떻게 살아갈 것인가를 결정하는 데 큰 역할을 한다. 각각의 종교는 그 종교만의 독특한 종교적 세계관을 가지고 있다. 이 독특한 세계관이 각 종교의 신앙적 확신과 체계

---

4. 원죄는 낙원에서 첫 인류가 지은 죄를 지칭하는 용어로 모든 인류에게 원죄의 죄책과 타락의 결과로서 마음의 부패성이 있다는 것을 지적하는 용어이다. 칭의는 은총에 의해 믿음을 통해서 죄를 용서받고 하나님께로부터 의롭다 여김을 받는다는 뜻이다. 마음과 삶의 성결은 웨슬리의 구원론에서 성화와 그리스도인의 완전을 의미한다. 본 책의 part I. 9장에서 11장을 참고하라. Wesley, An Earnest Appeal to men of Reason and Religion, §12, Works 11:49; Sermon 45, "The New Birth," §1. (설교 45 "신생"); Sermon 53, "On the Death of George Whitefield," §III.1. (설교 53 "조지 휫필드의 서거에 대하여"); Sermon 107, "On God's Vineyard," §V.5. (설교 129 "하나님의 포도원").

5. Sermon 123, "On Knowing Christ After the Flesh," §4-5. (설교 142 "육체를 따라 그리스도를 아는 것에 대하여"); Letter to Mary Bishop (7 February 1778), Letters (Telford) 6:297-98; Sermon 55, "On the Trinity," §17 (설교 75 "삼위일체에 대하여").

들을 만들어낸다. 또한 각 종교는 신도들에게 그 종교의 특성에 맞게 현실 세계를 해석하고, 현실의 상황에 대응하며 살아갈 수 있도록 신앙적 확신의 체계를 교육한다.

웨슬리안 신학과 교리의 기본 목적도 기독교적 세계관 형성이라는 기본적 기능을 벗어나지 않는다. 웨슬리는 웨슬리안 교리, 훈련, 그리고 실천의 기본적 목적이 "성서적 성결"의 전파를 통해 개인의 변화와 세상의 변혁에 있다고 주장했다. 성서적 성결을 전파한다는 말의 의미는 '하나님의 사랑(God's love)'을 선물받은 하나님의 자녀들이 이 땅에서 하나님 사랑과 이웃 사랑을 실천함을 통해 이 땅에서 하나님의 나라를 실현한다는 것이다.

문제는 세계관이 저절로 형성되지 않는다는 데 있다. 세계관은 다양한 요인들에 의해 형성된다. 이를 위해서 앎과 훈련 그리고 실천이 통합적으로 필요하다. 따라서 웨슬리는 초기 메소디스트의 기독교 세계관 형성을 위해서 가정과 학교에서 "자녀들을 위한 교훈서"를 활용한 교리 교육, 연회에서의 목회자 교리 교육, 교리 문답적 설교, 그리고 확고한 교리적 기준을 통해 만들어진 기도서를 활용했다. 이에 더해서 찬송, 성례전, 신앙 형성을 위한 상담, 이웃 사랑의 실천 등과 같은 다양한 은총의 수단을 활용했다.

2) 신앙과 삶의 규범 제공

교리는 그리스도인에게 신앙과 삶의 기준을 제공한다. 교리 기능에는 규범적 차원(normative dimension)이 있다. 교회 역사를 통해서 보면, 교회의 지도자인 감독들을 중심으로 다양한 계층의 목회자들이 함께 모여서 대화와 토론을 통해 교리를 만들었다. 신조와 신앙고백이 공의회를 통해 결의된다. 설교자들은 결정된 교리에 부합하는 설교를 한다. 이와 더불어 교회는 자신들의 교리적 표준에 맞는 찬송가와 기도문을 선택해서 그것을 공적 예배와 개인 경건을 위해 활용한다.

이렇게 설교, 찬송, 기도문들은 특정 교단의 신앙인들에게 그 교단의 신학적 관점에 맞는 기독교 신앙이 무엇인지를 알려준다. 이러한 모든 활동의 중심에는 교단에 의해 공인된 교리가 있다.

웨슬리 역시 초기 메소디스트 운동 설교자들에게 교리적 표준(웨슬리가 출판한 표준설교들과 신약성서 주해)에 맞추어 설교할 것을 권했다. 웨슬리 설교 대부분이 교리와 밀접한 관련이 있는 설교임을 기억하자.

장기적으로 보았을 때, 웨슬리안 목회자 설교의 주요 내용은 기독교 가르침을 체계적으로 정리한 교리여야 한다. 교리 설교는 웨슬리안으로 하여금 웨슬리안 신앙과 삶의 표준이 무엇인지를 알게 한다. 이러한 앎을 기초로 해서 우리는 확고한 신앙적 기준을 가지고 신앙생활뿐만 아니라 일상생활을 해 나갈 수 있다.

3) 변증

교리에는 변증 기능이 있다. 우리는 교리를 통해서 믿음의 확신들(convictions of faith)을 설명하고 변호할 수 있다. 웨슬리안 교리가 가지고 있는 변증적 기능은 기독교의 각 신학 전통과의 대화뿐만이 아니라 기독교 밖 세상과의 대화에서도 중요한 역할을 한다.

웨슬리는 의견으로서 교리와 핵심 교리들을 구분했다. 그리고 이러한 노력은 현대를 살아가는 웨슬리안에게 유용한 지혜를 준다. 웨슬리의 이러한 지혜는 우리로 하여금 기독교 내 타 전통과 대화하는 데 있어서 유연함을 가지게 한다.

세상과의 대화에 있어서도 웨슬리안 신학은 우리에게 유용한 지혜를 준다. 웨슬리에 의하면, 인간 이성과 자연 또한 하나님께서 보편적으로 부어주시는 은총에 의해 영향을 받았다. 웨슬리안 신학에서 인간 이성과 자연이 은총과 대립의 관계에 있다고 생각하지 않는다. 오히려 은총이 인간 이성과 자연을 회복시킨다고 여긴다.

물론 웨슬리 역시 인간의 전적 타락을 주장한다. 또한 인간의 타락이 하나님의 창조 세계 전체에 영향을 주었다는 것을 인정한다. 동시에 하나님께서 선행은총을 우리 모두에게 주셨다고 주장한다. 이 선행은총을 통해서 하나님께서 모든 인간의 회복을 먼저 시작하신다. 선행은총에 의해 모든 인간은 제한적이지만, 하나님에 대한 지식에 접근 가능하다.[6] 이러한 관점은 웨슬리안에게 세속 문화와 세속 학문들과의 대화에 적극적으로 참여하게 한다.

4) 훈련의 가이드라인 제공

교리는 훈련의 가이드라인을 제공한다. 교리를 통해서 교인들의 세계관이 형성되며, 그것이 그들에게 신앙과 삶의 표준을 제시한다는 사실

---

6. "1749 교리 총회록"의 이차 회의록에 있는 1745년 8월 2일(금요일) 15번 질문의 대답을 참고하라.

은 훈련이라는 교리의 기능과 연결된다. 특정 교단과 교회는 자신들이 표준으로 삼은 교리를 기반으로 말씀을 전하고, 찬송을 채택하며, 기도의 내용을 점검한다. 또한 교회 내에서 행해지는 성경 공부 혹은 말씀 나눔을 할 때, 그 교회가 속한 교단에서 공인한 교리가 교인들에게 성경 해석의 틀을 제공한다.

이러한 측면에서 교리는 훈련의 안내서 역할을 한다. 가이드라인과 체계가 없는 훈련은 효율성이 없을 뿐만 아니라 더 나아가서 역효과를 낼 가능성이 높다. 신앙 훈련 역시 마찬가지이다. 따라서 신앙 훈련에 있어서 가이드라인과 체계를 제공하는 '교리적 표준'은 중요하다.

웨슬리안 교리 해설, 구성의 전제

교리의 절대화에 대한 경계를 게을리하지 말자. 그러나 동시에 교리 무용론에 빠지는 것 또한 경계하자. 웨슬리안 교리와 신학은 웨슬리안들로 하여금 이 세상 속에서 하나님의 자녀로서, 특히 웨슬리안으로서 어떻게 살아야 하는지를 보다 분명하게 알려준다.

웨슬리의 후예들이여, 웨슬리안 신학과 교리를 바로 알기 위해 노력하자. 이것을 위해 PART 2에서 웨슬리의 "자녀들을 위한 교훈서"와 "1749 교리 총회록"을 번역하여 제공한다. 이 자료들이 웨슬리안을 위한 교리 문답서 역할을 할 것이다.

그런데 이 교리 문답들을 제대로 활용하기 위해서는 보다 체계적인 해설이 필요하다. 이를 위해서 이 책은 조직신학에서 주로 활용하는 두 가지 틀(순서, 서문에서 두 가지 틀에 대해 설명했음) 중에 삼위 하나님의 구원 사역의 순서를 따랐다. 이유는 문답 형식으로 되어 있는 웨슬리의 "자녀들을 위한 교훈서"의 첫 장 구조가 이와 유사하기 때문이다.

여기서 유의할 점이 있다. 토마스 아퀴나스(신학 대전), 필립 멜랑히톤(신학 총론), 그리고 장 칼뱅(기독교강요)은 조직신학 서적으로 불릴 만한 책들을 썼다. 이들과는 다르게 웨슬리는 당시 영국 국교회의 신학적 전통을 따랐다.

당시 영국 국교회는 성서를 해석하고 신학적 표준을 세우는 방법에 있어서 초기 교회의 교부(교회 지도자들)들의 예를 따르고 있다. 초기 교회의 교부들 대다수는 책 한 권으로 어떤 틀을 활용해서 교리 혹은 신학적 주제들 전반을 다루지 않았다. 그들은 그때그때 상황에 맞추어 어떤 특정 주제에 대한 설교, 기도문, 변증과 관련된 책을 저술했다. 영국 국교회는 이 전통을 본받아 39개 신조(39 articles), 기도서(Book of common prayer), 그리고 설교집(Homilies)를 통해 교회의 신학과 교리를 교육했다.

웨슬리 역시 이 전통을 따랐다. 웨슬리 형제들은 한 권 혹은 시리즈로 교리를 체계적으로 정리하지 않았다. 그들은 메소디스트 운동의 현실적 필요에 따라서 그때그때 설교문들, 신약성서 주해, 구약성서 주해, 소논문들, 연회록, 찬송시들, 그리고 저널을 출판해서 활용했다.[7]

---

7. 이 저작들 중에서 웨슬리는 신약성서 주해와 표준 설교집(44편의 설교)을 교리적 표준으로 삼았다. 또한 신 대륙에서 메소디스트 정신을 따라 새로운 교단이 출현할 때 웨슬리는 그들에게 25개 신조(25 articles), 주일 예배서(Sunday Service), 그리고 표준설교집(Sermons)을 보냈다. 그리고 미 감리교회는 이것들을 자신들의 교리와 신학의 기준으로 삼았다.

웨슬리안 교리들을 해설하기 위해서는 웨슬리의 각종 저작들 속에 흩어져 있는 웨슬리안 교리들의 내용을 모으고 정리해야 한다. 20세기 중반부터 지금까지 웨슬리안 학자들이 신학과 교리의 각 주제들을 연구했다. 이러한 방식으로 축적된 연구 결과물들의 도움을 받아서 이 책에서 필자는 웨슬리안 교리들을 조직신학의 틀을 활용해서 재구성했다.

03
신학 방법론

'사변형'이라고 불리는 웨슬리안 신학 방법론이 있다. 그것은 교리와 신학의 권위를 성경, 전통, 이성, 체험이라는 네 가지 근거에서 찾는 것이다. 여기서 조심해야 할 것은 네 가지 권위가 동등하지 않다는 점이다. 성경이 최우선이며 전통, 이성, 체험은 보조적이다. 그리고 명심할 것은 이 신학 방법론을 어떤 목적으로 사용해야 하는가의 문제이다. 신학 방법론의 기본적 목적과 기능은 웨슬리안의 사명을 감당하는 것을 돕는 것에 있어야 한다.

신학 방법론으로서 웨슬리안 사변형

1968년 미국에서 감리교회(Methodist Church)와 복음주의 연합형제교회(Evangelical United Brethren Church)가 통합되어 연합감리교회라는 교단이 만들어졌다. 이 통합을 위해서 필요한 일들이 여러 가지 발생했다. 그 중에 하나가 두 교단의 교리들을 조화롭게 통합시키는 '교리와 교리적 표준'을 제시하는 것이었다.

당시 미국 감리교회는 다양한 신학적 경향(복음주의, 급진주의, 에큐메니칼, 리버럴, 웨슬리안주의 등)을 가지고 있었다.[1] 그리고 복음주의 연합형제교회는 경건주의의 영향을 많이 받았다. 따라서 신학과 교리의 통일은

---

1. Jason E. Vickers, "American Methodism: A Theological Transition" in The Cambridge Companion to American Methodism, ed. Jason E. Vickers (New York: Cambridge University Press, 2013).

중요한 일이었다.

이를 위해서 연합감리교회는 당시 저명한 학자였던 앨버트 아우틀러(Albert Outler)를 위원장으로 '교리와 교리적 표준에 관한 신학 연구 위원회'를 설립했다. 그리고 이 연구 위원회는 연구의 결과물로서 〈우리의 신학적 임무(Our Theological Task)〉라는 문서를 발표했다. 그 문서에는 교단 내 신학적 다양성을 포괄할 수 있는 신학 방법론이 포함되어 있다. 아우틀러는 이 방법론에 웨슬리안 '사변형'이라는 명칭을 붙였다.[2]

웨슬리안 사변형은 성경, 전통, 이성, 체험을 의미한다. 이 신학 방법론은 권위의 근거로서 성경이 최우선임을 강조하는 동시에 전통, 이성, 체험의 필요성도 간과하지 않는다.[3] 아우틀러가 사변형이라는 명칭을 붙였지만 웨슬리 자신은 교리의 척도로서 이 네 요소를 한꺼번에 말한 적이 없다. 두 개를 제시하거나[4] 혹은 세 개를 제시했다. 교리의 척도로서 세 가지를 제시한 두 가지 예가 있다. 첫 번째는 성경, 이성, 체험이다.[5] 두 번째는 성경, 이성, 그리고 기독교 고전(Christian antiquity)이다.[6] 권위의 근거들에 대한 웨슬리의 관점은 영국 국교회, 고전 아리스토텔레스주의

---

2. Albert C. Outler, "The Wesleyan Quadrilateral in John Wesley," WTJ 20, no. 1 (1985): 7-18.

3. Scott J. Jones의 John Wesley's Conception and Use of Scripture (Nashville: Abandon Press, 1995)를 참고하라.

4. 웨슬리에게 있어서 권위 있는 가르침이라고 주장할 때 그것이 성경적이며 이성적이라고 강조하는 경우가 가장 일반적이었다. 또한 성경과 경험, 그리고 성경과 전통을 제시한 경우는 발견된다. Randy Maddox의 책 Responsible Grace John Wesley's Practical Theology (Nashville, TN: Kingswood Books, 1994)의 267페이지의 각주 72-74를 참고하라.

5. 웨슬리의 가장 긴 논문 "The Doctrine of Original Sin: According to Scripture, Reason, and Experience"을 참고하라. 또한 Sermon 14, "The Repentance of Believers," §I. 2. (설교 14 "신자의 회개")와 1772년 12월 17일 저널을 참고하라.

6. Wesley, A Farther Appeal to Men of Reason and Religion, Part III, §III. 28, Works, 11:310; Principles of a Methodist Farther Explained, §V. 7, Works, 9:220; A Plain Account of the People Called Methodist, §2, Works, 9:254; and Sermon 13, "On Sin in Believers," §III. 10. (설교 13 "신자 안에 있는 죄").

의 경험론, 그리고 계몽주의의 경험론 등의 영향을 받았다.

영국의 엘리자베스 1세 시대에 활동한 리차드 후커(Richard Hooker)는 저서 『교회 행정에 관한 법들(Of the Laws of Ecclesiastical Polity)』에서 성경, 전통, 그리고 이성이 권위의 근거들이라고 주장했다. 그리고 영국 국교회는 이 주장을 받아들였다. 여기에 체험을 더한 것이 웨슬리안 사변형이다. 그러므로 웨슬리안 사변형이 독창적인 방법론은 아니다.

권위의 근거로서 사변형의 각 요소들을 구체적으로 살펴보기 전에 명심해야 할 것이 있다. 그것은 성경의 우선성이다. 사변형이라는 용어는 각 꼭지점에 있는 요소들이 동등한 것처럼 보이는 문제가 있으나 각 요소는 서로 동등하지 않다. 성경이 가장 중요하다. 전통, 이성, 체험은 보조적이다. 기독교 신앙의 핵심은 성경에 의해 계시된다. 성경적 진리들은 전통에 의해 조명되며, 개인의 체험을 통하여 활기를 띠고, 이성에 의해 확인된다.

한국적 상황에서 웨슬리안 신학 방법론

1) 성경

성경은 교리 형성에 있어서 최우선이 되는 규범과 권위이다. 성경이 기독교 신앙과 실천 모두의 유일하며 충분한 규칙이다.[7] 참된 기독교는

---

7. Wesley, The Character of a Methodist, Works (Jackson) 8:340.

성경적이다. 그러나 웨슬리안의 성경 해석은 문자주의적이며 배타적인, 근본주의와는 거리가 있다. 웨슬리는 성경의 본문을 해석함에 있어서 비평적인 관점들을 알고 있었다. 또한 그는 성경을 모든 세속적 지식(근대 과학을 포함)과 대립시켰던 경향과도 거리가 있었다. 웨슬리는 근대 과학과 성경적 가르침을 통합하는데 문제가 없다고 확신했다.[8] 선행은총 개념을 고려하면, 엄밀한 의미에서 하나님의 은총과 무관한 자연신학 개념은 성립할 수 없다.

성경은 하나님의 자기 계시의 특별한 매개체이다. 또한 성경의 궁극적 저자는 하나님이시다. 그리고 성경의 저작 목적은 하나님에게서 멀어진 사람들을 하나님께로 인도해서 하나님과 사랑의 관계를 회복하고 이웃과 사랑의 관계로 나아가게 하는 데 있다.

성경해석에 있어서 웨슬리는 모든 경우에 있어서 성경의 각 본문은 성경 전체(wholeness)와 상응하는 '평이한 의미(plain sense)'를 구체적으로 나타낸다고 보았다.[9] 신·구약 성경은 하나님의 진리를 우리에게 알려주는 가장 굳건하고 귀중한 체계이다. 따라서 성경의 모든 부분이 가치가 있으며 모두가 함께 하나의 완전한 전체가 된다.[10] 웨슬리에게 성경 각 본문들의 평이한 의미는 궁극적 목적, 즉 삼위 하나님의 구원 사역과 관계가 있을 때만 가치가 있었다. 따라서 웨슬리의 설교가 구원론 중심의

---

8. Don Thorsen, Wesleyan Quadrilateral: An Introduction (Lexington: Emeth Press, 2018), 59-60.
9. Robert W. Wall, "Toward a Wesleyan Hermeneutics of Scripture," Wesleyan Theological Journal, 30 no 2 (1995): 60-63.
10. Wesley, Explanatory Notes Upon the New Testament, 3rd corrected ed. (Bristol: Graham and Pine, 1760-62; many later reprints), preface, par. 10. (이 책은 앞으로 NT Notes로 표시)

설교가 되는 것은 당연한 결과였다.

성령의 도움으로 성경에 대한 바른 해석과 읽기가 가능하다. 이런 바른 해석과 읽기는 구원의 믿음을 강화시킨다. 이 믿음은 우리를 사랑의 체험과 실천으로 인도하며, 사랑의 실천은 하나님 사랑과 이웃 사랑을 이 땅에 전파하는 마음과 삶의 성결로 인도한다. 성결은 더 풍성히 하나님을 향유하게 함으로 우리를 행복으로 인도한다.

결론적으로 삼위 하나님께서 성경적 진리를 체험하게 하심으로 우리를 구원과 거룩한 삶으로 인도하신다. 성경 읽기, 말씀 묵상, 그리고 설교는 이 목적 달성을 위한 중요한 은총의 수단이다.

웨슬리의 성경 읽기와 해석은 근본주의 성경읽기와 비평적 성경읽기 사이에 있다.[11] 웨슬리는 삶 가운데서 우리가 겪게 되는 일상의 삶, 윤리, 그리고 도덕성과 관련된 문제에 대한 입장을 정립하는데 성경이 중요한 역할을 함을 강조한다. 그러나 우리가 만나는 현실적 문제에 대한 성경적 입장을 정립하는 데 단순히 한 구절만 집착하거나 혹은 문자적으로 단순하게 적용하는 방법론을 추천하지 않는다. 이성, 전통, 그리고 체험의 도움이 필요하다고 말한다.

2) 전통

"성경 연구를 돕고 신앙에 대한 이해를 깊이 있게 하기 위하여 웨슬

---

11. R. Cushman, John Wesley's Experimental Divinity: Studies in Methodist Doctrinal Standards (Nashville: Kingswood Books, 1989), 81; Scott J. Jones, "The Rule of Scripture" in Wesley and the Quadrilateral, Renewing the Conversation, ed. Stephen W. Gunter (Nashville, TN: Abingdon Press, 1997), 58.

리는 기독교 전통, 특히 교부들의 신학 서적들과 초교파적 신조들 그리고 종교개혁자들의 교훈, 웨슬리 동시대의 영성에 관한 문서들을 참고했다." 이 말은 기독교대한감리회『교리와 장정』에 있는 신학 지침이다. 교리적 표준을 설정하고 신학을 연구할 때 여러 다양한 전통에서 지혜를 얻을 필요가 있다. 그 전통은 우리에게 풍부한 자료와 해석의 방법론들을 제공하기 때문이다.

웨슬리 역시 메소디스트 운동의 사명을 효과적으로 감당하기 위해서 다양한 전통의 풍부한 지혜를 활용했다. 웨슬리는 다양한 전통 중에서 초기 기독교의 교부들(교회 지도자들)과 영국 국교회 전통을 다른 전통보다 높게 평가했다.[12]

웨슬리가 다른 전통보다 더 높게 평가한 초기 기독교 시대는 일반적으로 로마의 콘스탄티누스 황제가 기독교를 공식으로 인정하기 전에 활동했던 교부(초기 교회의 지도자)들의 시대를 말한다. 기독교를 로마의 국교로 공인한 황제는 테오도시우스 1세였다. 그는 380년에 기독교를 국교로 선포했다. 일반적인 견해에 따르면, 사도적 교부들(사도들 바로 뒤의 교회 지도자들)부터 4세기 초까지의 교부들의 저작이 중요하다.

웨슬리는 '전통'이라는 용어보다 '기독교 고전(Christian antiquity)' 혹은 '원시 교회(primitive Church)'라는 용어를 더 즐겨 사용했다.[13] 웨슬리에 따르면, 초기 교회의 교부들은 성서에 관해 가장 권위 있는 주석자이다. 웨슬리는 초기 교회의 교부들이 시기적으로 원천에 가장 가까우며, 모든

---

12. Campbell, "The Interpretive Role of Tradition" in Wesley and the Quadrilateral, 67-71.
13. Wesley, Letter to the Rev. Dr. Middleton, Works (Jackson), 10:79

성경을 기록하게 하신 바로 그 성령으로 충만해져 있었다고 믿었다.[14] 이 논리는 왜 웨슬리가 초기 교회의 교부들 중에서 특히 사도적(속사도) 교부들을 중시했는가를 설명한다.

웨슬리의 기독교 문고(Christian Library) 1권, 2권, 그리고 3권에서 주로 소개되는 교부들은 성 클레멘스(St. Clement), 성 이그나티우스(St. Ignatius), 그리고 성 폴리카르포(St. Polycarp)이다. 이들은 모두 사도적 교부이다.[15]

다시 한 번 말하자면, 사도적 교부를 가장 중요하게 여긴 이유는 단순하다. 사도적 교부들은 예수 그리스도의 제자들 다음으로 믿음의 공동체 지도자가 되었기에 그들의 저작이 성경을 제외하고는 예수의 활동과 시기적으로 가장 가깝다. 그리고 시기적으로 가장 가까워 예수 그리스도의 말씀과 사역을 그나마 원형에 가깝게 보존하고 있을 것이라고 웨슬리는 믿었다. 즉 웨슬리에게 있어서 전통의 중요도를 결정하는 척도 역시 성경 혹은 예수 그리스도를 통한 하나님의 계시였다.

웨슬리가 영국 국교회 전통을 중요하게 여겼던 근본적인 이유도 여기에 있다. 영국 국교회의 신학 방법론과 교회 자체의 모델이 콘스탄티누스 대제가 기독교를 공인하기 이전의 초대 교회와 교부 시대였기 때문이다. 현대의 웨슬리안이 오해하고 있는 부분은 바로 웨슬리에게 국교회 전통은 철저한 개혁의 대상이었기에 그가 영국 국교회 전통을 중시하지 않았을 것이라고 지레짐작한다는 것이다.

---

14. Wesley, Address to the Clergy, Works (Jackson) 10: 484-85.
15. John Wesley ed., A Christian Library: Consisting of Extracts from and Abridgments of the Choicest Pieces of Practical Divinity which have been Published in the English Tongue by John Wesley. (London: T. Cordeux, 1819-27), vols 1-3.

그러나 이것은 사실이 아니다. 웨슬리는 웨슬리 당시에 현존하고 있는 기독교 전통 가운데서 영국 국교회를 가장 높이 평가했다. 그는 영국 국교회를 하나님 사랑과 이웃 사랑을 핵심으로 하는 마음의 종교, 참 종교의 연속성 상에 가장 가까이 있는 교회라고 생각했다.[16] 동시에 웨슬리는 영국 국교회 역시 부족함과 손색이 있다고 생각했다. 그러하기에 교회 개혁을 꿈꾸며 메소디스트 운동을 시작했다. 웨슬리는 메소디스트 운동이 사랑으로 가득 찬 "오래된 종교, 성경의 종교, 초대교회의 종교, 영국 교회의 종교"가 되기를 소망했다.[17]

웨슬리는 영국 국교회의 전통을 맹목적으로 따르지 않았다. 필요에 따라서 다양한 전통의 지혜들을 유연하게 활용했고, 국교회 전통을 벗어나 야외 설교를 했다. 평신도 설교자와 여성 설교자를 세웠다. 당시 영국 국교회의 기도 전통과는 거리가 먼 즉흥기도를 활용하기도 했다. 미국 감리교단의 설립을 위해서 평신도 설교자들에게 목사 안수를 주어 신대륙의 신생 국가 미합중국으로 보냈다. 감독이 아닌 장로 사제로서 평신도에게 안수를 주는 것은 당시 국교회 법에서 문제가 되는 일이었다.

3) 이성

계몽주의 시대부터 사람들은 일반적으로 어떤 것을 판단할 때 이성, 논리, 과학적 방법에 우선성을 부여하고 있다. 물론 웨슬리안 신학 방법론에서도 이성은 중요한 역할을 한다. 그러나 이성이 신학 해석에 있어

---

16. Wesley, At the Foundation of City-Road Chapel, Works (Jackson) 7:423
17. Ibid.

서 궁극적 권위를 가지는 것은 아니다. 이성에는 단지 방법론적 도구로서 중요성이 있을 뿐이다.

18세기 영국 사회에서는 이성에 대해 다른 접근을 한 두 가지 철학 조류가 있었다. 첫 번째, 옥스퍼드 아리스토텔레스주의(Oxford Aristotelianism) 관점에 의하면, 이성이란 이해의 능력이며 도구이다. 두 번째는 케임브리지 플라톤주의(Cambridge Platonism)다. 이 관점은 지식의 근원과 근거로서 이성을 강조했다. 케임브리지 플라톤주의자들은 이성 자체로부터 오는 지식이 있다고 믿었다. 그들에 따르면, 이성은 일부 지식의 독립적 원천이 된다. 인간에게 내재된 영원한 이성(eternal reason)이라는 능력을 통해서 인간은 영원하고 초월적인 것을 알게 된다.[18]

웨슬리는 지식의 근거로서 이성 개념을 거부했다. 옥스퍼드 아리스토텔레스주의와 마찬가지로 웨슬리는 일반 이성은 단지 이해를 위한 영혼의 능력이며 도구라고 보았다. 어떤 것을 종합적으로 이해하기 위해서 이성은 단순 인식, 판단, 그리고 담론이라는 세 가지 작용의 프로세스를 작동시킨다. 즉, 이성이란 인식, 비교, 추론을 가능하게 하는 처리 장치와 같은 역할을 한다.

웨슬리는 이성을 과대평가하지도, 과소평가하지도 않았다.[19] 즉, 이성에 관련해서는 중도의 입장을 취했다. 웨슬리는 극단적 합리주의자도, 또는 극단적 열광주의자도 아니었다. 웨슬리에 의하면, 이성을 버리는 것은 종교를 버리는 것이고, 종교와 이성이 함께 가며, 분별없는 모든 종

---

18. Rebekah L. Miles, "The Instrumental Role of Reason" in Wesley and the Quadrilateral, 85-6.
19. Sermon 70, "The Case of Reason Impartially Considered," §5. (설교 87 "공평하게 숙고된 이성의 역할")

교는 거짓종교라는 것이 우리에게 있는 근본적 원칙이다.[20] 동시에 이성 자체만으로 하나님에 관한 참된 지식과 진리로 온전히 나아갈 수 없다. 하나님에 관한 지식과 진리는 기본적으로 성경에서 오고, 하나님에 관한 진정한 앎을 얻기 위해서 믿음이 필요하다.

물론 믿음과 은혜가 없더라도 이성을 통해 믿음, 소망, 사랑과 같은 덕들을 생각하고 살펴볼 수는 있다. 그러나 이성에는 믿음, 소망, 사랑을 발생시키고 체화(體化)시키는 능력이 없다. 이러한 이유로 우리에게 이성이 진정한 유익이 되기 위해서는 은혜의 도움이 필요하다.

4) 체험[21]

우리는 체험을 통해서 성경이 증언하는 하나님의 은총과 사랑의 실체를 확인한다. 동시에 우리의 삶 속에서 체험한 하나님과의 만남을 말씀으로 점검해야 한다. 성령의 권능은 우리가 하나님의 자녀라는 것을 확신하게 한다.[22]

믿음의 확신이란 예수 그리스도께서 나를 위해 피 흘려 죽으시고 부활하심으로 나의 구세주가 되신다는 것에 대한 확고한 신뢰이다. 이러한 확신은 하나님의 은총을 통해 주어지는 성령의 증거로부터 생긴다. 은총을 통한 성령의 사역은 우리가 사랑으로 충만해지는 믿음의 사람이 되

---

20. Wesley, Letter to Dr. Rutherford, Letters (Telford) 5:364.
21. Theodore H. Runyon, "The Importance of Experience for Faith," in Aldersgate Reconsidered, ed. Randy L. Maddox (Nashville: Kingswood Books, 1990); Randy L. Maddox, "The Enriching Role of Experience" in Wesley and the Quadrilateral.
22. Sermon 11 "The Witness of the Spirit," Works 1:296.

도록 돕는다. 그리스도 안에서 새 생명이 되고, 성숙하고 성장하게 된다. 성령의 은혜로 하나님의 거룩한 사랑을 체험하게 되면 우리는 이 땅에서 하나님 사랑과 이웃 사랑의 실천을 통해 '성서적 성결'을 전파하게 된다.

메소디스트 운동은 체험을 강조했다. 그렇기 때문에 메소디스트 운동은 정통 신조들에 대한 단순 지식만을 강조하는 죽은 정통주의에 경종을 울리는 마음의 종교 운동이 될 수 있었다. 웨슬리는 성령의 은혜를 체험한 사람들의 사례들(cases)을 제시하고자 했다. 다만 신앙적 체험이 성경적 규범에 비추어 해석되어야 함을 기억해야 한다.

성경적 규범에 의해 점검된 체험이 우리의 영적 삶의 가이드 역할을 할 수 있다. 그렇기 때문에 믿음의 형제자매들이 각종 소그룹 활동을 통해서 서로 신앙적 성숙을 위해 기도하며 신앙적 삶을 나누고 점검했다. 이 활동은 그들로 하여금 그리스도를 닮아가는 삶을 살아가도록 도와주었다. 그리스도인의 체험은 기독교의 핵심 가르침에 대한 공적 증거가 된다. 이러한 측면에서 체험이란 개인적이기도 하지만 공동체적이다.

현대를 살아가는 우리는 그 이전의 시대를 살던 사람들과는 다른 상황과 환경 속에서 살아가고 있다. 후기 자본주의 사회에서 더욱 커지는 차별과 불평등, 그리고 기술 문명사회의 극단적 비인간화와 같은 상황에서 초래된 다양한 문제들(핵 문제, 공해, 전자기기 중독, 인간 복제, 생태계 위기 등)을 경험하고 있다. 이러한 새로운 경험은 진지한 신학적, 신앙적 성찰을 요구한다. 경험은 풍부한 다양성을 인정하게 한다. 그리고 인류의 다양한 경험은 보다 사려 깊은 신학적 성찰로 인도한다. 이러한 경험이 성경을 새롭게 이해하게 하는 역할을 할 수 있음을 명심해야 할 것이다.

5) 토착화

기독교대한감리회는 신학적, 교리적 규범들 중에 하나로 토착화를 제시하고 있다. 이 부분은 기독교대한감리회『교리와 장정』에 나온 토착화 부분을 소개하겠다.

1930년 12월, 남북 감리교회로 나뉘어 복음을 전하던 감리교회가 한국에서 먼저 통합되었다. 당시 전권 위원들은 한국 감리교회가 진정한 기독교회, 진정한 감리교회, 그리고 진정한 한국 교회가 되어야 함을 역설했다. 그들은 한국의 감리교회가 "진보적이므로 생명이 있는 이의 특색을 가졌으니 곧 그 시대와 지방을 따라 자라기도 하고 변하기도 할" 상황에 처하게 될 것을 충분히 알고 있었다. 따라서 한국의 감리교회에게 "한국 문화와 풍속과 습관과 조화"를 이룰 것을 요구했다. 이렇듯 기독교대한감리교회는 태생부터 한국 문화를 중시했다. 한국 문화를 중시하고 토착화를 추구한 목적은 "한국 감리교회의 예배, 신조, 영성, 선교와 같은 구체적인 신앙생활의 전 영역에서 복음이 한국인들의 문화와 심성에 뿌리 내려 열매 맺게" 하려 한 데에 있다.[23] 동시에 한국 감리교회 토착화 과제는 "그리스도의 우주적 복음이 한국의 역사와 문화에 뿌리 내려 열매 맺어 온 과정을 성령의 인도하심을 따라 세계 교회와 세계 신학이 공유하게 함"에 있다.[24]

---

23. 기독교대한감리회, 『2017 교리와 장정』, 52.
24. 같은 곳

웨슬리안을 위한 제안

주의해야 할 것이 있다. 그것은 바로 웨슬리 신학 사변형이 웨슬리 신학 자체를 말하는 것이 아니라는 점이다. 아우틀러가 제시한 사변형은 현대를 살아가는 웨슬리안이 웨슬리 신학을 시대 상황에 맞게 재구성할 수 있도록 돕기 위한 신학 방법론이다. 따라서 웨슬리안 신학의 정체성이 무엇인지에 관한 질문을 받을 때 웨슬리안 신학은 성서, 전통, 이성, 그리고 체험이라고 대답한다면 곤란하다.

그렇다면 웨슬리안 신학과 교리의 핵심은 무엇인가? 웨슬리는 교리적인 부분에 있어서 근본적 교리와 의견으로 나누어 설명했다. 웨슬리는 원죄, 칭의, 그리고 마음과 삶의 성결이 기독교의 핵심 교리들이라고 자주 말했다. 또한 웨슬리 당시 총회록을 살펴 보면, 웨슬리안들이 하나님께서 자신들에게 주신 소명이 '국가를, 특별히 교회를 개혁하고 이 땅에 성서적 성결을 전파'하는 것이라고 확신하고 있음을 알 수 있다.

이 두 가지 예를 통해서 우리는 웨슬리안 삶의 목적과 사명의 핵심이 바로 성서적 성결(scriptural holiness)의 전파를 통한 개인의 변화와 세상의 변혁이라는 것을 알 수 있다.

그러면 성서적 성결이란 무엇을 의미하는가? 성서적 성결은 사랑을 의미한다. 하나님의 거룩한 사랑을 의미한다. 하나님의 거룩한 사랑이 우리의 삶의 목적, 방향성, 그리고 기준을 정한다. 선물로 받은 하나님의 거룩한 사랑이 하나님을 향한 사랑과 이웃을 향한 사랑으로 우리를 인도한다.

이러한 의미에서 성서적 성결은 하나님을 향한 사랑과 하나님을 위해서 온 인류를 사랑하는 것이다. 성서적 성결을 통해 우리는 하나님과의 관계 회복, 그리고 이 관계 회복을 통한 나 자신을 포함한 모든 피조물들과의 관계 회복을 경험하게 된다. 또한 이 세상에 성서적 성결이 전파되면 하나님을 향한 사랑과 온 인류를 향한 사랑이 현실화됨으로 개인, 공동체, 그리고 사회가 하나님의 사랑으로 충만해지는 변화와 변혁을 경험하게 된다.

이 과정 가운데 필요한 것이 있다. 바로 하나님의 은혜(은총)이다. 하나님께서 먼저 우리에게 은혜를 부어주신다. 하나님의 섭리 안에서 예수 그리스도로 인해 우리에게 주어진 은혜와 성령의 능력이 우리로 하여금 하나님께 응답할 수 있는 가능성을 준다. 더불어 성령의 이러한 능력이 경건의 삶(acts of piety)과 사랑의 삶(acts of mercy)을 살 수 있게 한다. 경건의 삶은 예배(worship)와 기도(devotion)의 삶이다. 사랑의 삶(acts of mercy)은 긍휼(compassion)과 공의(justice)의 삶이다. 현재 우리 삶이 은총의 열매로서 이 네 가지로 충만해 있는가? 우리의 삶 가운데 예배, 기도, 긍휼, 그리고 공의를 통전적으로 추구하고 있는가?

04
성부 하나님

신론은 신 존재증명, 하나님의 속성, 하나님의 사역 등의 주제들을 다룬다. 웨슬리에게 있어서 믿음의 대상인 하나님께서 존재하신다는 기본 전제에서 하나님의 속성과 사역을 다룬다. 따라서 신 존재증명은 웨슬리의 관심사가 아니었다.

완전하신 하나님의 사랑과 정의를 강조하는 성부 하나님에 대한 웨슬리의 관점을 살펴볼 수 있는 설교들은 다음과 같다. 설교 101 "인간 지식의 불완전함"(1784, 고린도 전서 13:9), 설교 103 "하나님의 사려 깊은 지혜"(1784, 로마서 11:33), 설교 118 "영원에 대하여"(1786, 시편 90:2), 설교 136 "하나님의 편재하심에 대하여"(1788, 예레미야 23:24), 설교 138 "하나님의 일체성"(1789, 마가복음 12:32) 등이 있다. 번호는 한국웨슬리학회에서 번역 출판한 『웨슬리 설교전집』(총 7권)의 설교 번호이다.

사변신학과 실천신학의 조화

한국의 웨슬리안에게 웨슬리의 구원론은 이런 모양 저런 모양으로 잘 알려져 있다. 그러나 하나님, 삼위일체, 창조, 타락, 그리스도의 성육신, 삶, 죽음, 그리고 부활, 성령의 사역, 신앙 공동체의 역할 등과 같은 주제에 대한 웨슬리의 신학적 신념은 구체적으로 잘 알려지지 않은 것 같다. 또한 그 신념에 근거해서 웨슬리가 자신의 구원론을 정립했다는 사실 역시 잘 소개되지 않은 것 같다.

데쉬너(John Deschner)는 웨슬리의 구원론을 정립된 혹은 체계화된 신학(enacted or articulated theology)이라고 불렀다. 그는 웨슬리의 신론, 삼위일체론, 기독론, 성령론, 교회론과 같은 신학적 주제들을 체계화한 웨슬리의 구원론을 떠받치고 있는 전제된 신학(presupposed theology)이라고 불렀다.[1]

웨슬리의 구원론은 미묘한 신학적 뉘앙스들을 풍부하게 가지고 있는 체계적이고 논리적인 교리이다. 이것이 가능한 것은 웨슬리가 성부 하나님, 예수 그리스도, 성령, 삼위일체 사역, 교회 역할 등에 대해 일관적이며 확고한 신학적 신념을 가지고 있었기 때문이다.

노년의 웨슬리는 '하나님의 속성'이라는 주제를 사변 신학적인 관점에서 심도 있게 연구했다. 따라서 하나님의 속성과 관련된 설교들은 주로 웨슬리 말년에 작성한 것이다. 노년에 들어서서 사변적 주제들을 많이 다루었다.

그렇다고 중기의 웨슬리에게 사변적 주제에 대한 글이 전혀 없는 것은 아니다. "이성적이며 종교적인 사람들에게 보내는 진지한 호소"(1743), "이성적이며 종교적인 사람들에게 보내는 더 심도 깊은 호소"(1745), "논리학 개론"(1750), "힘의 기원에 관한 소고들"(1772), "필연성에 대한 소고들"(1774), "편견 없이 숙고되는 이성의 경우"(1780), "필연성에 대한 소고"(1780), "취향에 대한 소고들"(1780), "로크의 "인간 이해에 관한 에세이"에 대한 비평들"(1782-84) 등의 글을 통해서 사변신학에 대한 웨슬리의 관심을 엿볼 수 있다.

메덕스(Randy Maddox)가 언급한 것처럼 웨슬리는 "그리스도의 죽음이

---

1. John Deschner, John Wesley's Christology: An Interpretation (Dallas: Southern Methodist University Press, 1985), xii-xiii.

칭의 신앙의 형식적 원인인가 혹은 공로적 원인인가," "천국에 있는 동물들의 본성, 지옥에서 경험하는 고통들의 본질, 그리고 그리스도를 전혀 들어본 적 없는 사람들을 하나님께서 어떻게 치리하실 것인가" 등의 사변 신학적 주제들도 다루었다.[2] 하지만 이러한 사실은 잘 알려져 있지 않다. 웨슬리는 사변신학에 전혀 관심이 없었으며, 그에게는 실천신학적 관심만 있다는 오해가 팽배해 있다. 이러한 현상의 이유는 아마도 한국 교계에 소개된 웨슬리가 주로 중기 웨슬리이기 때문은 아닌지 조심스럽게 추측해본다.

성부 하나님에 대한 웨슬리의 신학적 관점들을 살펴보기 위해서 읽어야 하는 존 웨슬리의 설교 목록을 살펴보자. 그러면 웨슬리가 말년에 성부 하나님의 속성에 대해 사변적으로 깊게 생각했음을 알 수 있다. 죽음에서 멀지 않았던 원숙한 웨슬리는 하나님의 속성들에 대한 주의 깊고 세심한 설명을 설교를 통해서 하고 있다.

주요 관심이 성서적 성결의 전파를 통한 개인의 변화와 사회의 변혁에 있었기 때문에 웨슬리가 실천적인 측면을 강조했다는 것은 분명한 사실이다. 그러나 실천의 강조와 추구는 성부 하나님, 성자 하나님, 성령 하나님, 그리고 삼위일체의 깊은 숙고 위에서 실행되어야 한다. 따라서 실천적 추구를 목표로 하되 하나님과 인간을 알아가는 지식을 습득함에 있어서도 최선을 다해야 할 것이다.

---

2. Maddox, Responsible Grace, 15.

신학, 하나님을 이야기 하는 학문

　신학이란 하나님에 대해 연구하고 탐구하는 학문이며, 하나님을 이야기(God-talk)하는 학문이다. 하나님은 유대교, 기독교, 그리고 이슬람 등 유일신 종교의 중심 주제이다. 특별히 기독교 전통에서 하나님이라는 용어를 사용할 때 지극한 거룩, 궁극의 실제, 그리고 궁극의 선이라는 의미가 내포되어 있다.

　기독교인으로서 우리는 하나님께서 세상을 창조하셨고, 통치하고 계시며, 구원하고 계신다는 것을 믿는다. 이러한 믿음 가운데서 기독교인들은 헌신, 의존, 두려움, 신뢰, 사랑, 그리고 믿음의 중심이 하나님이심을 고백한다. 더 나아가서 하나님께서 모든 존재와 삶의 유일하며 궁극적인 목적이 되심을 고백한다. 하나님께서는 예배, 기도, 종교적 활동의 중심이시다.

　믿는 사람들의 신앙과 삶의 중심이신 하나님을 개념적으로 정의 내리는 것은 어려운 일이다. 인간은 유한한 존재이지만 하나님께서는 무한하시기 때문이다. 유한성에 기인한 한계로 인해서 인간이 무한하신 하나님을 오류 없이 이야기한다는 것은 불가능하다.

　보다 실질적인 차원을 살펴보면, 하나님에게는 역설(paradox)이 있다. 이것을 성경, 기독교 전통, 그리고 실제 삶의 경험을 통해서 알게 된다. 우리가 만나는 하나님은 1) 절대적이면서 동시에 관계적이시다, 2) 무인격적이면서 동시에 인격적이시다, 3) 영원하시지만 일시성도 취하는 분이시다, 4) 변함없지만 동시에 당신의 자녀들을 위해 변하시는 분이시다, 5) 자족하시는 분이시지만 어떤 측면에서는 의존적이신 분이다. 이러한 하나님의 역설이 하나님에 대해서 단정적으로 이야기하는 것을 어렵게 만든다.

하나님은 만물의 창조자, 온 우주의 통치자, 궁극의 존재, 그리고 모든 존재의 근거이시다. 하나님은 모든 한계와 구분들을 초월해 계신 분이시다. 이러한 측면에서 하나님의 특징은 인격을 초월해 계시고, 관계를 맺지 않으시며, 독립적이시고, 변함이 없으시다. 반면에 성경에서 자주 증언되며, 우리 신앙의 경험적 삶 속에서 자주 만나게 되는 하나님은 어떤 측면에서 보면 인격적이고, 의로우시며, 모든 사람의 개인적 그리고 사회적 삶을 돌보는 사랑이 많은 분이시다. 사랑 자체이신 하나님은 우리에게 지대한 관심을 가지고 우리와 관계를 맺고 계신다.

구약을 보면, 하나님은 더할 나위 없는 유일한 분(One)으로 그분 자체가 초월이신 분이지만 이스라엘에게 지대한 관심을 가지고 관계를 맺으셨다. 하나님께서는 언약을 맺고 율법을 주심으로 이스라엘에게 의로움이 되셨다. 의로우신 하나님께서는 동시에 자비, 인내, 신뢰, 은혜의 하나님이셨다. 그분을 실망시켰던 이스라엘을 포기하지 않고 기다리시고 다시 부르셨다. 이러한 하나님은 역사의 주관자, 온 우주의 창조자, 그리고 만물의 통치자이시다.

신약은 창조자로서 하나님뿐만 아니라 구원자로서 하나님도 강조한다. 이 점은 예수 그리스도를 통해 분명하게 드러난다. 예수 그리스도를 통해 계시된 하나님은 인류를 향한 의와 사랑으로 가득 찬 분이시다. 하나님께서 구약 시대에는 인간에게 성전, 율법, 그리고 예언자를 보내셨다. 반면에 신약 시대에 구약 시대의 성전, 율법, 예언자로 부족했던 것을 완성하기 위해 예수 그리스도와 성령을 보내셨다. 그럼으로 우리에게 온전한 구원의 길을 제시하셨다. 예수 그리스도께서는 율법을 폐하러 온 것이 아니라 완성하러 오신 것을 명심하자. 성부 하나님께서 예수 그리스도의 구속 사역과 성령 하나님의 지속적인 사역을 통해 삼위 하나님의 구원 사역을 완성하고 계신다.

하나님의 자연적 속성과 도덕적 속성

루터, 칼뱅 같은 16세기의 종교개혁자는 하나님에 대한 형이상학적 범주보다 인격적 범주에 관심이 많았다. 그래서 그들은 하나님의 전능, 주권, 의, 거룩한 뜻, 풍성한 은혜, 그리고 사랑과 같은 주제들에 관심을 가졌다. 이들처럼 웨슬리 역시 하나님에 대한 인격적 범주들에 대해 관심이 많았다. 예를 들면 웨슬리는 사랑이 하나님의 다양한 속성들 중에 가장 중심이 되는 속성이라고 주장했다.

그럼에도 불구하고 말년의 웨슬리는 하나님의 자연적 속성들을 열심히 연구했다. 이 점은 그의 말년 설교들에서 잘 드러난다. "기독교의 무능함의 원인들"(1789)이라는 설교에서 웨슬리는 하나님의 두 가지 속성, 즉 자연적 속성과 도덕적 속성이 기독교의 교리적 핵심이라고 강조한다.[3]

하나님의 속성이 단지 성부 하나님에게만 귀속된 것이 아니라는 점을 기억하자. 하나님의 속성은 전체 신성, 즉 성부 하나님, 성자 하나님, 그리고 성령 하나님, 삼위 하나님 모두에게 속한 것이다. 웨슬리는 사역에 있어서 삼위 하나님께서 함께 사역하신다는 사실을 강조하고 있다. 또한 동시에 각 위격과 그 위격의 대표적 사역을 연결시키고 있다. (이 부분은 삼위일체 부분에서 더 자세히 설명하겠다.)

하나님의 두 속성에 대해 설명하기 전에 우리가 먼저 살펴보아야 할 것이 있다. 그것은 바로 하나님은 영이시라는 기본적이며 본질적인 진리이다. 영이신 하나님께서는 모든 영들의 아버지이시다. 하나님께서는 육체와 신체 기관이 없으시다. 그러나 하나님의 자녀들을 포함한 모든 피조물들에게 애정(사랑, affection)을 가지고 계신다.[4] 여기서 주의할 점이 있다. 그것은 하나님께서 정서들을 가지고 계시지만 하나님 외부의 어떤 요인에 의해 영향을 받으시는 것은 아니다.[5]

1) 자연적 속성

하나님께서는 어디에나 계신다. 모든 것을 아신다. 불가능이 없으시다. 이 특징들은 하나님의 자연적 특성들, 즉 영원(Eternity), 편재(Omnipresence), 전지(Omniscience), 전능(Omnipotence)과 관련이 있다. 하나님의 무한하심(infinite)과 완전하심(absolute perfection)은 하나님의 자연적 속성들과 직접적으로 연결된다. 무한하시며 완전하지 않으시면 하나님

---

3. Sermon 122, "Causes of the Inefficacy of Christianity," §6. (설교 140, "기독교의 무능함에 대한 원인들").
4. Sermon 120, "The Unity of the Divine Being," §16. (설교 138 "하나님의 일체성")
5. Maddox, Responsible Grace, 51.

께서는 영원, 편재, 전지, 그리고 전능하실 수 없기 때문이다.

(1) 영원 (영원하신 하나님, Eternity) - 시편 90편 2절은 "영원부터 영원까지 당신은 하나님이십니다"라고 고백한다. 영원이란 끝없는 지속을 의미한다. 이것을 염두에 두고 "영원부터 영원까지"라는 구절을 생각해 보자. 이 구절은 현재를 기점으로 과거의 영원과 미래의 영원을 동시에 지적하고 있다. 과거의 영원이란 시작이 없는 지속이다. 미래의 영원이란 끝이 없는 지속이다. 결국 영원성이라는 하나님의 속성을 통해 우리가 알 수 있는 것은 하나님께서는 시작도 없으시며 끝도 없는 분이시라는 것이다. 유한한 인간은 영원의 본질을 알 수 없다. 따라서 영원의 본질조차 알 수 없는 우리가 영원부터 영원까지 하나님이신 분을 온전히 알고 이해한다는 것은 불가능한 일이다.[6]

(2) 편재 (어디나 계시는 하나님, Omnipresence) - "나 여호와가 말하노라 나는 천지에 충만하지 아니하냐"(예레미야 23:24)는 말씀은, 영원성과 편재성으로 연결된다. 하나님께서는 영원부터 영원까지 모든 곳에 계신다. 또한 모든 곳에 계시기 때문에 모든 것을 알고 계신다. 자신이 존재하지 않는 곳에서 하나님은 할 수 있는 일이 없다. 어디에나 계신 하나님을 믿지 않는 사람은 하나님의 전능도 믿지 않는 사람이다. 영원하시며 편재하신 하나님께서는 당연히 모든 면에서 완전하시다. 이러한 편재하심은 전지하심과 전능하심이라는 하나님의 다른 속성들, 그리고 하나님의 통치와 섭리와도 연결된다.[7]

---

6. Sermon 54, "On Eternity" (설교 118 "영원에 대하여").
7. Sermon 118, "On the Omnipresence of God" (설교 136 "하나님의 편재하심에 대하여").

(3) 전능 (불가능이 없으신 하나님, Omnipotence) - 하나님께서 어디에나 계시는 만큼 전능하시다. 어디에나 계시며 완전하신 하나님께서는 "하늘과 땅, 바다, 그리고 어떤 깊은 곳에서도 자신을 기쁘게 하는 것은 무엇이든 할 수"있으시다.[8]

(4) 전지 (모든 것을 아시는 하나님, Omniscience) - 하나님의 전지하심은 하나님의 영원하심과 편재하심의 결과이다. 하나님은 영원부터 영원까지 온 우주에 계시고, 당연히 과거, 현재, 그리고 미래의 모든 일을 하나의 영원한 현재로 아실 수밖에 없다. 존재하는 모든 것의 목적을 아신다. 또한 하나님께서는 지혜(아는 것을 목적에 맞게 적용하는 수단)에 있어서도 우리의 이해를 뛰어 넘어 계신 완전이시다.[9]

2) 하나님의 도덕적 속성

하나님께서는 우리를 돌보시며, 순수하시며, 용서하시며, 거룩하시고, 은혜로우신 분이다. 즉, 거룩(holiness), 진리(truth), 선(goodness), 사랑(love), 정의(justice)의 하나님이다. 이러한 측면을 우리는 하나님의 도덕적 속성이라고 부른다.

(1) 거룩함(Holiness) & 정의(Justice) - 하나님의 거룩함은 피조물들에게 정의(Justice)로 다가온다. 하나님은 빛이다. 그분 안에 어둠은 없다. 또한 악의 모든 접촉으로부터 무한히 멀리 계신 분이다. 즉 거룩하신 분이다. 하나님의 거룩함은 피조물에게 원의(original justice)로 다가온다. 피조물들

---

8. Sermon 120, "The Unity of the Divine Being" §5. (설교 138, "하나님의 일체성").
9. Ibid., §6.

이 누리는 하나님의 공평하심을 통해 피조물들은 하나님의 거룩하심과 공의를 알게 된다.

(2) 선하심(goodness) & 사랑(love) - 하나님의 선하심이 피조물들에게는 사랑으로 다가온다. 특히 웨슬리는 하나님의 다양한 속성들 중에 가장 으뜸이 되는 속성이 사랑이라고 확신했다. 삼위 하나님의 상호 관계의 핵심이 사랑이다. 이러한 이유로 웨슬리는 사랑이 하나님의 진정한 형상이자 광채라고 말했다.[10] 사랑의 속성은 하나님의 다른 완전하심에 무한한 영광을 비추는 속성이다.[11]

여기서 기억해야 할 것은 하나님의 사랑은 '거룩한 사랑'이다. 공의와 사랑 그리고 거룩하심과 선하심이 마치 대치하는 개념들로 여겨질 수 있지만 '역설적 결합'을 통해 웨슬리안 신학에서는 함께한다. 하나님께서는 공의를 위해 사랑을 희생하지 않으시며, 사랑을 위해 공의를 희생하지도 않으신다.

우리를 향한 하나님의 뜻

하나님께서 세상의 모든 만물을 창조하셨다. 창조의 목적은 바로 하나님의 영광을 위해서였다. 또한 하나님께서는 모든 피조물들이 행복하도록 창조하셨다. 따라서 하나님의 형상으로 지음받은 인간 창조의 목적

---

10. Sermon 146, "The One Thing Needful," §II. 2. (설교 67, "한 가지만으로도 족하니라").
11. NT Notes, 요한 일서 4장 8절.

역시 하나님께 영광을 돌리고, 하나님을 향유함으로 하나님 안에서 행복을 누리는 것이었다. 창조의 목적으로서의 행복은 하늘에서뿐만 아니라 이 땅에서도 하나님과 함께하는 행복을 의미한다.

타락 이후 인간은 감각(찰나에 지나가는 감각적 쾌락), 상상(웅장, 아름다움, 신기함), 자랑(명예와 부)에 우리의 궁극적 행복이 있다는 오해에 빠져 인생을 낭비하는 경우에 빠지기 쉽게 되었다. 이러한 현실 인식 속에서 웨슬리는 마음(사랑)의 종교의 중요성을 우리에게 설파한다. 마음 없는 지식의 종교, 예전의 종교, 선행의 종교, 무신론은 참된 종교가 아니다.

참된 종교(하나님 나라)는 하나님과 사람을 향한 올바른 사랑 가운데 있다. 성령의 은혜로 하나님의 사랑을 경험한 그리스도인들은 마음과 삶으로 하나님을 사랑(감사)하고 이웃을 사랑(자비, 긍휼)한다. 그들은 자신들의 삶, 행동, 생각을 통해 하나님의 거룩한 사랑의 빛을 전파한다.[12]

진정한 행복을 향한 그리스도인의 신앙적 여정은 다음과 같다. 하나님의 은혜가 믿음을 통해 우리를 사랑으로 인도한다. 하나님의 은혜가 사랑을 통해 우리를 마음과 삶의 성결로 인도한다. 하나님의 은혜가 마음과 삶의 성결을 통해 우리를 진정한 행복, 즉 하나님 안에서 하나님, 나, 하나님의 모든 피조물과 거룩한 사랑의 관계를 누리도록 한다. 그리고 진정한 행복을 향해 가는 여정의 시작과 중심은 그리스도에 대한 믿음이다.

---

12. Sermon 120, "The Unity of the Divine Being" §§10-25. (설교 138, "하나님의 일체성").

05
삼위일체
하나님

서방 교회는 "한 본질에 세 위격"이라는 표현으로 삼위일체를 설명한다. 그리고 학자들마다 다양한 방식으로 삼위일체를 설명한다. 그런데 삼위일체를 이해하는 데 있어서 크게 두 가지 방식이 있다. 첫 번째는 내재적 삼위일체론이다. 세 위격이 어떻게 하나가 되는가라는 존재 방식의 문제를 주로 다룬다. 두 번째는 경륜적(경세적) 삼위일체이다. 삼위 하나님의 사역(만물을 향한 섭리와 인류를 향한 구원사역)을 주로 다룬다. 웨슬리는 두 번째 방식을 주로 다루었다. 삼위일체와 관련된 존 웨슬리의 저술들은 설교 75 "삼위일체에 대하여"(요한1서 5:7), 설교 82 "영적 예배"(요한1서 5:20) 그리고 "한 로마 가톨릭 신자에게 보내는 편지(A Letter to a Roman Catholic)" 등이 있다.

삼위일체 교리의 중요성

삼위일체 교리는 기독교 핵심 교리이다. 기독교는 하나인 영원한 신성의 본질 안에 세 위격(인격)인 성부, 성자, 성령이 계심을 믿는다. 다른 표현으로 우리는 성부, 성자, 그리고 성령으로서의 하나님께서는 한 분이심을 믿는다. 삼위일체 교리에 대한 믿음이 기독교를 유대교 혹은 이슬람과의 차이를 확실하게 만든다.

문제는 삼위일체 교리를 적절하게 진술한다는 것은 매우 어렵다는 데 있다. 또한 삼위일체는 성경에 명확하게 표현되어 있지 않다. 그러나 몇몇 성경 구절에서 삼위가 한 분이심에 대해 추론할 수 있다. 예를 들면, "그러므로 가서 이 세상 모든 사람들을 제자로 삼고 아버지와 아들과 성령의 이름으로 그들에게 세례를 주어라"(마태 28:19), "은사는 여러 가지나 성령은 같고 직분은 여러 가지이나 주는 같으며 또 사역은 여러 가지나 모든 것을 모든 사람 가운데서 이루시는 하나님은 같으니"(고전 12:4-6), "주 예수 그리스도의 은혜와 하나님의 사랑과 성령의 교통하심이 너희 무리와 함께 있을지어다"(고후 13:13), 그리고 "몸이 하나요 성령도 한 분이시니 이와 같이 너희가 부르심의 한 소망 안에서 부르심을 받았느니라 주도 한 분이시오 믿음도 하나요 세례도 하나요 하나님도 한 분이시니 곧 만유의 아버지시라 만유 위에 계시고 만유를 통일하시고 만유 가운데 계시도다"(엡 4:4-6)와 같은 말씀이 있다.

또한 예수 그리스도와 성령을 주(Kyrios, 칠십인역에서 하나님의 이름 야훼를 번역하는데 사용한 그리스어)라고 고백하는 말씀들을 통해서 예수 그리스도와 성령님께서 하나님이심을 추론할 수 있다. "네가 만일 네 입으로 예수를 주로 시인하며 또 하나님께서 그를 죽은 자 가운데서 살리신 것을 네 마음에 믿으면 구원을 받으리라."(롬 10:9) "곧 하나님께서 그리스도 안에 계시사 세상을 자기와 화목하게 하시며 그들의 죄를 그들에게 돌리지 아니하시고 화목하게 하는 말씀을 우리에게 부탁하셨느니라."(고후 5:19) "주는 영이시니 주의 영이 계신 곳에는 자유가 있느니라."(고후 3:17)

요한복음 1장 14절은 예수 그리스도께서 육체가 된 하나님의 말씀임을 말한다. 그리고 요한복음 곳곳(요 10:30; 14:10, 11, 20)에서 예수 그리스도께서 자신과 성부 하나님은 하나라고 말씀하신다. 또한 요한복음 14:15-26, 15:26, 그리고 16:5-15의 말씀들에서 나타난 아버지, 아들, 그리고 성령의 관계를 통해서 세 분이 한 분이시라는 것을 추론할 수 있다.

웨슬리는 '셋이 하나이신 하나님(Three-One God)'은 성경적 진리라고 확신했다.[1] 그러나 인간의 지식으로는 세 위격이 하나가 되는 방식을 알 수 없다. 또한 인간의 능력 또한 하나님의 본질을 온전히 인식할 수 없다. 즉 하나님 인식에 있어서 인간의 능력은 제한적이다. 따라서 삼위일체의 교리는 인간 이성으로는 이해할 수 없는 신비다.[2] 신비로서 셋이 어떻게 하나가 되는가라는 방식의 문제는 웨슬리의 관심사가 아니었다. 그러므로 그는 삼위일체 교리 자체에 주의를 기울일 것을 요청하지 않았다. 단지 중요한 것은 세 분이 하나라는 사실에 대한 믿음이다.[3] 이것이 바로 웨슬리의 저작들에서 삼위일체 교리 자체에 대한 상세한 설명을 찾아보기 어려운 이유이다.

웨슬리는 삼위일체 교리를 '가장 중요한 진리(truth of the last importance)', '기독교의 바로 그 심장의 입구, 혹은 모든 생명력 있는 종교의 뿌리'라고 중요시했다. 삼위일체에 대한 하나님의 계시는 그리스도인의 삶을 위한 하나님의 좋은 선물이다. 이 진리는 '모든 생명력 있는 종교와 함께 하는 모든 참된 기독교 신앙과 얽혀 있다.' 성령이 친히 우리의 영과 더불어 하나님의 자녀인 것을 증언하신다. (롬 8:16) 즉 성부 하나님께서 성자 하나님의 공로로 우리를 용서하시고 받아들이신다는 복음을 우리에게 알려주시는 분이 성령 하나님이다.

---

1. Sermon 55, "On the Trinity," §4. (설교 75, "삼위일체에 대하여").
2. Ibid., §6.
3. Ibid., §§14-15.

이러한 체험은 성부 하나님뿐만이 아니라 그리스도와 성령을 경배하게 만든다. 우리는 성경의 증언과 삼위 하나님께서 우리의 구원을 위해서 함께 일하심 가운데 드러난 하나님의 사랑을 경험함으로 성부, 성자, 성령께서 한 분이심을 알게 된다.[4]

웨슬리는 목적론적 비전(teleological vision)으로서의 사명과 삼위일체 이해를 연결시킨다. 우리는 삼위 하나님에 대해 알아가는 과정 속에서, 그리고 삼위 하나님의 사랑의 사역을 체험하는 과정에서 우리를 향한 하나님의 부르심을 체험하게 된다. 이 부르심은 하나님의 구원 사역과 거룩한 사랑이라는 삼위 하나님의 내적 관계에 참여하라는 하나님의 초대이다. 웨슬리가 구원의 길을 설명하고 기독교 예배의 중요성을 강조할 때 삼위일체에 대한 그의 굳건한 믿음이 더욱 분명하게 드러난다.

삼위 하나님의 동등하심과 내적 원리

삼위일체 교리에 대한 웨슬리의 주요 관심사는 삼위 하나님의 구원 사역에 있었다. 그는 삼위 하나님의 내적 삶에 대한 사색적 숙고를 선호하지는 않았다. 그럼에도 불구하고, 세 위격의 동등하심과 단일성에 대한 웨슬리의 확신은 그의 글 곳곳에서 발견된다. 예를 들면, 영적 예배라는 설교에서 웨슬리는 하나님과 그리스도의 동등하심을 강조한다.[5] "한

---

4. ibid., §17.
5. Sermon 77, "Spiritual Worship," §II. (설교 82, "영적 예배").

로마 가톨릭 신자에게 보내는 편지(Letter to a Roman Catholic)"에서 웨슬리는 성령님께서 다른 두 위격, 즉 하나님과 그리스도와 동등하심을 강조하고 있다.[6]

세 분이 하나이신 하나님(Three-One God)이라는 웨슬리의 표현에는 교류(communion)를 통해서 세 위격이 하나가 됨이라는 의미가 포함되어 있다.[7] 세 분의 위격은 개별적이지만 교류를 통해 하나가 되신다. 그렇다면 교류란 어떤 의미를 가지고 있는가? 이 교류는 세 위격(성부, 성자, 성령)이 '서로 안에,' '서로를 통해서', 그리고 '서로가 함께' 거하심으로써의 교류이다. 이것을 상호 내주하심이라고 부른다.

하나님의 세 위격의 상호 내주하심을 통한 교류의 원인과 원칙은 무엇인가? 바로 거룩한 사랑이다. 거룩한 사랑 때문에 세 위격은 상호 내주하신다. 즉, 거룩한 사랑에 근거해서 '서로 함께,' '서로를 통해서' 그리고 '서로 안에' 거하심으로써의 교류를 통해서 세 위격은 절대적으로 하나가 되신다. 또한 거룩한 사랑 때문에 세 위격은 서로에게 자신을 선물로 주신다. 이러한 이유로 더글러스 믹스(Douglas Meeks)는 하나님의 세 위격의 내적 관계 방식을 '선물하기의 공동체'라고 표현한다.[8]

종합하면, 거룩한 사랑은 삼위 하나님의 내적 관계의 원인과 원칙이다. 선물로서 서로 자기 자신을 주는 상호 내주하심은 삼위 하나님의 내적 삶의 양태이다.

---

6. Wesley, A Letter to a Roman Catholic, Works (Jackson), 10:82.
7. Wesley, Letter to Mrs. Cock (Nov. 3, 1789), Letter (Telford), 8:183
8. Douglas Meeks, "Trinity, Community and Power," in Trinity, Community and Power: Mapping Trajectories in Wesleyan Theology, ed. M. Douglas Meeks (Nashville, TN: Kingswood Books, 2000), 23-4.

삼위 하나님의 사역

삼위 하나님의 사역에 대해서 살펴볼 때, 우리는 삼위의 각 위격이 구체적 사역에 있어서 역할 차이는 있으나 늘 함께 일하신다는 것을 염두에 두어야 한다. 즉, 구별되지만 분리되지 않는 삼위 하나님은 모든 사역에 있어서 함께 일하신다. 이것을 염두에 두고 삼위 하나님의 세 위격의 사역 특징을 살펴보도록 하겠다.

성부 하나님은 창조와 구원의 근원이다. 성자 하나님은 인간 구원의 본질이다. 성령 하나님은 우리를 인도하시는 분이다. 성령의 권능이 우리로 하여금 하나님을 믿고 사랑하고 섬기는 것을 가능하게 한다. 성령께서 행복과 성결을 구하고, 찾고, 누리도록 우리를 인도하신다.

1) 성부 하나님

성부 하나님의 어버이 마음이 세계의 창조와 보존의 근거일 뿐만 아니라 구원의 근거이다.[9] 웨슬리는 하나님을 물질세계의 인과율을 설명하는 행위자로 설명하기 보다는 사랑이 많으신 부모님으로 설명하는 것을 더 선호했다. 하나님은 사랑이시다. 하나님은 당신의 거룩한 사랑에 근거해서 세상의 만물을 창조하셨다. 세상을 창조하신 하나님은 모든 피조물을 사랑하신다. 이 사랑 때문에 하나님께서는 모든 피조물을 지탱하시고 계신다. 즉 하나님께서 어버이의 사랑으로 지금도 적극적으로 온

---

9. Sermon 26, "Upon our Lord's Sermon on the Mount VI," §III. 4. (설교 26, "산상설교 VI")

우주의 만물을 지탱하고 계신다.

하나님은 구원자시다. 거룩한 사랑 때문에 성부 하나님께서는 성자 하나님을, 즉 말씀이신 그리스도를 세상에 보내셨다. 그리스도께서 사람이 되셨다. 그리고 성자 하나님이신 예수 그리스도를 우리의 구세주로 삼으셨다.

특별히 성부께서 성자를 인간으로 이 땅에 보내셔서 행하신 일들은 하나님의 거룩하심과 선하심을 증거한다. 더 나아가 하나님의 거룩하심과 선하심으로 인한 공의와 자비가 늘 함께 가야 함을 보여준다.[10] 그리고 성부 하나님의 구원 사역은 그리스도인으로 하여금 삶 가운데서 공의와 자비 모두를 추구해야 함을 알려준다.

2) 성자 하나님, 그리스도

그리스도의 속죄 사역을 통해서 우리는 하나님의 거룩한 사랑을 보다 분명하게 알게 된다. 그리고 그리스도인의 삶은 중재자로서 직무라는 그리스도의 현재적 사역에 의해 영향을 받고 있다. 그리스도의 현재적 사역은 예언자, 제사장, 그리고 왕이라는 그리스도의 세 가지 직무로 표현된다. 웨슬리 역시 이 표현을 중시했다.

그리스도의 삼중 직무를 처음으로 분명하게 설명한 사람은 칼뱅이다. 칼뱅은 그리스도의 삼중 직무를 그리스도께서 이 땅에서 행하신 일들의 시간적 순서와 연결시켰다. 즉 삼중 직무를 그리스도의 삶, 죽음,

---

10. Sermon 120, "The Unity of the Divine Being," §7. (설교 138, "하나님의 일체서")

그리고 부활을 조직화시키는 데 사용했다. 예언자 직무는 이 땅에서 그리스도 삶과 사역으로 연결된다. 제사장 직무는 그리스도의 고난과 십자가 지심과 연결된다. 왕의 직무는 그리스도의 부활과 연결된다.

데쉬너가 지적했듯이, 웨슬리는 그리스도의 삼중 직무를 설명할 제사장으로서 직무를 기본으로 삼는다.[11] 그리고 제사장, 예언자, 왕의 순서를 중시한다. 웨슬리가 칼뱅(예언자, 제사장, 왕)을 따르지 않고 제사장, 예언자, 왕의 순서를 강조한 이유는 무엇인가? 제사장적 직무(속죄의 어린 양과 중보자로서의 그리스도)가 예언자적 직무(율법과 은혜의 선생으로서 그리스도)와 왕으로서 직무(죄를 정복하고, 현실 인간의 손상된 하나님의 형상을 회복시키며, 우리를 영원한 의(righteousness)로 이끄시는 그리스도)의 근거가 되기 때문이다. 이러한 이유로 제사장, 예언자, 그리고 왕의 순서를 강조한다.

더 나아가 이 순서에서 세 가지 의미를 더 찾을 수 있다. 첫 번째, 이 세 직무의 순서는 그리스도인 삶의 여정과 관련이 있다. 즉 제사장적 직무는 칭의(의롭다 여김을 받음, 죄 용서를 받음, 하나님의 호의가 회복됨, 하나님과 화해함, initial justification), 예언자적 직무는 성화(그리스도인의 성숙과 성장; sanctification), 왕으로서 직무는 최종 칭의(최후의 심판 때에 최종적으로 의롭다 여김을 받음, final justification)와 연결된다. 두 번째, 첫 번째 의미를 통해서 우리는 하나님 구원 사역의 일관성은 그리스도 인격 안에 있는 중보 사역의 통일성에서 이미 증명된다는 것을 알게 된다. 세 번째, 제사장적 직무가 예언자적 직무와 왕으로서의 직무 근거인 것처럼 구원의 믿음이 그

---

11. Deshner, Wesley's Christology, 165-166.

리스도인의 영적, 도덕적 삶의 근거가 된다.[12] 구원의 믿음은 그리스도께서 제사장적 직무를 감당하셨기 때문에 가능하다. 그리고 그리스도인의 영적, 도덕적 삶은 그리스도의 예언자적 직무와 왕으로서 직무의 직접적 영향 아래에 있다.

3) 성령 하나님

성령 하나님께서 우리 안에서 일하시기 때문에 성령께서 모든 성결의 즉각적 원인이 되신다.[13] 특별히 웨슬리는 하나님의 은총을 하나님의 거룩한 영의 권능으로 정의 내리고 있다. 하나님의 눈에 합당한 일을 성취하시기 위하여 하나님께서 우리 안에서 일하신다. 이 일을 성령의 권능을 통해서 하신다. 우리는 은총에 의해 하나님의 뜻, 섭리, 그리고 사역에 참여할 수 있다. 성령의 권능(은총)에 의해서 우리는 하나님께서 우리 안에 거하시는 하나님의 은혜로운 현존(gracious presence of God)을 경험할 수 있다. 또한 새로운 힘을 부어 주시는 성령님은 그리스도인의 영적, 도덕적, 그리고 일상적 삶의 중심이시다.

스콧 존스(Scott Jones)는 웨슬리안 신학의 관점에서 본 삼위 하나님의 구원 사역에서 성령 하나님의 역할을 주로 다음 세 가지로 종합해서 설명한다.[14]

---

12. Min Seok Kim, "'Happiness and Holiness, Joined in One' as the Christian Life Goal in John Wesley's Theology," 241.
13. Wesley, A Letter to a Roman Catholic, Works (Jackson), 10:82
14. Scott Jones, United Methodist Doctrine: The Extreme Center (Nashville, TN: Abingdon Press, 2002), 115-118.

(1) 성령 하나님은 은총의 전달자다.

(2) 성경의 뜻을 깨닫도록 영감을 주시는 분이다.

(3) 은사들을 우리에게 공급하시는 분이다.

우리가 주의를 기울여야 할 것이 있다. 그것은 성령 하나님은 성부 하나님 혹은 성자 하나님의 권능이나 에너지가 아닌 인격이라는 것이다. 성령 하나님은 성부 하나님 그리고 성자 하나님과 등등하신 분이다.

함께하시는 삼위 하나님

삼위 하나님의 각 위격은 구분되지만 분리되거나 완전히 독립적이지도 않다. 이 점은 우리의 구원을 위한 삼위 하나님의 일하심 가운데 분명하게 드러난다. 삼위 하나님의 일하심은 하나님의 각 위격의 개별적인 일이 아니다. 웨슬리의 견해에 따르면, 어떤 구체적인 사역이 단 한 위격에만 속해 있다고 보는 견해는 건강한 견해가 아니다.

메덕스가 지적했듯이, 창조와 섭리는 성부 하나님만의 고유한 사역으로, 구속은 성자 하나님만의 고유한 사역으로, 성화는 성령 하나님만의 고유한 사역이라고 보는 견해는 실질적인 유니테리언주의(Practical Unitarianism)이다.[15] 하나님의 세 인격 모두가 만물의 창조주, 옹호자, 보호자, 주인, 구속주, 통치자, 그리고 완성자(Consummator of all)이다.[16]

---

15. 유니테리언주의는 삼위일체를 부정한다. Randy Maddox, Responsible Grace, 140.

삼위 하나님께서 함께 사역하시는 구체적인 예를 보면, 성경적 구원의 길이라는 설교에서 웨슬리는 선행은총(9, 10장 참고)을 삼위 하나님 모두와 연결시키고 있다:

> 이 선행은총이라 함은 하늘 아버지께서 이끄시는 역사(요 6:44), 곧 우리가 하나님을 사모하는 마음인데 우리가 사모하면 사모할수록 점점 증가합니다. 또한 하나님의 아들이 세상 모든 사람을 교화하시는 빛(요 1:9), 곧 사람에게 공의를 행하고 인자를 사랑하며 겸손히 하나님과 동행하도록(미 6:8) 지시하는 것들을 의미합니다. 또한 이 선행은총이란 성령께서 때때로 모든 사람에게 역사하시어 깨닫게 하시는 것 전부를 말합니다. 이런 것을 누구나가 가지고 있는 것은 틀림없는데, 대부분의 사람들은 이 성령의 역사를 최대한 즉시 억눌러 버리거나 잊어버리거나 또는 부정합니다. _존 웨슬리, "성경적 구원의 길," § I. 2.

또 다른 예로, 최후 심판에서 판관이신 삼위 하나님이 각각의 역할을 담당하신다. 최후 심판을 위한 대법정에서 성부는 대판관, 성자는 신적 옹호자, 성령은 우리의 마음과 행동을 감찰하는 역할을 하신다.[17] 웨슬리는 이러한 예 외에 창조, 칭의, 성화 등의 주제에 대한 설명에서 삼위 하

---

16. "영적 예배"라는 설교에서 웨슬리는 성부와 마찬가지로 그리스도 역시 만물의 창조주, 옹호자, 보호자, 주인, 구속주, 통치자, 그리고 완료자(Consummator of all)임을 강조하고 있다. Sermon 77, "Spiritual Worship," §§ I. 2-10. (설교 82, "영적 예배).

17. Sermon 15, "The Great Assize," §II. (설교 15, "대심판"); Thomas C. Oden, John Wesley's Teaching, vol. 2 (Grand Rapids: Zondervan, 2012), 294.

나님께서 함께 사역하시는 예를 구체적으로 말하고 있다.

삼위일체 교리가 우리에게 주는 교훈

현 시대를 살아가는 사람들의 삶의 자리(환경)는 어떠한가? 모든 것의 상품화, 개별화, 고립, 경쟁, 차별, 불평등, 비인간화가 우리의 일상이 되었다. 이러한 삶의 자리에서 삼위일체 교리에 대한 신학적 관심이 다시 일어나고 있다는 사실은 당연한 귀결이라고 볼 수 있다. 삼위 하나님의 내적 관계 혹은 내적 삶의 원리 가운데 있는 평등과 탈 권위라는 특성 때문이다.

더 나아가 세 위격의 내적 삶의 원리인 '거룩한 사랑'에 근거한 상호 의존과 교류라는 측면은 비인간화되고 극단적 개인주의가 판치는 세상을 살아가는 현대인에게 중요한 지혜와 지향점을 제공한다.

'거룩한 사랑'이라는 세 위격의 내적 관계의 원리는 신앙 공동체로서 교회가 이 땅에서 하나님 나라 구현을 위한 모든 활동의 근본적인 원칙과 원리가 된다. 세 위격이 하나가 되는 '선물하기 공동체'로서 삼위일체는 신앙 공동체인 교회의 실천적 모형이다. 교회는 신앙 공동체의 내적 관계만이 아니라 세상을 향한 선물하기 공동체가 되어야 한다.

세 위격이 모든 사역에 있어서 구별된 역할을 가지고 함께 사역하듯이 선물하기 공동체로서 교회는 세상을 향한 사역에 있어서 서로 함께 같이 일하는 공동체가 되어야 한다. 새 하늘과 새 땅의 완성을 향해 나아가는 과정에서 그 자신을 세상에 선물함으로써 삼위 하나님의 지속적인 사역에 동참해야 한다.

06
창조, 타락, 그리고 인간의 현실

창조에 대한 웨슬리의 견해를 살펴볼 수 있는 설교는 설교 92 "하나님이 시인하신 일들"(창 1:31), 설교 95 "선한 천사들에 대하여"(히 1:14), 설교 103 "하나님의 사려 깊은 지혜"(롬 11:33), 설교 114 "하나님의 섭리에 대하여"(눅 12:7) 등이 있다.

타락과 인간의 현실에 대한 웨슬리의 관점을 살펴 볼 수 있는 설교는 설교 44 "원죄"(창 6:5), 설교 62 "하나님의 형상"(창 1:27), 설교 83 "영적 우상숭배"(요한1서 5:21), 설교 90 "인류의 타락에 대하여"(창 3:19), 설교 94 "악한 천사들에 대하여"(엡 6:12), 설교 124 "인간이 무엇이관대?"(시편 8:3-4), 설교 134 "인간이란 무엇인가?"(시편 8:4), 설교 146 "마음의 기만"(예 17:9), 설교 147 "질그릇에 담긴 하늘의 보배"(고후 4:7)등이 있다. 웨슬리의 인간 이해는 성경의 증언을 근거로 하며 사색과 경험의 도움을 받았다. 타락 이전의 인간에 대한 설명은 사색의 영향을 받은 반면에 타락 후 인간에 대한 설명은 경험에 기인한 부분이 많다.

창조의 선함

감리교회 25개 종교 강령 제 1조 '삼위일체를 믿음'에서 우리는 하나님께서 유형무형한 만물을 한결같이 창조하시고 보존하시는 분이라고 고백한다. 이 고백에 대한 웨슬리의 해설을 그의 설교 "하나님이 시인하신 일들", "하나님의 섭리에 대하여", 그리고 "하나님의 사려 깊은 지혜"에서 볼 수 있다.

먼저 "하나님이 시인하신 일들"이라는 설교에서 웨슬리는 타락 이전 창조의 선함을 강조하고 있다. 하나님께서는 모든 피조물들을 그 종류대로 선하게 창조하셨다. 그리고 설계된 각자의 목적에 적합하게 창조되었으며 위대한 창조주의 영광과 모든 피조물의 선(good)을 증진시키기에 적합하게 창조되었다.[1] 따라서 낙원에 있던 모든 피조물은 모든 면에서 선했다.

낙원의 인간

일반적으로 인간론은 인간을 바라보는 관점을 의미한다. 인간 이해의 출발점은 인간이란 나뉠 수 없는 전인적인 존재라는 확신이다. 과거에 전통적 논의는 인간의 구성요소 혹은 영혼의 기원과 같은 주제들이었다. 반면에 이 주제와 관련된 최근 논의들은 참된 인간의 의미와 같은 것들을 다루고 있다.

인간 이해에 있어서 존 로크는 이성을 강조했으며, 칸트는 양심을 강조했다. 이들은 이성과 양심을 인간의 자연적 능력으로 보았다. 반면에 웨슬리에게 있어서 이성은 하나님 형상의 한 요소이고, 양심은 선행은총을 통해 모든 인간에게 주어진 하나님의 초자연적 선물이다. 웨슬리는 인간에게 긍정적인 부분들이 있다면 그 모든 것은 하나님의 은혜에 의해 우리에게 주어진 하나님의 선물이라고 말한다.

웨슬리의 인간 이해는 크게 두 부분으로 나누어진다. 타락 이전의 인

---

1. Sermon 56, "God's Approbation of His Works," §1. (설교 92, "하나님이 시인하신 일들")

간에 대한 이해와 타락 이후의 인간에 대한 이해이다. 전자가 사변적 그리고 이론적인 인간 이해라면 후자는 경험적인 인간 이해이다. 웨슬리는 타락 이전의 인간에게 주신 하나님의 형상을 세 가지로 구분해 설명하고 있다. 그것은 자연적 형상, 정치적 형상, 그리고 도덕적 형상이다.

1) 자연적 형상

웨슬리의 초기 설교 "하나님의 형상"은 자연적 형상만 다루고 있다. 하나님께서 인간에게 이해력(이성과 지성), 의지(정서의 집합체), 그리고 자유라는 자연적 형상을 부어주셨다.

첫 번째 자연적 형상은 하나님께서 주신 이해력(이성과 지성)이다.[2] 낙원(에덴동산)에서 거하던 타락 이전의 인간은 이해력을 통해서 존재를 온전하게 인식하고 추론했다. 아담과 이브에게 주어진 이해력은 의롭고, 분명하고, 신속하며, 위대했다. 이러한 이해력을 바탕으로 그들은 모든 만물에게 적합한 이름을 줄 수 있었다.

두 번째 자연적 형상은 의지(will)이다.[3] 웨슬리는 우리가 보통 '의지'에 대해 가지고 있는 관점(무엇인가를 결정하는 능력)으로 의지를 설명하지 않았다. 그는 의지란 정서의 집합체(gathering of affections)라고 정의 내리고 있다. 타락 이전 인간의 정서(사랑)는 합리적이고 공평했다. 그리고 그들의 의지는 하나님을 향한 사랑으로 충만해 있었다. 에덴동산에서 첫 인류는 사랑으로 가득 차 있는 존재였다. 웨슬리에 따르면, 이해력보다

---

2. Sermon 141, "The Image of God," §I. 1. (설교 62, "하나님의 형상")
3. Ibid., §I. 2.

는 정서(사랑)가 더 중요한 하나님의 자연적 형상이다.

세 번째 자연적 형상은 자유이다.[4] 하나님께서는 인간에게 자유를 허락하셨다. 하나님께서 사랑하는 이성적 피조물에게 주체성을 주신 것이다. 그렇기에 그들은 하나님께서 주신 하나님의 형상인 이해력과 의지를 옳은 방법으로도 잘못된 방법으로도 사용할 수 있게 되었다.

웨슬리가 생각한 각 자연적 형상의 중요도는 자유, 의지, 그리고 이해력의 순서이다. "이것(자유) 없이, 의지와 이해력은 둘 다 궁극적으로 쓸모없게 될 것입니다. 사실 자유가 없다면 인간은 자유로운 주체(agent)가 되는 것과는 거리가 멀어져 결국 전혀 주체가 아니게 될 것입니다."[5]

하나님 형상에 대한 웨슬리 관점의 중요한 의의가 있다. 아우구스티누스, 아퀴나스, 칼뱅이 하나님의 형상을 지성적, 합리적, 기능적인 측면을 강조했다면, 웨슬리는 본질적으로 하나님의 형상이 관계적이라고 주장한다. 웨슬리에게는 지성적, 합리적, 기능적 측면이 가장 강조되는 자연적 형상에 있어서도 관계적인 요소가 발견된다. 의지와 이해 사이 중요도를 고려하고, 의지에 대한 웨슬리의 정의(무엇인가를 주체적으로 결정하는 능력이라기 보다 정서의 집합체)를 염두에 둔다면, 자연적 형상에서도 관계적 측면이 강조되고 있음을 알 수 있다.

2) 정치적 형상

"하나님의 형상"이라는 초기 설교에서 웨슬리는 하나님의 자연적 형

---

4. Ibid., §I. 3.
5. Sermon 62, "The End of Christ's Coming," §I. 4. (설교 84, "그리스도의 오신 목적")

상(이해력, 의지, 그리고 자유)만을 다루었다. 웨슬리가 하나님의 형상에 정치적 형상과 도덕적 형상을 추가한 것은 아이작 와츠(Isaac Watts)의 『인류의 파멸과 회복(1740)』을 읽고 난 이후였다. 웨슬리는 설교 "신생"(1743)과 자신의 가장 긴 논문 〈성경, 이성, 그리고 경험에 따른 원죄 교리(1757)〉에서 하나님의 형상을 자연적, 정치적, 도덕적 형상 세 가지로 나누어 설명하기 시작했다.[6]

창세기 1장 28절은 다음과 같이 말한다. "하나님이 그들에게 복을 주시며 하나님이 그들에게 이르시되 생육하고 번성하여 땅에 충만하라, 땅을 정복하라, 바다의 물고기와 하늘의 새와 땅에 움직이는 모든 생물을 다스리라 하시니라." 시편 8편 4절에서 8절 또한 하나님께서 우주를 다스리는 존재로 사람을 세우셨다는 것을 말하고 있다. "사람이 무엇이기에 주께서 그를 생각하시며 인자가 무엇이기에 주께서 그를 돌보시나이까 그를 하나님보다 조금 못하게 하시고 영화와 존귀로 관을 씌우셨나이다 주의 손으로 만드신 것을 다스리게 하시고 만물을 그의 발 아래 두셨으니 곧 모든 소와 양과 들짐승이며 공중의 새와 바다의 물고기와 바닷길에 다니는 것이니이다 여호와 우리 주여 주의 이름이 온 땅에 어찌 그리 아름다운지요"라고 했다.

하나님께서 타락 이전의 인간을 하나님의 섭정, 왕자, 그리고 하위 세계의 통치자로 세우셨다.[7] 존재의 사슬에서 인간보다 아래에 있는 피조

---

6. Sermon 45, "The New Birth," §I. 1 in Works, 2:188n5 (설교 18, "신생"); Wesley, The Doctrine of Original Sin: According to Scripture, Reason, and Experience (1757), Part IV, I. 1, in Works, 12:353-54.
7. Sermon 60, "The General Deliverance," §I. 3. (설교 88, "우주적 구원").

물을 다스리는 것이 낙원에서 인간의 의무였다. 그 다스림의 목적은 하나님의 피조물들의 웰빙(well-being)이었다.[8]

이 의무를 감당하기 위해 주어진 것이 정치적 형상이다. 정치적 형상으로 인해 인간은 하나님과 피조물들과의 관계를 이어주는 연결 통로 역할을 할 수 있었다. 정치적 형상에는 창조 질서에 따른 조화와 평화를 위해서 하나님과 피조물을 연결시키는 기능이 있기 때문이다. 결론적으로 정치적 형상으로 인해 낙원에서 인간은 하나님의 대리자로서, 하나님과 피조물들 사이 중재자로서, 동시에 모든 창조 세계 대표자로서 역할을 감당할 수 있었다.

3) 도덕적 형상

"하나님을 따라 의와 진리의 거룩함으로 지으심을 받은 새 사람을 입으라"(엡 4:24)라는 사도 바울의 말을 인용하면서 웨슬리는 하나님께서 인간에게 부여하신 도덕적 형상을 설명한다.[9] 도덕적 형상이란 하나님의 의로움(righteousness)과 참 거룩함(true holiness)이다. 도덕적 형상(하나님의 의로움과 거룩함)을 통해서 낙원에 거하던 아담과 하와는 하나님에 관한 지식, 하나님의 뜻, 그리고 하나님의 법을 직접적으로 알았다. 그러므로 낙원 안에 거하던 아담과 하와는 하나님의 사랑, 정의, 자비, 그리고 진리를 온 창조 세계에 보여주었다.[10]

---

8. Sermon 66, "God's Approbation of His Works," §I. 14, in Works, 2:396-97n40 (설교 92, "하나님이 시인하신 일들); Sermon 60, "The General Deliverance," §I. 5. (설교 88, "우주적 구원")
9. Sermon 45, "The New Birth," §I. 1. (설교 45, "신생")
10. NT Notes, Col 3:10.

자연적, 정치적, 도덕적 형상 중에 가장 고귀한 하나님의 형상이 도덕적 형상이다. 도덕적 형상은 인간의 하나님 닮음을 가장 잘 드러내 주는 형상이며, 인간보다 하위의 피조물들에는 없는 하나님의 형상이다. 물질적 창조 세계에서 인간만이 도덕적 형상을 가지고 있었고 그밖의 피조물에게는 도덕적 형상이 주어지지 않았다. 따라서 물질적 창조 세계는 인간(인간에게 주어진 도덕적 형상)을 통해서 하나님을 볼 수 있었다. 이렇듯 도덕적 형상은 창조세계에 하나님을 비추어 줌으로써 거울의 역할을 했다.

웨슬리에 의하면, 하나님께서 특히 동물에게 제한적이기는 하지만 하나님의 자연적 형상을 부여하셨다. 동물 역시 제한적이지만 생각을 하고, 무언가를 사랑하는 경향성을 가지고 있으며, 자유를 가지고 있고, 자율적으로 움직일 수 있다. 이러한 측면에서 하나님께서 하나님의 자연적 형상을 동물에게 제한적으로 부여하셨다고 주장했다.

자연적 형상과 정치적 형상이 기능적이라면, 도덕적 형상은 인간 존재의 궁극적 목적이 무엇인지를 알려주는 형상이다. 낙원의 인간에게 부여된 하나님 형상의 가장 중요한 기능은 인간으로 하여금 하나님을 보고 혹은 알고, 사랑하고, 순종하게 하는 것이었다.[11] 낙원에서 인간은 하나님을 직접 보고 알았으며, 하나님의 법을 직관적으로 알고 적용했다.

---

11. Sermon 60, "The General Deliverance," §I. 2. (설교 88, "우주적 구원")

악과 죄가 어떻게 발생했는가?

성경은 죄를 범하기 이전에 창조의 선함과 의지적 죄를 범한 이후에 발생한 창조 세계의 타락을 구분하고 있다. 그런데 전능하시며 지극히 선하신 하나님께서 창조하신 선한 세계에 악과 죄가 어떻게 들어왔는가? 라는 의문이 발생한다. 즉 악이란 무엇인가? 악은 어디에서 왔는가?

아우구스티누스(St. Augustine)는 악(evil)을 선의 결핍으로 정의 내리고 있다.[12] 아퀴나스(St. Thomas Aquinas)는 본성적으로 우리가 마땅히 가져야만 하는 것의 부재 혹은 결핍이 악이라고 설명한다.[13] 웨슬리는 악을 완전한 선으로부터 일탈 혹은 선을 선택하지 않았기 때문에 발생하는 선의 타락이라고 정의 내리고 있다.[14]

악은 어떻게 이 세상에 들어왔는가? 이 질문에 대해 웨슬리는 피조물의 유한성에 기인한 결함 가능성(defect-ability)과 의지의 오용(the abuse of will)에서 답을 찾는다. 하나님께서는 모든 피조물을 선하게 창조하셨다. 그러나 유한한 피조물과 창조 세계에는 어쩔 수 없이 결함의 가능성(defect-ability)이 발생한다. 결함이 아니다. 결함의 가능성이다.

여기서 강조하고 있는 결함의 가능성은 물질에 있는 것이 아니라 의지에 있다. 결함의 가능성이 있었던 이성적 피조물들이 의지를 잘못 사용해서 타락했다. 그리고 이러한 타락을 통해서 악과 죄가 이 세상에 들

---

12. G.R. Evans, Augustine on Evil (Cambridge; New York: Cambridge University Press, 1982)
13. Thomas Aquinas, Summa Theologiae, trans. fathers of the English Dominican province (New York: Benzinger Brothers, 1947) I-I, q. 49, a. 1.
14. Wesley, Letter to the Revd. Samuel Wesley, in Works 25: 241-2.

어왔다. 즉, 결함의 가능성 때문에 발생한 의지의 오용으로 인해서 악과 죄가 이 세상에 들어왔다.

웨슬리는 먼저 악의 유입을 천사의 타락과 연결시킨다. 하나님께서는 천사에게도 하나님의 형상을 부어주셨다. 하나님의 형상 중 하나인 자유 역시 주셨다. 피조물로서의 결함 가능성 때문에 천사의 마음속에 하나님과 같아지고 싶은 유혹이 발생했다. 그리고 천사는 하나님께서 주신 자유 의지를 잘못 사용해서 타락하게 되었다.[15]

도덕적, 자연적, 형벌적 악

웨슬리는 악을 도덕적 악(죄), 자연적 악(고통), 형벌적 악(처벌)으로 구분하고 있다. 이 세 가지 악을 궁극적으로는 이성적 존재, 즉 천사와 인간이 의지를 잘못 사용한 것과 연결시킨다. 도덕적 악은 의지의 오용에서 직접적으로 왔다. 도덕적 악으로 인해 형벌적 악이 발생한다. 자연적인 악 또한 아담이 도덕적 악을 선택한 결과이다.[16]

문제는 도덕적 악이 자연적 악의 원인이라고 생각하는 부분에서 발생하게 된다. 도덕적 악을 모든 자연적 악과 무조건적으로 연결시킨다면 자연 재해와 같은 고통이 발생한 이유는 무조건 그 지역 사람들의 죄 때문이라는 논리 성립이 가능하다. 웨슬리 또한 자신의 생애에 발생했던

---

15. Sermon 62 "The End of Christ's Coming", §§I. 8-9. (설교 84, "그리스도의 오신 목적")
16. Sermon 60, "The General Deliverance," §§II. 1-2. (설교 88, "우주적 구원")

지진들을 인간의 도덕적 타락과 도덕적 악의 결과로 이야기하곤 했으며, 더 나아가 하나님의 직접적인 심판과도 연결시켰다.[17] 이러한 견해를 극단적으로 주장하면, 고통의 발생을 고통당하는 사람들이 죄를 범했기 때문이라는 암시를 수용하게 만드는 문제가 있다.

도덕적 차원에서 의지의 오용(the abuse of will)이라는 원인에 근거해서 악과 죄의 기원과 정의를 살펴보는 관점의 장점은 다음과 같다. '죄 많은 육체'라는 개념을 받아들이는 것을 거부하기에 몸에 대해 중립적인 관점을 가질 수 있다. 웨슬리의 이야기를 들어보자.

그러나 확실히 우리가 죄 많은 육체에 거한다면 우리는 죄로부터 구원받을 수 없습니다. ... 성경에서 권위를 찾을 수 없습니다. '죄 많은 육체'라는 단어는 성경에서 발견되지 않기 때문입니다. 그것이 전적으로 비성경적이라면 명백하게 잘못 사용된 것입니다. 어떤 종류의 육체 혹은 물질도 죄가 있는 것이 아니고, 단지 영만이 죄에 대한 가능성이 있기 때문에... 단지 영혼만이 죄의 거주지가 될 수 있습니다. _Sermon 76 "On Perfection", Works, 3:79-80.

---

17. Wesley, Serious Thoughts occasioned by the Late Earthquake at Lisbon (1755), Works(Jackson), 11:1-13.

인간의 타락

인간의 타락은 타락한 천사의 시기심에서 비롯되었다. 먼저 사단은 아담의 아내에게 다가와 진실이 섞인 거짓말로 속였다. "뱀이 여자에게 이르되 너희가 결코 죽지 아니하리라. 너희가 그것을 먹는 날에는 너희 눈이 밝아져 하나님과 같이 되어 선악을 알 줄 하나님이 아심이라."(창 3:4-5)

사단의 속임수와 하나님에 대한 신뢰 부족 때문에 아담의 아내는 하나님의 명령에 불순종했다. 아담의 아내는 하나님의 법을 어겼고, 그 결과 하나님과의 관계가 단절되었다. 반면에 아담 타락의 원인은 그의 아내와 약간 달랐다. 아담의 아내는 사단에게 속았으나 아담은 아내에게 설득당했다. 그는 하나님보다 배우자를 더 사랑했다.

사단 타락과 인간 타락의 원인 역시 궤를 달리하고 있다. 사단은 하나님과 동등하게 되고 싶어하는 욕망 때문에 타락했다. 반면에 인간은 속았거나 설득당해서 하나님께 불순종했다. 그들은 금지된 과실을 먹는 행동 이전에 이미 마음으로 하나님의 명령에 불순종하기로 결심했다. 사단은 잘못된 욕망을 충족시키기 위해서 의지를 잘못 사용했다. 사람은 속아서 혹은 설득당해서 의지를 잘못 사용했다.

전능하신 하나님께서 그들에게 시험을 허락하셨다. 타락한 천사와 인간 모두 시험을 넘어서지 못했다. 그들은 악을 세상에 들여오고 죄를 지었다. "죄는 인간이 자유를 남용함으로 인해서 (세상에) 들어오게 된 것이다." [18]

타락의 결과

타락의 첫 번째 결과는 인간에게 주어진 하나님 형상의 손상과 상실이다. 타락으로 인해 자연적 형상과 정치적 형상이 손상되었다. 그리고 도덕적 형상은 완전히 상실되었다.[19] 특별히 도덕적 형상 (하나님의 의와 참 성결)의 상실은 하나님과의 철저한 단절과 분리를 초래한다. 도덕적 형상은 하나님에 관한 지식, 하나님의 뜻, 그리고 하나님의 법과 직접적으로 연결된다. 그러므로 낙원에서 인간은 도덕적 형상을 통해 하나님과 직접적인 관계를 맺었다.

도덕적 형상의 상실은 우리 존재의 궁극적 목적이신 하나님과의 관계를 상실하게 만들었으며, 존재 목적에 대한 올바른 인식을 불가능하게 만들었다. 이것은 관계성에 왜곡을 초래하며, 인간 본성을 자기중심적으로 만든다. 무질서 가운데 있는 인간의 자기중심적 사랑 때문에 우리는 하나님과 이웃을 사랑하는 데 있어서 무능력한 존재가 된다. 인간은 하나님과의 관계를 자신의 독자적인 능력으로 다시 맺을 수 없게 되었다.

타락의 두 번째 결과는 단절(분리)과 죽음이다. 단절에 의해서 두 종류의 죽음이 발생했다. 육의 죽음과 영의 죽음이다. 육의 죽음은 영육의 분리를 의미한다. 타락의 결과로 불멸의 존재가 멸망의 옷을 입게 되었다. 우리는 죽음의 순간에 영과 육의 분리를 경험하게 된다. 영의 죽음은 우리 영과 영의 근원이신 하나님과의 단절을 의미한다. 이 세상에서 삶을

---

18. Wesley, Works (Jackson), 7:228-29.

19. Sermon 57, "On the Fall of Man," §§I. 2와 7 (설교 90, "인류의 타락에 대하여"); Sermon 62, "The End of Christ's Coming," §§I. 8-9. (설교 84, "그리스도의 오신 목적")

웨슬리안 실천교리   무엇을 알아야 하는가, 무엇을 가르칠 것인가?

살아간다고 할지라도 만약 영의 근원이신 하나님과 단절되었다면 그 사람의 영은 죽은 것과 마찬가지인 상태이다.

타락의 세 번째 결과로 인간은 삼중 욕망으로 가득 찬 존재가 되었다. 삼중 욕망이란 육신의 소욕(the desire of the flesh), 안목의 정욕(the desire of the eyes), 이생의 자랑(the pride of life)을 말한다. 웨슬리는 이 삼중 욕망을 치명적인 질병이라고 표현한다. 또한 삼중 욕망을 만족시키려는 인간의 노력을 이 세상에 대한 사랑(love of the world)이라고 부른다.

삼중 욕망은 이생의 사랑의 세 가지 증상들 혹은 이생의 사랑이라는 본체에서 뻗어나간 세 가지 지류이다.[20] 육신의 소욕은 인간으로 하여금 자신의 궁극적 삶의 목적을 감각의 기쁨에서 찾게 한다. 안목의 정욕은 인간으로 하여금 자신의 행복을 고귀함, 위대함, 그리고 아름다움 가운데 있는 상상력의 기쁨에서 찾게 한다. 이생의 자랑은 인간으로 하여금 자신의 삶의 행복을 허례허식, 부유함, 그리고 인간의 칭송에서 찾게 만든다.[21]

마지막으로, 인간은 무신론자로 이 세상에 온다. 도덕적 형상의 상실은 인간을 불신앙, 자만, 자기의지 등으로 가득 찬 자기중심적 존재로 만든다. 하나님의 은혜가 없다면 우리는 하나님 없이 사는 존재가 될 수밖에 없다. 인간은 불신앙, 자만, 자기 의지에 사로잡혀 왜곡된 삼중 욕망들을 만족시키려는 유혹에 쉽게 굴복하고 만다.

---

20. Sermon 44, "Original Sin," §§II. 9.-11. (설교 44, "원죄")
21. Sermon 81, "In What Sense We Are to Leave the World," §11. (설교 104, "세상과 분리된다는 것은 무엇을 의미하나"); Sermon 17, "The Circumcision of the Heart," §I. 13. (설교 17, "마음의 할례").

삼위 하나님의 구원 사역

은혜 없이 인간은 결코 다시 하나님과 관계를 맺을 수 없다. 이것이 성경이 말하는 인간의 현실이다. 그러나 하나님께서는 인간과 창조 세계를 버리지 않으시고 이스라엘과 언약을 맺으셨다. 또한 율법의 언약에서 그치는 것이 아니라 이 땅에 독생자를 보내심으로 새로운 복음의 언약을 맺으셨다. 두 언약 모두가 은혜의 언약이다. 하나님께서는 그리스도를 통해 세상과 하나님의 화해의 가능성을 제시하셨으며 성령을 보내시어 그리스도를 통해 성취하신 구원의 사역을 지속하고 계신다.

인간 개인의 구원 이야기에 집중하면 그리스도의 사역과 성령의 사역으로 믿는 자들의 거듭남의 순간에 도덕적 형상이 본격적으로 회복되기 시작한다. 지속적인 성화의 은총을 부어주심으로 하나님께서는 인간으로 하여금 그에게 다시 새겨주신 의(righteousness)와 참 거룩(true holiness)이라는 도덕적 형상의 온전한 회복을 향해 나아가게 하신다. 이 과정이 바로 성화이다.

이러한 이유로 구원의 과정 가운데 은총에 의해 회복된 하나님의 형상을 말할 때 대부분 도덕적 형상의 회복을 의미한다. [22] 물론 손상된 자연적 형상과 정치적 형상 또한 은총에 의해 회복되어 간다는 사실을 부인하는 것은 아니다. 그러나 구원의 여정을 통해 이 땅에서 우리가 경험하는 은총에 의한 하나님 형상 회복의 중심에는 도덕적 형상이 있다.

---

22. Sermon 57, "On the Fall of Man", §II. 10. (설교 90, "인류의 타락에 대하여")

악이 들어오는 것을 왜 허락하셨나?

자, 이제 마지막 물음을 던져 보자. 왜 전능하신 하나님께서 악이 세상에 들어오는 것을 허용하셨을까? 웨슬리는 이 물음에 대해 복된 죄(Felix Culpa)라는 관점을 주장하는 전통의 편에 서 있다.

이 관점에 따르면, 아담이 타락했기 때문에 성자 하나님께서 인간이 되셔서 이 땅에 오셨다. 그리고 삶을 사시고 고난을 받으셨다. 그 고난은 십자가에서 죽으심까지 이어졌다. 그리고 십자가에서 죽은 지 사흘 만에 다시 사시고 하늘로 들리어 올라가셨다.

이 모든 일이 첫 인류의 타락 때문에 발생한 일이다. 온 인류를 위해 이 땅에 오셔서 행하신 그리스도의 사역 때문에 우리는 아담과 하와가 낙원에서 누렸던 것보다도 더 큰 성결과 행복을 누릴 수 있는 가능성을 얻게 되었다. 이러한 이유로 첫 사람의 범죄함은 전화위복을 가져온 복된 죄(Felix Culpa)라고 보는 일단의 사람들이 있다. 그들은 우리가 아담이 누렸던 것보다 더 큰 성결과 행복을 누리게 하기 위해서 하나님께서 악과 죄가 하나님의 선한 창조 세계에 들어오는 것을 막으실 수 있었지만 막지 않으셨다고 설명한다. 웨슬리 역시 이러한 관점으로 '왜 하나님께서 세상에 악과 죄가 들어오는 것을 허락하셨는가?'라는 질문에 대답한다.[23]

---

23. Sermon 59, "God's Love to Fallen Man", §II. 15. (설교 91, "타락한 인류를 향한 하나님의 사랑"); 07 성자 하나님에서 더 자세히 다룰 것이다.

07

성자 하나님

주님이신 그리스도

그리스도론 이해를 위해 읽어야 할 존 웨슬리의 설교들은 설교 7 "하나님 나라로 가는 길"(막 1:15), 설교 20 "우리의 의가 되신 주"(예 23:6), 설교 24 "산상설교 IV"(마 5:13-16), 설교 28 "산상설교 VIII"(마 6:19-23), 설교 84 "그리스도의 오신 목적"(요일 3:8), 설교 82 "영적 예배"(요일 5:20), 설교 91 "타락한 인류를 향한 하나님의 사랑"(롬 5:15), 설교 142 "육체를 따라 그리스도를 아는 것에 대하여"(고후 5:16), 설교 145 "결혼예복에 대하여"(마 22:12) 등이 있다.

그리스도론 [1]

기독교 역사에 있어서 그리스도론 연구는 일반적으로 다음의 두 가지 주제를 중심으로 이루어졌다. 첫 번째는 그리스도의 인격과 사역에 관한 연구이다. 두 번째는 그리스도의 구원 방식(주로 속죄론)에 관한 연구이다.

신약성서는 예수 그리스도를 인자, 메시아, 주님, 하나님의 말씀, 참된 목자, 그리고 하나님의 어린 양으로 부르고 있다. 또한 초대 교회 예배 중심에 그리스도가 있었다는 것도 분명한 사실이다.

325년 제 1차 니케아 공의회에서 채택된 니케아 신경은 예수 그리스

---

1. 웨슬리의 그리스도론에 관해서는 John Deschner의 Wesley's Christology: An Interpretation를 보라.

도께서는 "독생하신(only begotten) 하나님의 아들로서 아버지의 본체 혹은 실체(substance)로부터 나신 분이요, 하나님으로부터 나온 하나님이시며, 빛으로부터 나온 빛이시며, 창조된 것이 아니라 나셨으며(begotten), 아버지와 동일본질(homoousion)이심"을 고백한다.

451년 칼케돈 공의회에서 채택된 칼케돈 신경은 다음과 같이 선포한다. 예수 그리스도께서는 성자 하나님이시다. 예수 그리스도의 신성과 인성이 모두 완전하시다. 그분은 참 하나님이시고 동시에 참 인간이시다. 신성으로는 성부 하나님과 본질이 같고 인성으로는 죄 없으심을 제외하고는 인간의 본질과 같다. 신성과 인성의 결합에 있어서 두 본성이 혼합되지 않고 변하지도 않으며 나누어지거나 갈라지지도 않는다. 또한 두 본성의 각 고유한 속성이 보존되지만 하나의 위격, 하나의 실체로 연합되어 있다.

프로테스탄트(개신교) 종교개혁가들은 칼케돈 신조의 그리스도론 이해를 수용했다. 그러나 그들은 신성과 인성이 어떻게 결합되는가 보다는 예수 그리스도의 구원 사역에 보다 더 많은 관심을 가졌다. 또한 최근 그리스도론에 관한 논의 역시 예수 그리스도의 인격에 대한 형이상학적 접근보다는 사역에 집중하고 있다.

참 하나님, 참 인간 예수 그리스도

예수 그리스도는 성육하신 하나님으로 신성과 인성이라는 두 본성을 지니신 참 하나님 그리고 참 인간이시다. 16세기의 개신교 종교개혁가들과 마찬가지로 웨슬리 역시 예수 그리스도에 대해 설명할 때 칼케돈 신조의 언어를 사용하고 있다. 예를 들면 신약성서 주해 빌립보서 2장 6절에서는 예수 그리스도께서 "참 인간으로서 참 하나님"이라고 말하고 있으며, 신약성서 주해 히브리서 2장 10절에서 예수 그리스도께서는 "하나님으로서 그리고 인간으로서 완벽하시다"고 고백하고 있다. 또한 신약성서 주해 누가복음 22장 70절에서 예수 그리스도는 "하나님의 아들 그리고 사람의 아들"이라는 것이 강조된다.

설교 "우리의 의가 되신 주"에서 웨슬리는 예수 그리스도의 신성을 다음과 같이 설명하고 있다.

> 그의 신적 의는 하나님과 동질이신 만큼 그의 신성에 속합니다. '그는 만물 위에 계신 영원히 찬송을 받으실 하나님이십니다.'(롬9: 5) 최고의 신이시며, 영원자시며, 인성과 관련해서는(인성으로 인해서) 성부보다 못하시나, 신성과 관련해서는 하나님과 동등하십니다. 여기에서 우리는 그의 영원하시고 변함이 없으신 본질적인 신성을 봅니다. 그리고 그의 무한한 공의와 자비와 진리는 하나님과 일치하십니다. (설교 "우리의 의가 되신 주" I.
>
> 1. 한국 웨슬리 학회 번역본, 밑줄은 필자)

예수 그리스도의 인성에 대한 웨슬리의 설명은 그의 신약성서 주해 여러 곳에서 찾을 수 있다. (요1:14, 막 6:6, 눅 2:40, 43, 52, 요 4:6, 빌 2:7-8, 그리고 히 2:17) 이 주해들이 강조하는 것은 성자 하나님께서 성육신으로 온전한 인간이 되셨다는 것이다.

인간이 되신 그리스도는 시간의 한계, 유한자로서의 한계, 그리고 상황적 앎의 한계들을 경험하셨다. 그리스도는 다른 평범한 사람들처럼 이 땅에서 인간의 삶을 사셨다. 그분은 우리처럼 피곤해 하셨고, 우셨으며 유혹을 받으셨다. 다만 죄가 없으셨다는 것이 우리와 달랐다.

그리스도의 신성과 인성

신성과 인성의 결합은 놀라운 연합(Amazing Union)이다.[2] 그러나 웨슬리는 두 본성, 즉 신성과 인성이 결합된 방식은 신비이기에 어떻게 결합되었는가에 대하여 너무 골몰하지 말라고 충고한다. 웨슬리는 결합의 방식보다는 두 본성의 관계, 그리고 그리스도의 사역과 직무를 설명하는 데 더 집중했다.

1) 신성과 인성의 관계

웨슬리에 의하면, 그리스도의 신성에 속한 모든 것들이 그리스도의 인성에서 드러난다. 그리스도의 인성 속에 나타난 모든 것이 그리스도의 신성에 속한다. 신약성서 주해 요한복음 3장 13절에서 웨슬리는 신성과 인성의 관계에 있어서 특질의 교류를 통해서 "신성에 관련된 것들이

---

2. NT Notes, 요한복음 6장 57절.

인성에 대해서 이야기하고 있으며, 인성에 관련된 것들이 신성을 말하고 있다"고 설명했다. 그리스도의 신성은 "성부의 독생자(only-begotten Son)로서 신성"이며 그의 인성은 "신성과 인격적으로 연합되어 있다." [3]

675년 스페인의 톨레도에서 개최된 11차 톨레도 공의회는 그리스도께서 "창세 이전에 어머니 없이 성부로부터 나셨으며(begotten), 시대의 말미에 그분께서는 성부 없이 어머니로부터 출생하셨다"고 선언했다. 웨슬리는 11차 톨레도 신앙고백과 거의 같은 맥락으로 그리스도의 신성과 인성의 근원을 이야기 하고 있다. 성자 하나님의 신성과 인성에 대해 설명할 때 웨슬리는 "그분의 인성에 관해서는 성부 없이 그리고 그분의 신성에 관해서는 어머니 없이"라고 설명하고 있다. [4]

2) 그리스도의 신적인 의와 인간적인 의 [5]

신성과 인성의 관계에 대한 웨슬리의 관점은 그리스도의 의에 대한 설명 속에서도 드러난다. 웨슬리가 그리스도의 의(Christ's righteousness)를 설명할 때 그리스도의 의는 신적인 의와 인간적인 의가 있다고 말한다.

그리스도의 신적인 의는 그리스도의 신성(영원한 거룩, 무한한 공의, 사랑, 그리고 자비)과 연결된다. 그리스도의 신적인 의는 그리스도의 인간적 의의 근원이다. 웨슬리에 의하면, 그리스도의 신성과 신적인 의는 그리스도의 의의 전가와 관련된 논쟁 혹은 논의의 대상이 아니다. 이 주제와

---

3. NT Notes, 에베소서 1장 3절.
4. NT Notes, 히브리서 7장 3절
5. Sermon 20, "The Lord Our Righteousness," §I. 1-4. (설교 20, "우리의 의가 되신 주")

관련된 것은 그리스도의 인간적인 의이다. 칭의(justification)와 신생(new birth)의 순간에 그리스도의 의가 우리에게 덧입혀지고 심겨진다. 여기에서 의미하는 그리스도의 의는 신적인 의가 아닌 인간적인 의이다.

그리스도의 인간적 의는 그리스도의 인성과 연관이 있다. 먼저 웨슬리는 그리스도의 인간적인 의를 내적인 인간적 의(internal human righteousness)와 외적인 인간적 의(external human righteousness)로 구분하여 설명한다.

내적인 인간적 의는 그리스도에게 스며들어 있는 하나님의 형상 그 자체이다. 또한 웨슬리는 이렇게 말한다. 그리스도의 내적인 인간적 의는 "그리스도의 신적인 의의 복사본"인데, "인간의 영혼에 부여될 수 있는 최대한도의" 신적인 의의 복사본이다. 따라서 내적인 인간적 의는 "신적 순결과 공의와 자비와 진리의 사본"이기에 어떠한 흠도 없으며, 거룩하지 못한 요소는 그 어떤 것도 섞여 있지 않다. 내적인 인간적 의는 성부에 대한 사랑, 정의, 헌신, 겸비, 온유, 순전함, 죄인에 대한 사랑과 같은 거룩한 하늘의 성품들을 통해 드러난다.

웨슬리는 그 다음으로 그리스도의 외적인 인간적 의를 설명한다. 예수 그리스도께서는 죄와 악이 없으시고 선하시다.(소극적 측면) 또한 그분께서는 모든 일에 선하셨으며 하나님의 뜻에 온전히 순종하셨다.(적극적 측면)

순종과 관련해서 예수 그리스도께서는 일상의 삶 속에서 일반 행동들로 하나님의 뜻에 순종하는 것을 넘어서서 이 땅에서 하나님의 뜻을 온전하게 실행하기 위하여 십자가에서 죽기까지 고난을 당하셨다. 일반 행동으로 순종하셨던 것을 보통 그리스도의 능동적 의로 부르고, 고난까지 당하신 것을 그리스도의 수동적인 의로 부른다. 이 둘이 마치 분리되어 있는 것처럼 보이지만, 이 두 가지는 서로 나누어질 수 없는 것이다. 그리스도의 십자가 지심은 그리스도의 성육신을 통한 사역의 한 부분이다. 따라서 그리스도의 능동적 의와 수동적 의가 분리된 것이 아닌 함께 가는 것이다. 웨슬리는 그리스도의 능동적인 의와 수동적인 의를 통틀어 '우리의 의가 되신 주'라고 부른다.

그리스도의 사역 [6]

25개 종교 강령 제 2조는 먼저 두 본성의 인격적 결합을 설명한다. "성자는 바로 영원하신 하나님인 성부의 말씀이요, 성부와 동일한 실체를 가지셨으나, 복을 받은 동정녀의 모태에서 인성을 입으시어 두 개의 온전하고 완전한 본성들, 곧 신성과 인성이 한 분에게서 나누어질 수 없이 합하여지신 분이다. 이로 인하여 그는 참 하나님이시요 참 사람이 되신 한 분이시다." 그리고 나서 십자가 지심의 의미를 다음과 같이 설명한다. "진실로 고난을 당하시어 십자가에 못 박혀 죽으시고 매장되셨으니, 이는 곧 우리로 하여금 그의 아버지와 화목하게 하시고 원죄뿐만 아니라 사람들이 실제로 지은 죄를 위하여 자신을 제물로 바치시기 위함이다."

---

6. UMC, 2008 장정, 65

종교 강령 3조는 그리스도의 죽으심, 부활, 승천, 심판을 이야기한다. "그리스도께서는 진실로 죽은 자 가운데서 다시 일어나시어, 완전한 인성을 갖춘 그의 몸을 다시 가지시고 하늘에 오르셨으며, 마지막 날에 만민을 심판하시려고 재림하실 때까지 거기 앉아 계신다."

종교 강령 20조는 그리스도의 속죄 사역과 그 의미를 구체적으로 명시한다. "그리스도께서 자신을 한 번 제물로 드리신 것이 온 세상의 모든 죄, 곧 원죄와 범죄를 위한, 완전한 구속과 화목과 보상이 되었은 즉 그 밖에 다른 속죄법이 없다. 그러므로 미사제를 드리며 신부가 그리스도를 제물로 드리어 산 이와 죽은 이의 고통과 범죄를 면하게 한다 함은 참람된 광언이요 위험한 궤계이다."

그리스도의 삼중 직무

웨슬리는 예언자, 제사장, 그리고 왕이라는 그리스도의 삼중 직무가 그리스도인의 삶에 직접적인 영향을 미친다고 보았다.[7] 따라서 메소디스트 운동의 설교자들에게 삼중 직무를 모두 설교하라고 권고할 정도로 웨슬리는 이 삼중 직무를 함께 언급하는 것을 중시했다.

예언자로서 그리스도는 우리에게 율법과 복음을 가르치는 스승이시다. 제사장적 직무는 그리스도의 속죄와 중보 사역과 연결된다. 왕으로

---

7. Wesley, Letter to a Roman Catholic, §7.

서의 직무는 그리스도의 통치를 의미한다. 즉 왕이신 예수 그리스도께서는 세상의 죄를 정복하시고 우리 안의 손상된 하나님의 형상을 회복시키시며 우리를 영원한 의(everlasting righteousness)로 인도하신다.

그리스도의 삼중 직무에 대한 웨슬리의 설명에 특이점이 하나 있다. 일반적으로 개신교 신학에서 그리스도의 삼중직무를 언급할 때 예언자, 제사장, 그리고 왕의 순서이다. 그러나 웨슬리의 관점에서 보면 그리스도의 삼중 직무는 제사장, 예언자, 그리고 왕의 순서가 더 적합하다. 그 이유는 삼중 직무의 관계 때문이다. 제사장적 직무는 예언자와 왕으로서의 직무의 근거가 된다. 또한 예언자적 직무와 왕으로서의 직무는 제사정적 직무의 결과이다. 따라서 제사장적 직무는 예언자적 직무와 왕으로서의 직무에 의해 설명되고 강화된다.

삼중 직무는 그리스도인의 삶의 여정과 직접적으로 연결된다. 제사장적 직무는 우리의 칭의를 위한 것이다. 하나님의 법과 복음을 우리에게 가르쳐주시는 선생으로서의 예언자적 직무는 그리스도인의 성화의 삶을 위해서 작동한다. 그리고 왕으로서의 직무는 궁극적으로 최후의 심판 이후의 최종 칭의(final justification, 영원한 구원)와 새 하늘과 새 땅에서의 영원한 행복을 향해 있다.

복된 죄 [8]

웨슬리의 그리스도 이해에 관해서 마지막으로 말하려고 하는 것은 복된 죄(Felix Culpa; Happy Fault) 전통에 관해서다. 웨슬리가 복된 죄 전통 가운데 서 있다는 것은 그의 설교 "타락한 인간을 향한 하나님의 사랑"과 "인간의 타락에 관하여"를 읽어 보면 알 수 있다.

'복된 죄' 관점은 이레니우스(Irenaeus), 아우구스티누스(Augustine), 암브로시우스(Ambrose), 루페르트(Rupert of Deutz), 성 빅토르 후고(Hugh of St. Victor), 바르타스(Du Bartas), 존 던(John Donne), 존 위클리프(John Wycliff), 그리고 존 밀턴(John Milton)의 작품들에서 발견된다.[9]

그러면 '복된 죄'라는 개념은 어떠한 개념이고 무엇을 위한 개념인가? 이것은 이 땅에 악과 죄가 들어오는 것을 막을 만한 힘이 있으신 하나님 께서 왜 그 악과 죄가 이 세상에 들어오는 것을 허락하셨는가? 라는 질문과 직접적인 연관이 있다.

'복된 죄' 전통은 아담과 그리스도 모두를 '언약적 수장(federal head)' 혹은 '인류의 대표자(the representative of mankind)'로 본다. 논리는 다음과 같다. 첫 번째, 아담이 온 인류의 언약적 수장 혹은 인류의 대표자이기 때문에 아담의 죄 결과가 그의 모든 자손에게까지 전해지게 되었다. 두 번째, 만일 그러하다면 언약적 수장 혹은 '온 인류의 대표자'로서 그리스도가 행한 사역의 결과 역시 온 인류에게 영향을 미쳐야 한다. 세 번째, 그리스도의 사역(성육신, 삶을 사심, 십자가 지심, 죽으심, 부활하심)은 아담 안에서

---

8. 이 부분은 김민석의 "삶의 목적으로서의 행복," 한국교회사학회지 46호(2017), 102-10을 수정 보완하고 요약했다.

9. Irenaeus' Against Heresies, III. xx. 1; Augustine's On the Merits and Forgiveness of Sins, and on the Baptism of Infants (411-12), 1. 39-45, 2. 37-8 and The City of God (413-27), 12. 23. 22; Ambrose's De Institutione Virginis (393), 17. 104; Rupert of Deutz; Hugh of St. Victor; Du Bartas; John Donne's LXXX Sermons (1640), 171; John Wycliffe's Sermon XC; and John Milton's Paradise Lost, XII, 469-72.

인류가 잃었던 것 이상을 얻게 한다.

하나님의 구원 사역을 통해 하나님의 자녀들에게 허락된 행복과 성결은 낙원에서 타락 이전의 아담과 이브가 누렸던 것들보다 더 높은 차원임에 틀림없다. "현재 우리는 아담이 죄를 범하지 않았을 때 얻을 수 있었던 것보다 더 높은 성결과 더 높은 영광을 얻게 될 것입니다. 왜냐하면 아담이 죄를 범하지 않았다면, 하나님의 아들이 죽지 않았을 것이기 때문입니다." [10]

복된 죄 전통 속에 있던 웨슬리는 아담의 타락과 악의 유입을 막으실 수 있는 권능을 가지고 계신 하나님께서 타락과 악을 허락하신 이유가 여기에 있다고 설명하고 있다.[11] 하나님께서 그리스도의 성육신의 실현을 위해서 아담의 타락과 악의 유입을 허락하셨다. 또한 성부 하나님께서 허락하신 성자 하나님의 성육신과 이 땅에서의 사역은 현실의 인간에게 타락 이전에 낙원에서 인간이 누렸던 것보다 더 높은 수준의 '행복과 성결'을 누릴 기회를 제공하고 있다.

10. Sermon 57 "On the Fall of Man," §II. 10. (설교 90, "인류의 타락에 대하여")
11. Ibid.

08
성령 하나님

성령 하나님 관련 존 웨슬리의 설교들은 설교 4 "성경적인 기독교"(사 4:31), 설교 8 "성령의 첫 열매"(롬 8:1), 설교 10 "성령의 증거 I"(롬 8:16), 설교 11 "성령의 증거 II"(롬 8:16), 설교 12 "우리 자신의 영의 증거"(고후 1:12), 설교 16 "은총의 수단"(말 3:7) 등이 있다.

성령론

'Pneumatology'는 영, 바람, 숨결을 의미하는 프뉴마(pneuma)와 말씀, 강연, 혹은 연구를 뜻하는 로고스(logos)의 합성어이다. 철학과 인류학에서 영혼론(pneumatology)은 인간의 영과 혼에 관한 연구를 의미한다.

기독교 신학에서 성령론(Pneumatology)은 성령 하나님에 대한 연구를 의미한다. 성령 하나님의 인격과 사역에 대한 연구가 성령론의 주요 주제들이다. 특별히 성령 하나님의 사역은 우리의 구원과 그리스도인으로서 우리의 삶과 밀접하게 연결되어 있다.

우리에게 웨슬리의 성령론을 가장 잘 알려주는 그의 저작은 "한 로마 가톨릭 신자에게 보내는 편지(A Letter to a Roman Catholic)"이다. 이 글에서 웨슬리는 성령 하나님의 인격과 사역에 대해 비교적 자세히 설명하고 있다.

1) 성령 하나님은 누구신가?[1]

성령은 누구신가에 대한 웨슬리 견해는 그의 다음 고백에 잘 나타나 있다. "나는 하나님의 무한하시고 영원하신 영을 믿습니다. 그분은 성부와 성자와 동등하시고 그분 자체로 완전하게 거룩하실 뿐 아니라 우리의 모든 성결의 즉각적인 원인이십니다."

(1) 성령 하나님께서는 믿음의 대상이다. (나는 하나님의 영을 믿습니다.)

(2) 성령 하나님께서는 무한하시다. 성령 하나님께서는 유한한 존재처럼 측량될 수 없다.

(3) 성령 하나님께서는 영원하시다. 성령 하나님께서는 시간을 초월하시며 모든 일시적 질서 또한 초월하신다.

(4) 성령 하나님께서는 성부 하나님 그리고 성자 하나님과 동등하시다. 따라서 성령 하나님께서는 참 하나님이시며 모든 하나님의 속성들을 소유하고 계신다. 또한 삼위 하나님의 사역을 통해 우리는 하나님의 거룩한 사랑을 알게 된다.

(5) 성령 하나님께서는 그분 자체로 완전하게 거룩하시다. 하나님의 거룩함은 모든 한계를 초월하고 있다. 성령 하나님의 거룩하심은 무한하며 거룩함에 관한 모든 인간의 개념을 능가한다.

(6) 성령 하나님은 하나님의 신실한 자녀들의 거룩함의 직접적인 원인/이유/근거이시다. 성령께서 우리 안에 거하시며 새 힘을 부어주신다. 따라서 성령은 우리의 거룩함의 직접적인 근원이 되신다.[2]

---

1. Wesley, Letter to a Roman Catholic, Sec. 8
2. (1)~(6)까지의 정리는 오덴의 도움을 받았다. Oden, John Wesley's Teachings, vol. 2, 105-106.

2) 성령 하나님의 사역

"한 로마 가톨릭 신자에게 보내는 편지"에서 웨슬리는 먼저 우리의 삶 속에서 우리가 만나게 되는 성령 하나님의 사역을 다음과 같이 정리하고 있다. 성령 하나님께서는

(1) 우리의 이성을 일깨우신다.

(2) 우리의 의지와 정서를 조정하신다.

(3) 우리의 본성을 새롭게 하신다.

(4) 우리의 인격을 그리스도와 연합하게 하신다.

(5) 우리의 하나님의 자녀됨을 깨닫게 하신다.

(6) 우리로 하여금 하나님의 뜻에 순종하여 행동하게 하신다.

(7) 하나님을 온전히 향유하도록 우리의 영과 몸을 정화시키고 그리스도를 닮아가게 하신다.[3]

3) 은총, 용서와 능력주심 [4]

웨슬리에 의하면, 은총에는 두 가지 측면이 있다. 첫 번째는 값없이 주시는 사랑, 즉 우리의 공로와는 무관하게 주시는 용서의 사랑(자비)이다. 죄인인 우리는 우리의 공로가 아닌 예수 그리스도의 공로로 죄를 용서 받고 삼위 하나님과의 관계가 회복된다. 하나님께서 우리를 위해 일하신다는 웨슬리의 언급은 용서라는 은총의 측면과 연결된다.

두 번째는 권능이다. "자녀들을 위한 교훈서"에서 은총에 대한 웨슬

---

3. Wesley, Letter to a Roman Catholic, Sec. 8.
4. Maddox, Responsible Grace, 119-120.

리의 간결한 정의를 볼 수 있다. 은총이란 "우리로 하여금 하나님을 믿고, 사랑하고, 섬기는 것을 가능하게 하는 성령의 권능"이다. 또한 "우리 자신의 영의 증거"라는 설교에서 웨슬리는 빌립보서 2장 13절의 말씀 "너희 안에서 행하시는 이는 하나님이시니 자기의 기쁘신 뜻을 위하여 너희에게 소원을 두고 행하게"하는 것을 성령 하나님의 사역과 연결시킨다. "하나님께서 우리 안에서 일하신다"는 웨슬리의 언급은 "권능"이라는 은총의 측면과 연결된다. 성령의 권능이 우리로 하여금 하나님의 임재(presence)를 체험하게 하며 새로운 힘을 부어준다.

하나님께서 모든 인간에게 주신 선행은총을 통해 모든 인간은 하나님의 계속적인 부르심에 응답할 가능성이 생겼다. 하나님을 구하고 찾는 자들에게 하나님께서는 죄를 깨닫게 하는 은총을 베풀어 주신다. 이 은총을 통해 하나님께서 우리에게 하나님의 은혜 없는 사는 사람은 죄에서 벗어나지 못한다는 것을 깨닫게 하신다. 즉 우리의 죄를 깨닫게 되고, 우리의 힘으로 이 문제를 해결할 수 없음을 깨닫게 된다.

하나님의 은총에 의해 주어진 믿음을 통해 그리스도께서 우리의 구세주가 되시며, 우리 죄를 대신 지시고 해결해 주셨음을 깨닫게 된다. 더 나아가 그리스도의 속죄의 사역을 통해 하나님께서 우리를 용서하셨다는 것에 대해 확신과 신뢰를 갖게 된다. 이것은 바로 하나님의 영이 우리 영에 주는 증거 때문에 가능하다. 즉 성령 하나님께서 믿음의 사람들 영에 그들이 하나님의 자녀들이라는 확신을 주신다.[5]

---

5. Sermon 10, "The Witness of the Spirit, Discourse I" (설교 10, "성령의 증거 I"); Sermon 11, "The Witness of the Spirit, Discourse II" (설교 11, "성령의 증거 II"); Sermon 12, "The Witness of Our Own Spirit" (설교 12, "우리 자신의 영의 증거")

믿음의 사람들은 성령 하나님의 권능을 통해 하나님의 임재를 체험한다. 또한 하나님을 믿고 사랑하고 섬길 수 있게 하는 새로운 힘, 영적인 힘을 얻는다. 지속적인 은총의 역사로 우리는 하나님의 임재와 능력주심을 체험한다. 그리고 그 과정에서 우리의 타락한 본성이 치유되며, 우리의 삶은 그리스도를 닮아가는 삶이 된다. 이 과정 가운데 하나님께서 지속적으로 부어주시는 은총에 힘입어 우리는 응답해야 한다.

그리스도인의 죄와 죄책 [6]

우리 삶의 변화는 죄에 대한 문제 해결과 삶의 내적 외적 변화 모두를 포함한다. 먼저 웨슬리는 성령의 권능이 우리로 하여금 죄의 능력과 유혹을 이길 힘주심을 믿으라고 한다. 그는 죄에 대해 그리스도인이 어떻게 대처해야 하는지 다음과 같이 말하고 있다.

첫째, 과거의 죄에 관련해서는 죄책으로부터 벗어나라고 권하고 있다. 회개와 속죄를 위한 그리스도의 보혈이 우리의 죄책의 문제를 해결하셨음을 믿으라.

둘째, 현재의 죄와 관련해서 우리는 새로운 죄를 범하는 것을 피해야 한다. 우리의 영혼은 쉼 없이 하나님을 향해 나아가야 한다.

셋째, 내적 죄와 관련해서 웨슬리는 우리에게 마음의 모든 악함을 아

---

6. Sermon 8, "The First Fruits of the Spirit" (설교 8, "성령의 첫 열매")를 참고하라.

는 것을 두려워하지 말라고 권고하고 있다. 그리스도인들에게는 아직 부패한 본성이 남아 있다. 그리고 인간만의 능력으로는 이 문제를 해결할 수 없다. 웨슬리는 이 사실을 직시하라고 충고한다. 자신을 바로 알아야 더욱더 하나님을 갈망하고 바랄 수 있다.

넷째, 약함과 연약함으로 인한 결점과 관련해서 웨슬리는 우리에게 우리의 결점 때문에 절망할 이유가 없다고 말한다. 고의가 아닌 실패 혹은 피할 수 없었던 일과 연약함으로 인한 죄(sins of infirmity)의 문제로 넘어질 경우 우리는 하나님을 더욱 신뢰하고 다음과 같이 기도할 필요가 있다. "주여, 만일 당신께서 당신의 손으로 나를 붙들어 주지 않으시면 나는 매 순간 이처럼 넘어집니다." 그리고 일어나서 다시 하나님과 함께 나아가야 한다. 하나님께서는 우리의 연약함을 정죄하지 않으신다.

성령의 은혜

성령 하나님의 권능(은총)을 통해 하나님께서는 하나님의 자녀들의 삶 속에서 사랑, 희락, 화평, 충성, 온유, 절제, 오래 참음, 자비, 그리고 양선 등 성령의 열매를 맺으신다. 성령의 권능이 우리 안에 있는 육신의 정욕을 십자가에 달게 하는 동시에 우리로 하여금 내적 변화와 외적인 의로움을 성취하게 만든다.

이러한 변화는 개인적 차원에 머무는 것이 아니라 한 사람으로부터 다른 한 사람으로 전파된다. 또한 성령의 권능과 사역을 통한 하나님의 임재와 능력 주심은 그리스도인 삶을 진리 가운데 거하는 삶, 평화와 기쁨이 넘치는 삶으로 인도한다.

우리가 여기서 주의를 기울여야 할 것은 성령 하나님의 참된 인도 가운데 있는 그리스도인은 이성적 회의주의뿐만 아니라 비이성적 열광주의로부터 벗어나게 된다는 웨슬리의 확신이다.

09

성경적 구원의 길 I

구원의 여정, 언약, 은총

설교 1 "믿음으로 말미암는 구원"(엡 2:8), 설교 43 "성경적 구원의 길"(엡 2:8), 그리고 설교 111 "우리 자신의 구원을 성취함에 있어서"(빌 2:12-13)는 우리에게 웨슬리안 구원론 전반을 알려주는 설교들이다. 또한 은총, 예정, 선택, 언약과 관련된 웨슬리의 저작들은 설교 72 "값없이 주시는 은총"(롬 8:32), 설교 74 "예정에 대하여"(롬 8:29-30), 논문 『성도 견인에 대한 진지한 생각』, 논문 『단언되고 옹호된 성도의 최종 견인 교리』, 그리고 논문 『예정론에 대한 진중한 고찰(1752)』 등이 있다.

웨슬리 구원의 여정 해설

먼저 행하시는 하나님		선행은총 → 양심, 도덕법, 자유 의지, 하나님에 관한 초보적 지식	죄를 깨닫게 하는 은총	
응답하는 인간		양심 활용, 먼저 행하시는 하나님께 "yes"라고 응답 가능해짐.	죄의 현실과 은혜 없는 인간의 무능 자각 & 회개에 합당한 열매	
구원의 여정	원죄	선행은총	법정적 회개	

1) 원죄와 선행은총

(1) 원죄의 결과 인간은 하나님의 부르심에 긍정적으로 응답할 수 없게 되었다.

(2) 이러한 인류에게 하나님께서 먼저 선행은총을 통해 다가오셨다.

(3) 모든 인간에게 선행은총을 주셨다.

(4) 구원의 순서(여정)의 첫 단계로서의 선행은총의 다섯 가지 유익은 다음과 같다. (케네스 콜린스의 분석)[1]

① 선행은총으로 하나님에 관한 가장 기본적 지식을 얻게 된다.

② 하나님의 부르심에 "네"라고 대답할 수 있도록 하나님께서는 선행은총을 통해 모든 사람에게 어느 정도의 자유 의지를 주신다.

③ 선행은총을 통해 이 세상에 도덕법(하나님의 법)이 어느 정도 다시

칭의의 은총 구원의 믿음 - 영적 감각	성화의 은총 (우리로 하여금 지속적으로 하나님을 믿고, 사랑하고, 섬기는 것을 가능하게 하는 성령의 권능)			최후의 심판 대법관 - 성부 신적 옹호자 - 그리스도 감찰과 조사 - 성령
구원의 믿음 - 영적 감각을 통한 인식, 동의, 확신과 신뢰.	사랑으로 역사하는 믿음, 지속적 회개, 경건의 행위 & 자비의 행위, 마음과 삶의 성결 (하나님 사랑과 이웃 사랑)			사랑으로 역사하는 믿음(약속 신뢰) → 그리스도의 의 & 성결
칭의 (덧입혀진 그리스도의 의)	신생 (심겨진 그리스도의 의)	성화	온전 성화	죽음	최종 칭의 & 새창조 영화

---

1. Collins, Theology of John Wesley, 77-80.

주어졌다.

④ 선행은총을 통해 하나님께서 모든 사람에게 초자연적 선물로 양심을 주셨다.

⑤ 선행은총의 유익들(①부터 ④)을 잘 활용하면 인간과 사회의 사악함을 어느 정도 제약할 수 있다.

2) 죄를 깨닫게 하는 은총과 회개 [2]

(1) 선행은총으로 인해 인간은 지속적으로 역사하는 은총의 깊은 차원을 경험할 수 있게 된다. 다음 단계로 경험하는 은총의 깊이는 우리의 죄를 깨닫고 인식하게 하는 것과 관련이 있다.

(2) 죄를 깨닫게 하는 은총의 기능은 죄인으로서 자신을 더욱 자각하게 한다. 자신이 얼마나 하나님으로부터 멀어져 있는지를 깨닫게 한다. 율법 아래서 자신의 의로움이 얼마나 절망적인지를 깨닫게 한다. 자기중심적 의도로부터 벗어나도록 인도한다.

(3) 웨슬리에게 회개란 자신의 죄악성, 죄에 대한 책임, 그리고 죄의 문제 해결에 있어서 자신의 철저한 무능력을 깨닫는 것을 의미한다. 우리의 죄를 깨닫는 것 역시 은총의 역사로 가능하다. 따라서 회개의 시작은 우리에게 있는 것이 아니라 하나님께 있다.

(4) 회개는 회개에 합당한 열매를 낳는다. 그러나 회개와 회개에 합당한 열매가 우리를 의롭게 하는 것이 아니다. 어떠한 인간적 공로도 우리

---

2. Oden, John Wesley's Teachings, Vol. 2, 143 참고.

를 의롭게 하지 못한다.

(5) 회개는 우리를 칭의의 은총의 입구로 인도한다.

3) 칭의의 은총과 칭의 [3]

(1) 칭의란 하나님께서 죄인인 우리를 의롭다고 여겨주시는 것이다.

(2) 은총에 의한 믿음을 통해 우리는 하나님으로부터 죄를 용서받고 의롭다 여김을 받는다.

(3) 이것은 하나님께서 우리를 용서하시기 위해 우리를 위해서 일하시는 것이다.

(4) 칭의의 은총은 우리에게 십자가 상에서 우리의 죄를 지신 그리스도를 신뢰할 것을 요구한다.

(5) 하나님께서 우리로 하여금 하나님의 호의와 사랑이 인격적으로 우리에게 향해 있음을 깨닫게 하기 위해서 칭의의 은총을 통해 우리를 위해서 일하신다.

(6) 칭의에 의해 우리는 죄책으로부터 벗어난다. 하나님의 사랑/호의가 회복된다. 하나님과 화해하게 된다. 반면에 성화에 의해서 우리는 죄의 뿌리와 힘으로부터 구원받는다. 하나님 형상이 회복된다.

4) 성화의 은총과 성화 [4]

(1) 성화란 성령의 은총에 의해 우리가 그리스도를 닮아가는 것을 말

---

3. Ibid., 144를 참고.
4. Ibid.

한다.

(2) 성화의 은총이 우리로 하여금 영적, 도덕적, 그리고 실제적 삶에 있어서 풍성한 열매를 맺게 한다.

(3) 성화의 은총이 죄의 뿌리와 권세로부터 우리를 인도하고 하나님의 형상을 회복시킨다. 이 인도하심과 회복에 (그것이 길던 짧던) 시간적 과정이 있다.

(4) 성화의 은총에 의해 그리스도인은 하나님의 자녀로서 권리를 누리며 살게 된다. 하나님의 자녀로서 새 생명과 새로운 삶을 누린다.

(5) 성화 과정에서 신자 안에 남아 있는 죄악성을 깨닫고, 하나님 은혜 없이 이 문제를 해결할 수 없다고 깨닫는 것이 필요하다. 웨슬리는 이것은 지속적 회개라고 불렀다. 이 과정에서 죄의 습관을 뿌리 뽑는 것이 필요하다. 이를 위해 하나님께서 성화의 은총을 통해 지속적으로 역사하신다.

(6) 성화의 은총은 죄를 근절하기 위해서 그리스도인 안에 있는 죄에 뿌리를 치료한다. 또한 그리스도인을 성결의 길로 인도한다.

(7) 웨슬리의 구원론에 의하면, 성령의 사역이 우리가 의롭다 여김을 받는 데에서 끝나는 것이 아니다. 성령께서는 우리의 삶을 전인격적으로 회복시키심을 통해 우리의 깨지고 상한 삶 전체를 되찾게 하신다.

(8) 이러한 회복은 개인적 삶뿐만 아닌 공동체적 삶과 사회적 삶까지도 포함된다.

5) 그리스도인의 완전

(1) 그리스도인의 완전(온전 성화)은 신적인 완전이 아니다. 천사의 완전이 아니다. 타락 이전 낙원에서 아담이 누리던 완전이 아니다.

(2) 그리스도인의 완전(온전 성화)은 다음과 같다. 성령의 은총에 의해 도덕적 형상의 온전한 회복이다. (그리스도의 내적 인간적 의는 온전한 도덕적 형상의 모범이다.) 소극적 의미는 온전 성화를 통해 그리스도인들의 타락한 본성이 온전히 치유됨을 말한다. 적극적 의미는 온전 성화를 체험한 그리스도인들은 그리스도의 본을 따라 온전히 하나님을 사랑하고 하나님께서 사랑하시는 모든 피조물을 사랑한다.

(3) 성령의 은총에 의한 그리스도인의 완전 혹은 온전 성화 체험은 순간적이다.

(4) 온전 성화의 체험 후에도 성숙과 성장이 있다.

(5) 온전 성화를 체험한 후에도 그리스도의 속죄의 보혈이 필요하다. 의도성 없이 하나님의 법을 어길 수 있다. 예를 들면, 하나님의 법에 대한 지식의 한계 때문에 의도치 않게 하나님의 법을 어길 수 있다.

(6) 온전 성화를 체험한 후에도 타락의 가능성이 있다.

6) 영화

(1) 영화(Glorification)는 구원의 순서 마지막 단계이다.

(2) 칭의는 죄책으로부터 구원이다. 성화는 죄의 본질로부터 구원이다. 영화는 의의 최후 승리와 새 하늘과 새 땅의 상속자로서 하늘로 들리어 올림을 전제로 한다.[5]

(3) 영화롭게 된 신자는 "죽을 몸이 죽지 아니할 몸으로, 썩을 몸이 썩지 아니할 몸으로, 병드는 몸이 병들지 아니하는 몸으로 그리스도의 부활의 몸처럼 다시 신령한 몸으로" 살게 된다.[6]

(4) 영화의 상태에 이른 하나님의 자녀들은 무지, 실수, 연약함, 유혹으로부터 자유롭게 된다.

(5) 사랑으로 역사하는 믿음이 우리를 그리스도의 의&성결로 인도한다. 그리스도의 의&성결은 영화의 조건이다. 따라서 영화의 조건은 사랑으로 역사하는 믿음이다.

(6) 최후의 심판에서 최종 칭의를 받고 난 후 새로운 세상에서 하나님의 자녀들은 영화의 상태로 살아가게 된다.

선택과 예정 이해

유대교에서 예정론은 일반적인 주장은 아니다. 그리고 이슬람교에서는 예정론을 표준 교리들 중에 하나로 여기고 있다. 반면에 기독교에서 예정론은 논쟁적 주제이다. 기독교 역사를 통해서 보면 17세기에 있었던 아르미니우스주의와 칼빈주의 사이의 예정론 논쟁이 대표적이다.

현재 서구의 기독교는 예정론을 그렇게 긴급하고 중요한 물음으로 여기지 않는다. 지금도 이 주제에 대한 논쟁에 참여하게 될 경우 빠져 나

---

5. Sermon 127 "On the Wedding Garment," §9. (설교 144, "결혼예복에 대하여")
6. Sermon 62 "The End of Christ's Coming", Works, 2:482. (설교 84, "그리스도의 오신 목적")

오기 힘든 늪으로 들어가는 것과 같은 결과가 발생한다.[7] 웨슬리 역시 그 당시 영국의 이중 예정을 강조했던 칼빈주의(특별히 극단적 칼빈주의; hyper-Calvinism)와 그의 인생 전반에 걸쳐서 여러 번 논쟁을 했다.[8]

1) 하나님 메타포에 따른 예정 이해 [9]

예정론 교리를 절대적으로 고수하느냐 혹은 그렇지 않느냐는 하나님에 대한 아래의 세 가지 메타포(metaphor - 주권자, 관찰자, 일시성을 취하시는 분)들 중에 어느 것을 강조하는가와 연결된다.

첫 번째는 주권자로서의 하나님(God as author)을 강조하는 견해이다. 이 견해는 창조 사역뿐만 아니라 모든(과거, 현재, 미래) 인간사의 근원이 되시는 하나님을 중시한다. 또한 하나님의 주권을 절대적으로 강조한다.

---

7. 예정론에 대한 논의를 보다 더 깊이 이해하기를 원한다면 다음의 두 권의 책 모두를 읽어볼 것을 권면한다. 첫 번째 책은 제리 웰즈(Jerry L. Walls)와 조셉 돈젤(Joseph R. Dongell)의 공저 『나는 왜 칼빈주의자가 아닌가 (Why I am not a Calvinist)』이다. 두 번째 책은 로버트 피터슨(Robert A. Peterson)과 마이클 윌리암스(Michael D. Williams)의 공저 『나는 왜 아르미니우스주의자가 아닌가(Why I am not an Arminian)』이다. (아쉽게도 두 권 모두 번역이 아직 되어 있지 않다.)

8. 18세기 영국의 칼빈주의자들과 웨슬리의 논쟁에 관해서는 Allen Coppedge의 John Wesley in Theological Debate (Wilmore: Wesley Heritage Press, 1987)를 참고하라. 17~18세기 영국에서 아르미니우스주의라는 용어는 상당히 폭넓은 의미로 사용되었다. 정치적, 교회적 풍랑의 시기에 이 용어는 자주 칼빈주의가 아닌 모든 사람들을 위한 신학적 보호막으로 사용되었다. 그리고 이러한 아르미니우스주의의 대응으로서의 칼빈주의 또한 상당히 넓은 신학적 스펙트럼을 가졌다. 웨슬리 당시의 칼빈주의는 보통 엄격한 칼빈주의(high Calvinism), 극단적 칼빈주의(hyper-Calvinsm), 그리고 온건 칼빈주의(moderate Calvinism)으로 구분될 수 있다. 엄격한 칼빈주의자들은 테오도르 베자로부터 출발해서 도르트 공의회로 이어지는 칼빈 신학을 정교하게 만들었다. 그들은 튤립(TURIP;전적타락, 무조건적 선택, 제한된 속죄, 불가항력적 은총, 성도의 최종 견인)교리, 성서의 무오성, 구원의 확증을 강조했다. 극단적 칼빈주의의 특징은 엄격한 칼빈주의자들의 기본적 신학 주장들을 받아들였다. 또한 타락전 아담조차도 선행에 부적합했다고 주장했으며 인간의 가능성을 극단적으로 축소시켜 율법 폐기주의적 경향을 극명하게 가지고 있었다. 온건한 칼빈주의자들은 신앙의인화 교리를 강조했다. 이들은 성경, 고대교회, 어거스틴, 중세교회, 영국 성공회와의 관계성을 강조했다. 예정론과 관련해서 선택의 교리는 인정했지만 유기의 교리는 인정하지 않았다.

9. 이 부분은 매덕스(Randy Maddox)교수가 듀크 대학(Duke University)에서 개설한 "신학적 멘토들로서의 웨슬리 형제들(Wesleys as Theological Mentors)"이라는 세미나 과목에서 강의한 내용을 요약 정리해서 소개하는 것임을 밝힌다.

하나님께서 직접 우주의 모든 역사 속에서 발생한 모든 일들을 제정하신다. 이 관점에서 보면 우리가 주체적으로 그리스도를 받아들인 것처럼 보일지라도 우리는 하나님께서 기록해 놓으신 대본대로 움직이는 것이 될 수 있다. 따라서 이 견해로부터 하나님의 지배와 통제를 극으로 강조하는 교리들(노예 의지론, 이중 예정론, 종국에는 사단까지도 구원받는다는 오리겐 식의 만인 구원론)이 나올 수 있다. 이 견해를 극으로 강조하면 하나님은 모든 역사적으로 유의미한 사건의 원인일 뿐만 아니라 문제의 원인도 되신다.

두 번째는 시간을 초월한 관찰자로서 하나님을 강조하는 견해이다. 하나님께서는 시간을 초월해 계신다. 즉 하나님께서는 시간을 넘어서 계실 뿐만 아니라 시간의 테두리 밖에 계신다. 하나님께서 시간의 테두리 밖에서만 계신 것으로 보는 견해는 직접적으로 이신론(deism)[10]과 연결된다. 또한 하나님께서는 과거의 창조, 현재, 미래의 모든 역사를 아신다. 이 관점에 의하면 하나님의 속성들 중 미리 아심(foreknowledge)이라는 속성을 통해 시간을 초월한 관찰자로서 하나님께서는 누가 은총의 부르심에 응답할지 거절할지를 아신다. 미리 아심은 예정론으로 연결될 수도 있다. 다만 이 관점은 하나님의 부르심에 거부할 수 있는 인간 능력을 보존하는 방향으로도 연결될 수 있을 뿐만 아니라 그렇지 않은 방향과도 연결될 수 있다.

세 번째는 소수의 견해이다. 이들은 시간 초월 대신에 일시성을 취하시는 하나님을 강조한다. 원래 하나님은 시간을 초월하신 영원(a-tempo-

---

10. 이신론은 섭리나 역사의 주관자로서의 하나님을 바라보는 것을 반대하고 하나님께서 세상을 창조하시고 난 후 오로지 관찰만 하신다고 주장한다.

ral)이시다. 그러나 세상을 창조하실 때 하나님께서는 일시성(temporality)도 창조하셨다. 그리고 창조 이후 하나님께서는 일시성을 취하셨다. 이러한 하나님의 일시성을 통해서 하나님께서는 자기를 제한하시고 인간에게 자유를 부여하신다. 이 때문에 인간에게 선택의 가능성이 생긴다. 이 관점에서 하나님께서는 절대적 주권을 휘두르시지 않는다. 다만 일시성에 대한 과도한 강조는 하나님의 자연적 속성과 충돌할 수 있다.

그렇다면 웨슬리는 하나님과 시간의 관계성을 어떻게 이해했는가? 모든 피조물은 시작과 끝이 있다. 그러나 하나님께서는 시작과 끝이 없으신 영원부터 영원이시다. 즉 영원한 지속이시다. 또한 시간을 초월하신 분이시다. 그러나 웨슬리는 하나님은 시간을 초월해 계시지만 동시에 일시성을 취하신다고 주장한다.

따라서 웨슬리에게 하나님은 '끝나지 않는 일시성'이시다. 이 개념은 우리로 하여금 하나님의 절대성 혹은 하나님의 일시성 중에 하나만을 택해야 하는 양자택일의 강요로부터 벗어나게 해 준다.

2) 웨슬리가 이중 예정론을 반대한 이유

결정론적 성격이 명확하게 드러나는 이중 예정론에 대한 웨슬리의 반대는 다음 두 가지 이유 때문이다.

첫 번째, 결정론적 이중 예정론은 웨슬리의 하나님 이해와 충돌했다. 웨슬리는 하나님의 속성 중에 가장 중요한 속성을 하나님의 거룩한 사랑으로 보았다. 그러하기에 거룩한 사랑에 근거해서 하나님의 다른 속성들을 살펴보아야 한다. 또한 웨슬리는 하나님의 본성과 속성들이 서로 충돌하지 않는다고 강조한다. 그런데 결정론적 이중 예정론에서는 하나님의 주권과 하나님의 거룩한 사랑이 충돌할 뿐만 아니라 거룩한 사랑을 뒤로 밀어내는 경향이 있다.

두 번째, 웨슬리는 결정론적 이중 예정론이 인간의 응답의 가능성과 그로 인한 인간의 책임성을 심각하게 훼손한다고 보았다. 웨슬리는 이러한 훼손과 손상이 그리스도인에게 율법 폐기주의 혹은 율법 무용론에 빠지게 만들기 쉽다고 생각했다. 율법 폐기주의(율법 무용론)는 웨슬리가 평생에 걸쳐서 강조했던 마음과 삶의 성결을 향한 그리스도인의 추구를 무력하게 한다. 이러한 이유 때문에 웨슬리는 결정론적 예정론을 주장한 사람들과 평생 논쟁했다.

3) 결정론적 이중 예정론에 대한 웨슬리의 여덟 가지 반대 이유 [11]

첫 번째, 이중 예정론은 설교를 불필요하고 불합리한 것으로 만든다.

두 번째, 이중 예정론은 그리스도인들이 거룩한 삶을 추구하는 것을 약화시킨다.

세 번째, 예정론을 신봉하는 사람들의 주장과는 반대로 예정론 설교는 종교적 위안을 주는 성령님의 위로의 사역을 방해하는 경향이 있다.

네 번째, 예정론은 자비의 사역(works of mercy)을 위한 그리스도인의 열정을 파괴하는 경향이 있다.

다섯 번째, 예정론 교리들은 역사적 계시를 단순화시킨다. 따라서 계

---

11. Sermon, "Free Grace" (설교 72, "값없이 주시는 은총")참조 -> Oden의 John Wesley's Teachings, vol. 2, 164-67과 Sermon, "Free Grace" (설교 72, "값없이 주시는 은총")참조

시의 실제 역사성을 훼손하는 경향이 있어 역사 속에서 계시의 필요성을 부조리하고 불필요하게 만든다.

여섯 번째, 예정론적 과장들은 결함이 있는 해석에 기초하고 있다.

일곱 번째, 예정론적 설교 일부는 일종의 신성모독에 빠지기 쉽다.

여덟 번째, 하나님의 도덕적 속성들이 결정론적 예정의 가르침에 의해서 파괴된다.

4) 웨슬리의 예정 이해에 대한 토마스 오덴의 해석

토마스 오덴(Thomas C. Oden)이라는 학자는 다음과 같이 질문한다. "어떻게 구원의 은총이 인간의 자유를 억압하지 않고 제공될 수 있을 것인가? 모든 미래와 과거의 순간들을 이미 보고 계시며, 모든 것을 아시는 하나님이 어떻게 미래에 구원받을 사람을 아는 것에 실패하실 수 있는가?"[12]

이 질문은 인간 실존, 자유, 하나님의 주권, 하나님의 섭리 등 같은 주제들과도 관련이 있다. 웨슬리의 신학에 근거해서 오덴은 다음과 같이 주장한다.

하나님께서는 죄의 역사를 미리 아셨다. 따라서 세상이 시작되기 전의 영원부터 성자 하나님께서 인간이 되시는 것을 결정하셨다. 이것은 하나님께서 모든 인간에게 제안을 하나 하시기 위해서였다. 이 제안은 다음과 같다. 인간은 하나님 사랑을 믿거나 믿지 않을 것을 선택할 수 있

---

12. Thomas C. Oden, John Wesley's Teachings, Vol. 2, 157.

다. 그 선택의 결과로 영원한 생명을 받거나 혹은 하나님으로부터 영원히 분리된다.[13]

웨슬리안 신학은 독단적이며 결정론적인 예정을 거부한다. 웨슬리안 신학은 신의 절대적인 명령의 측면보다는 섭리, 하나님의 선지(미리 아심; foreknowledge), 그리고 하나님의 주권에 대한 칭송의 측면에서 예정을 해석한다. 성경에서 하나님의 선택(택정하심)에 대한 웨슬리안 관점은 선택을 개인적 구원보다 역사에서 행하시는 하나님의 섭리와 연결시킨다.

웨슬리에게 있어서, 하나님의 선택은 은총을 통해 부여된 인간의 응답 가능성을 무시하는 독단적 선택이 아니다. 웨슬리는 인간의 응답과 상관없이 구원받거나 멸망받는 것이 하나님의 명령이라는 신학적 개념을 받아들이는 것을 거부한다. 또한 하나님께서 결정하신 것은 개개인의 구원과 멸망이 아니라 구원의 방식이다. 즉 우리를 위해 십자가를 지신 예수 그리스도를 구세주로 믿는 모든 사람들은 구원을 받게 되도록 구원의 방식을 미리 결정하셨다. 하나님의 영원하신 뜻(eternal decree)은 구원받도록 예정된 사람들만 그리스도를 믿게 되는 것이 아니라 믿는 사람들이 구원받는 것이다. 선지(foreknowledge)와 예정(predetermination)을 구분해야 한다. 즉 미리 아는 것과 미리 정한 것을 구분해야 한다.[14]

타락 때문에 인간은 자신의 힘만으로 하나님께 응답이 불가능하다. 은혜 없는 인간은 하나님과 철저히 분리되어 있는 상태이기 때문이다. 하나님께 긍정적으로 응답하기 위해서는 먼저 부어주시는 은혜가 필요

---

13. Ibid., 161.
14. Sermon 58, "On Predestination" (설교 74, "예정에 대하여") 참조.

하다. 따라서 하나님께서는 모든 사람들에게 선행은총을 주셨다. 선행은총으로 인간은 하나님께서 지속적으로 부어주시는 은총에 응답할 수 있게 되었다. 구원에 있어서 인간의 책임성이 있다. 하나님께서는 모든 사람을 초대하셨지만 어떤 이들은 응답하고 어떤 이들은 거부한다. 응답에 따라 구원받거나 멸망받는 것이 하나님의 영원하신 뜻이다.

은총의 역할

웨슬리는 은총을 우리로 하여금 하나님을 믿고, 사랑하고, 섬기는 것을 가능하게 하는 성령의 권능이라고 정의한다. 웨슬리는 산상수훈에 관한 설교에서 하나님 섬김의 단계에 대한 설명을 통해서 은총에 대한 간결한 정의를 비교적 자세하게 설명한다.[15]

1) 믿음으로서 섬김[16]

하나님 섬김의 첫 번째 단계는 하나님을 믿는 것이다. 하나님에 대한 믿음이 왜 하나님 섬김의 첫 번째 단계가 되는가는 하나님께서 우리와 맺으신 언약의 역사에서 드러난다. (특히 행위의 언약(Covenant of Works)에서 은혜의 언약(Covenant of Grace)으로 변화)

낙원에서 아담과 그의 아내가 하나님과 맺었던 언약이 행위의 언약

---

15. Sermon 29, "Upon our Lord's Sermon On the Mount, IX," §§ 4-7. (설교 29 "산상설교 IX").
16. Ibid., §4.

이다. 행위의 언약은 인간이 하나님의 호의와 하나님의 지식과 사랑 그리고 성결과 행복 안에서 존속하기 위한 조건으로서 하나님의 모든 율법을 완전하고 끊임없이 지키는 완전한 인간을 요구한다.[17] 낙원에 거하던 아담과 그의 아내는 하나님의 형상을 사용해서 하나님을 보고, 사랑하고, 순종할 수 있었다. 하나님의 뜻에 완벽하게 순종할 수 있었고, 하나님의 법을 완벽하게 지킬 수 있었다. 그들은 하나님의 법을 온전히 지키는 것을 통해서 하나님에 대한 자신들의 사랑과 순종을 확증했다.

그러나 타락 때문에 하나님의 형상이 손상되거나 상실되었다. 따라서 이 땅에서 살아가는 동안 은혜 없이 인간은 하나님을 볼 수도, 사랑할 수도, 그리고 하나님의 뜻에 순종할 수도 없게 되었다. 하나님은 이러한 상황 가운데 처하게 된 인간들과 은혜 언약(Covenant of Grace)을 맺으신다. 은혜 언약은 하나님의 호의와 생명을 회복하기 위한 조건으로 오직 믿음을 요구한다.

이 믿음은 예수 그리스도에 대한 살아있는 믿음이다. 구원의 믿음의 대상은 그리스도이시다. 아직 온전히 의롭게 되지 못함에도 불구하고 예수 그리스도께서 우리의 죄의 문제를 해결하시고 우리의 구세주가 되셨다. 구원의 믿음은 이것을 믿는 믿음이다. 은총에 의해 그리스도에 대한 믿음을 통해 우리는 하나님으로부터 의롭다 여김을 받는다.

---

17. Sermon 6, "The Righteousness of Faith," §I. 12. (설교 6, "믿음으로 얻는 의").

2) 사랑으로서 섬김[18]

하나님 섬김의 두 번째 단계는 하나님을 사랑하는 단계이다. 먼저 하나님께서 거룩한 사랑을 우리에게 지속적으로 부어주신다. 하나님의 자녀들의 삶을 은총을 통해 지속적으로 인도하신다. 하나님께서 은총을 통해 우리와 함께 하시며 우리에게 새로운 힘을 주신다는 것을 삶 가운데서 경험한다.

이러한 사랑의 체험과 지속적 은총 때문에 우리는 하나님을 사랑할 수 있게 된다. 은총의 도우심으로 우리의 생각, 말, 그리고 행동이 전적으로 하나님을 향할 수 있게 된다. 즉, 하나님을 향한 사랑이 가능해진다. 하나님을 전심으로 사랑하는 사람들의 특징은 다음과 같다.

그들은 하나님을 위해서 하나님을 소망한다. 하나님 안에서 기뻐하고 즐거워한다. 그들은 하나님에게서 삶의 궁극적 목적을 추구하고 발견한다. 그 무엇보다 하나님을 향유한다. 하나님 안에서 진정한 안식과 평안을 누린다. 한마디로 그들은 하나님과 함께함으로 늘 행복하다.

3) 닮음으로서 섬김[19]

하나님 섬김의 세 번째 단계는 그리스도를 본받음으로 하나님을 닮아가는 단계이다. 하나님을 향한 최고의 예배는 하나님을 닮는 것이다. 우리가 진정으로 하나님을 섬기기 위해서는 사랑이신 하나님을 본받고 닮아가야 한다. 하나님께서는 영이시다. 따라서 우리의 하나님 닮음은

---

18. Sermon 29, "Upon Our Lord's Sermon On the Mount, IX," §5, (설교 29 "산상설교 IX").
19. Ibid., §6.

우리 영의 변화를 의미한다. 우리 마음의 영이 예수 그리스도의 사역과 삶 속에서 확증된 삼위 하나님의 형상으로 변화되어야 한다.

하나님 형상의 근원과 본질은 무엇인가? 바로 하나님이다. 그리고 하나님은 사랑 그 자체이시다. 우리는 이러한 하나님을 닮게 되어 우리 영은 하나님처럼 사랑으로 가득 차게 된다. 따라서 사랑이신 하나님을 닮아가는 그리스도인은 그들을 사랑하고 좋아하는 사람들만이 아니라 온 인류에 대해 친절하고, 온화하며, 사랑이 넘치고, 자비와 긍휼을 베푸는 사람들이 된다.

4) 순종으로서 섬김[20]

하나님 섬김의 네 번째 단계는 순종이다. 하나님을 향한 우리의 순종은 다음과 같은 것들을 포함한다. 순종은 (1) 몸과 영으로 하나님께 영광 돌리는 것이다. (2) 하나님의 계명들을 지키는 것이다. (3) 하나님이 기뻐하시는 것은 무엇이든 열심히 하는 것이다. (4) 하나님께서 금하신 것들을 주의 깊게 피하는 것이다. (5) 하나님을 향한 순결한 마음으로 최선을 다해 삶의 일상을 살아감으로써 자신의 삶을 거룩한 사랑 그리고 뜨거운 사랑의 마음으로 예수 그리스도를 통해 하나님께 제사로 드리는 것이다.

---

20. Ibid., §7.

복음과 율법 [21]

웨슬리안 신학에서 복음과 율법의 관계는 대립의 관계라기보다는 복음이 율법을 완성한다는 성경적 관점을 강조한다. 그리스도께서 자신의 삶, 죽음, 부활 가운데서 하나님의 뜻에 순종함으로 율법을 완성시키셨다. 이 관점은 우리로 하여금 율법주의 안에 있는 형식주의의 위험성뿐만 아니라 율법 무용론의 위험도 피하도록 도와준다.

웨슬리안 신학적 관점에 따르면, 율법의 기원은 영원한 하나님의 법이다. 본질은 거룩하며, 정의롭고, 선하다. 용법에는 세 가지가 있다.

(1) 하나님의 법은 죄인으로 하여금 죄를 깨닫게 한다.

(2) 하나님의 법은 성령께서 죄인을 그리스도에게 인도하는 것을 돕는다. 이를 위해서 하나님의 법의 엄정함이 사용된다.

(3) 하나님의 법은 믿는 사람들을 지속적 회개로 인도한다. 지속적 회개는 그리스도인이 그리스도께 가까이 가는 것을 돕는다.

---

21. Sermon 34, "The Original, Nature, Property, and Use of the Law"(설교 34, "율법의 기원, 봉성, 속성 및 용법"), Sermon 35, "The Law Established through Faith I"(설교 35, "믿음으로 세워지는 율법 I), 그리고 Sermon 36, "The Law Established through Faith II" (설교 36, "믿음으로 세워지는 율법 II)를 참고.

10
성경적
구원의 길 II

선행은총, 법정적 회개, 칭의

선행은총을 이해하기 위해 읽어야 하는 설교는 설교 131 "양심에 대하여"(고후 1:12), 설교 137 "보이는 것으로 행하는 것과 믿음으로 행하는 것"(고후 5:7) 등이 있다. 칭의론을 이해하기 읽어야 하는 설교는 설교 5 "믿음에 의한 칭의"(롬 4:5), 설교 6 "믿음으로 얻는 의"(롬 10:5-8), 설교 20 "우리의 의가 되신 주"(예 23:6), 설교 35 "믿음으로 세워지는 율법 I"(롬 3:31), 설교 36 "믿음으로 세워지는 율법 II"(롬 3:31), 설교 132 "믿음에 대하여 I"(히 11:6), 설교 150 "믿음에 대하여 II"(히 11:1) 등이 있다.

웨슬리안 선행은총론

1) 선행은총의 두 가지 의미

'prevent'라는 단어의 뜻은 '막다'이다. 그러나 웨슬리 당시 18세기 영어 용법에 의하면, '앞서서 오다' 혹은 '앞서서 가다'의 의미이다.[1] 따라서 선행은총(preventing grace) 개념은 '앞서서 오는 은총'이라는 뜻이다. 웨슬리의 구원론 속에서 선행은총은 두 가지 의미를 지니고 있다.[2]

첫 번째, 선행은총은 성경적 구원의 길 첫 번째 단계를 의미한다. 웨슬리에 따르면 "성경적 구원의 길" 순서와 함께하는 은총의 차원들은 다

---

1. John Wesley, Complete English Dictionary, Explaining Most of Those Hard Words, which are Found in the Best English Writers (London: W. Strahan, 1753), "Prevent."
2. Sermon 43, "The Scripture Way of Salvation," §I, 2, in Works, 2:156-157n3. (설교 43, "성경적 구원의 길")

음과 같다. 원죄와 선행은총 → 죄를 깨닫게 하는 은총과 회개& 회개에 합당한 열매 → 칭의의 은총과 칭의 → 성화의 은총과 성화 → 온전 성화 → 영화이다.

두 번째, 선행은총은 성경적 구원의 길의 모든 단계들에서 하나님께서 선행적으로 역사하신다는 은총의 선행성을 의미한다. 은총을 통해서 먼저 하나님께서 일하신다. 그리고 인간은 그 은총에 힘입어 응답한다. 초기 웨슬리는 선행은총과 세례를 연결시켰고 중기 웨슬리는 회개와 밀접하게 연결시켰다. 그리고 후기 웨슬리는 선행은총의 개념을 구원 전반에 걸쳐서 작용하는 은총의 선행성과 연결시키곤 했다.

2) 구원의 첫 번째 단계, 선행은총

구원의 여정에 대한 웨슬리의 관점은 원죄로 인한 인간의 전적 타락에 대한 동의로부터 시작한다. 은혜가 없다면, 인간은 자신만의 힘으로 결코 구원을 향해 나아갈 수 없다. 그는 구원의 근원이신 하나님과 분리된 죄로 가득한 인간 (sinful man)이기 때문이다.

하나님께서 철저한 절망의 상태 가운데 있는 모든 인간들에게 아무 조건 없이 먼저 은혜를 베푸셨다. 하나님께서 모든 사람들에게 선행은총을 주셨다. 따라서 모든 인간에게는 하나님의 초대에 응답할 수 있는 가능성이 있다.

3) 선행은총의 다섯 가지 유익

웨슬리 학자 케네스 콜린스에 의하면, 선행은총을 통해 우리에게 부여된 다섯 가지 유익이 있다.

(1) 하나님께서는 선행은총을 통해 모든 사람들에게 하나님에 대한 기초 지식을 계시하셨다. (주로 전능, 전지, 그리고 영원성 등과 같은 하나님의 속성들)

(2) 하나님께서는 선행은총을 통해 모든 인간들에게 어느 정도의 자유의지를 초자연적으로 회복시켜 주셨다.

(3) 하나님께서는 선행은총을 통해 세상에 도덕법을 다시 새겨 놓으셨다.

(4) 하나님께서는 선행은총으로 하나님의 초자연적 선물인 양심을 모든 사람들에게 주셨다.

(5) 선행은총을 통해 받은 하나님에 대한 기초 지식, 회복된 자유의지, 다시 새겨진 도덕법, 그리고 하나님의 초자연적 선물인 양심이 인간으로 하여금 자신의 사악함을 억제하는 것을 도와준다. [3]

4) 선행은총으로서 양심

웨슬리는 그의 설교에서 종종 선행은총을 양심과 직접적으로 연결시킨다. 양심이란 우리로 하여금 우리의 생각, 말, 그리고 행동을 즉각적으로 인식하게 하며, 그것의 유익과 불이익, 그것의 좋음과 나쁨을 인식하게 해서 결과적으로 칭송받을 만한지 혹은 비난받을 것인지를 인식하게 하는 기능(능력)이다. [4]

---

3. Collins, Theology of John Wesley, 77-80.

일반적으로 사람들은 양심을 인간에게 있는 자연적 능력으로 생각한다. 그러나 웨슬리는 양심이 인간의 자연적 능력이 아닌 하나님께서 선행은총으로 모든 사람에게 주신 초자연적 선물이라고 주장한다. 무엇보다도 웨슬리는 양심을 삼위 하나님의 사역과 연결시킨다. 웨슬리에 따르면, 양심은 인간에게 자연적으로 주어진 것들 위에 성부 하나님께서 주신 초자연적 선물이다.

양심의 최우선적 기능 혹은 목적은 세상에 오는 모든 인간을 계몽하시는 진정한 빛이신 성자 하나님을 인식하는데 있다. 또한 양심은 성령 하나님께서 역사하시는 수단이다. 양심을 통해 성령 하나님께서 우리로 하여금 내적 점검(inward check)을 하게 하시며 우리가 진정한 빛(true light)에 응답하는 것을 가능하게 하신다. 우리가 하나님께서 우리에게 주신 그 빛에 반하여 존재하거나 행동할 때 성령께서 양심을 사용해서 우리로 하여금 불편함을 느끼게 하신다.[5]

설교 "성경적 구원의 길"에 나오는 선행은총으로서의 양심에 대한 웨슬리의 또 다른 설명을 살펴 보자. 이 설명 역시 삼위 하나님의 사역과 연결되어 있다:

우리가 이 구원을 최대한 넓은 의미로 본다면, 이는 우리가 생래의 양심이라고 자주 말하는, 더 적당하게 표현하면 '선행은총'에 의하여 우리 영혼 속에 역사한 것 전부를 포함하는 것입니다. 이 선행은총이라 함은 하

---

4. Sermon 105, "On Conscience," §I. 3. (설교 131, "양심에 대하여")
5. Ibid., §I. 5.

늘 아버지께서 이끄시는 역사(요 6:44), 곧 우리가 하나님을 사모하는 마음인데 우리가 사모하면 사모할수록 점점 증가합니다. 또한 하나님의 아들이 세상 모든 사람을 교화하시는 빛(요 1:9), 곧 사람에게 공의를 행하고 인자를 사랑하며 겸손히 하나님과 동행하도록(미 6:8) 지시하시는 것들을 의미합니다. 또한 이 선행은총이란 성령께서 때때로 모든 사람에게 역사하시어서 깨닫게 하시는 것 전부를 말합니다. 이런 것을 누구나가 가지고 있는 것은 틀림없는데, 대부분의 사람들은 이 성령의 역사를 최대한 즉시 억눌러버리거나 잊어버리거나 또는 부정합니다. _설교 "성경적 구원의 길," I. 2.

웨슬리의 관점에 의하면, 선행은총의 다른 유익 모두 초자연적 선물로서 양심과 연결되어 있다. 이것은 양심이 인식, 판단, 추론이라는 삼중 직무를 수행하는 과정 속에서 분명하게 드러난다.[6]

하나님의 은총에 의해 도움을 받는 양심의 첫 번째 기능은 우리로 하여금 우리의 기질과 삶, 우리의 생각, 말, 그리고 행동의 진실한 본질과 특성을 인식하게 하는 데 있다. 이 첫 번째 기능은 타락에도 불구하고 덜 손상된 이성의 기능과 연결된다. 그러나 인간이 자신의 현실을 분명하게 인식하기 위해서는 성령의 도움이 필요하다. 만약 성령께서 지속적으로 역사하는 은총을 통해서 도우시지 않는다면 우리 안에 있는 자기애와 모든 다른 비정상적 욕망이 우리로 하여금 자기 자신의 본질을 보는 것을

---

6. Ibid., §I. 7.

불가능하게 만들 것이다.[7] 은총의 도움과 함께하는 양심이 비록 희미하지만 인간으로 하여금 자신의 영적 상태를 바로 인식하게 만든다. 선행은총의 유익으로서의 양심을 통한 자아 인식은 자신에 대한 더욱 분명한 앎으로 인도한다. 죄인으로서의 자신을 분명하게 인식한 사람은 타락한 본성을 치유할 수 있는 길을 찾게 된다.

좋음과 나쁨 그리고 선과 악에 대한 판단이라는 양심의 두 번째 기능은 도덕법 혹은 하나님의 법과 연결된다. 선행은총의 역사에 의해서 하나님의 도덕법이 세상에 다시 주어졌다. 선행은총은 모든 인류에게 다소간의 진리의 빛을 비춘다. 하나님께서 주신 초자연적 선물인 양심은 인간으로 하여금 도덕법의 본질을 어렴풋하게 인식하게 한다. 그리고 이것은 우리로 하여금 도덕적 선과 악의 차이를 구분하게 한다.[8] 이러한 구분이 인간으로 하여금 사회적 삶 가운데서 무엇이 도덕적으로 선하고 악한지를 알게 한다.

양심의 마지막 기능은 자유 의지와 연결된다. 양심에 따른 인식, 판단, 추론을 통해 인간은 어떠한 결론을 내린다. 그리고 그 결론에 따라서 행동할 것인지 하니면 하지 않을 것인지를 결정한다. 하나님께서는 선행은총을 통해서 모든 인류의 의지와 자유를 기초적으로 회복시키신다. 〈신중하게 고찰한 예정(1752)〉이라는 논문에서 웨슬리는 세상에 온 모든 사람들을 비추어주는 초자연적인 빛과 함께, 모든 사람에게 초자연적으

---

7. Ibid., §I. 11.
8. NT Notes, Rom 1:19; Sermon 129, "Heavenly Treasure in Earthen Vessels," §I. 1. (설교 147, "질그릇에 담긴 하늘의 보배").

로 회복된 어느 정도의 자유 의지가 있다고 말한다.[9] 타락 이후 인간의 의지는 오로지 악에게만 자유롭다. 하나님께서는 선행은총을 통해 선에 그리고 하나님께 응답 가능하도록 의지의 자유를 어느 정도 회복시키신다. 따라서 모든 인간에게는 자신의 행동에 대한 책임이 자신에게 있다.

5) 원죄와 선행은총

원죄와 선행은총과 관련된 요점들을 요약하자면 이렇다. 인간은 원죄로 인해 전적으로 타락했다. 인간에게 부여된 하나님의 도덕적 형상은 상실되었고, 자연적 형상과 정치적 형상은 손상되었다. 손상되었지만 남아있는 자연적 형상과 정치적 형상은 인간이 사회적 삶을 영위하는 것을 가능하게 한다.

도덕적 형상의 상실로 인간은 하나님과 철저하게 분리되었다. 그러나 하나님께서 모든 인류에게 선행은총을 베풀어 주셨다. 선행은총으로 인간에게 주어진 유익은 다음과 같다.

아주 기본적인 하나님에 대한 지식이 다시 주어졌다. 희미하지만 도덕법이 세상에 다시 주어졌다. 하나님의 부르심에 그리고 선에 대해 긍정적으로 반응할 수 있는 어느 정도의 자유 의지가 주어졌다. 선과 악을 구분할 수 있는 양심을 초자연적 선물로 주셨다. 따라서 세상의 모든 사람들에게 악함에 대한 기본적 제어의 가능성을 주셨다. 그리고 하나님께서 모든 인간에게 선행은총을 베풀어 주셨기 때문에 인간의 심령에는 구

---

9. Wesley, Predestination Calmly Considered, in Works (Jackson), 10:229-30.

원(구원의 은총과 구원의 믿음)에 대한 영적 갈증이 있다.

죄를 깨닫게 하는 은총과 회개

"자녀들을 위한 교훈서" 안에 있는 회개와 칭의에 관련된 문답에서 웨슬리는 칭의의 시점을 회개하고 난 후 그리스도를 믿을 때라고 분명하게 말한다. 이 문답에 회개에 대한 웨슬리의 기본적 관점이 나와 있다. 회개의 기본적 의미는 우리의 죄악됨과 죄의 책임이 우리에게 있다는 것과 우리 능력과 힘으로는 이 문제를 벗어날 가망성이 전혀 없다는 것을 철저하게 깨닫는 것이다.

여기서 우리가 주의할 점이 있다. 웨슬리는 칭의 이전의 회개와 칭의 이후의 회개에 대해 구분해서 말하고 있다. 칭의 이전의 회개를 '법정적 회개'라고 부르며 칭의 이후의 회개는 '지속적 회개'와 '복음적 회개'로 부른다. 법정적 회개와 지속적 회개는 회개의 기본적 의미와 관련이 있다. 그리고 복음적 회개는 적극적인 의미를 가지고 있다. 웨슬리는 "모든 죄로부터 모든 성결로의 마음의 변화 (그리고 결과적으로 삶의 변화)"를 '복음적 회개'라고 불렀다.[10]

하나님께서는 우리에게 죄를 깨닫게 하는 은총(convicting grace)을 주신다. 우리는 죄를 깨닫게 하는 은총을 통해서 우리의 내적 죄악성, 하나

---

10. NT Notes, Mt 3:8.

님의 기준을 벗어난 우리의 말과 행동으로 인한 죄의 책임, 그리고 이 문제들을 해결할 수 있는 능력이 우리에게 없다는 것을 깨닫게 된다. 이러한 철저한 자기 인식은 우리로 하여금 영의 가난을 깨닫게 한다. 그리고 자신에게 의로움이 있다는 자기 확신과 정당화를 포기하게 한다.[11] 그리고 이 모든 것이 우리가 하나님으로부터 떨어져 나와 있기 때문에 발생한 것이라는 것을 알게 된다. 결과적으로 이러한 자기 인식은 우리로 하여금 하나님과의 인격적 만남을 간구하게 한다.

하나님 앞에서 겸손은 칭의의 믿음(justifying faith)과 하나님 사랑의 회복의 전제이다. 따라서 영적 자각으로서의 회개는 하나님을 향한 영혼의 첫 움직임이다.[12] 그러므로 웨슬리는 회개를 "종교의 현관(porch of religion)"이라고 부른다.[13] 또한 시간이 허락한다면 법정적 회개는 우리를 회개에 합당한 열매로 인도한다. 여기서 주의해야 할 것은 "회개에 합당한 열매"가 칭의의 공로가 아니라는 것을 명심해야 한다.[14] 우리는 은총에 의해 믿음을 통해서 의롭다 여김을 받게 된다.

---

11. 콜린스는 자신에 대한 인식, 영의 가난, 그리고 자기 정당화 거부가 회개의 세 가지 주요 측면이라고 강조한다. Collins, Theology of John Wesley, 157.
12. NT Notes, Acts 20:21.
13. Sermon 115 "Dives and Lazarus", Works, 4:16. (설교 130, "부자와 나사로")
14. Wesley, A Farther Appeal to Men of Reason and Religion (1745), in Works, 11:106; Wesley, The Principle of a Methodist Farther Explained (1746), in Works, 9:176; Wesley, Minutes of Some Late Conversations, in Works (Jackson), 8:275-76, 281-82.

칭의

1) 영국 국교회의 칭의 이해

칭의란 하나님께 의롭다 여김을 받는 것을 의미한다. 루터의 종교개혁의 핵심이 바로 칭의론에 있었다. 이신칭의란 말이 있다. 믿음에 의해 의롭다 칭함을 받는다는 의미이다. 더 정확하게 말하자면 은총에 의한 믿음을 통해서 의롭다 칭함을 받는 것을 말한다. 즉 하나님에게 우리가 의롭다 여김을 받는 것은 은총이 하는 일이다. 하나님께서 하시는 일이다. 그리고 이 일의 조건이 믿음이다.

웨슬리의 칭의론은 웨슬리의 구원론의 특징을 그대로 가지고 있다. 은총의 우선성과 그 은총에 대한 인간의 응답 사이의 상관관계는 웨슬리의 구원론을 이해하는 데 중요하다. 이러한 상관관계는 웨슬리의 칭의론에서도 드러나고, 이러한 특징은 영국 국교회 설교문(Homilies)에 대한 웨슬리의 요약 발췌에서 잘 드러난다. 다만 여기서 주의할 것은 인간의 행위가 칭의의 원인도 공로도 아니라는 것을 명심해야 한다:

> 내가 뜻하는 바를 조금 더 확대해서 표현하자면, 나는 우리의 칭의에는 세 가지 사실이 동반되어 한다고 믿는다. 즉 하나님의 편에서는 그의 크신 자비와 은혜, 그리스도의 편에서는 그가 몸을 바치시고 피를 흘리심으로 일어나는 하나님의 공의의 만족, 그리고 우리 편에서는 예수 그리스도의 공로에 대한 참되고 살아 있는 신앙 등이 그것이다. 그러므로 우리의 칭의에는 하나님의 자비와 은혜뿐만 아니라 공의도 존재하는 것이

다. 따라서 하나님의 은혜는 우리의 칭의에 하나님의 의를 제외하는 것이 아니라, 다만 인간의 의 곧 우리 행위의 의를 제외하는 것이다. _한국웨슬리학회 편역, 존 웨슬리 논문집 I, 69-70; 웨슬리의 설교 "우리의 의 되신 주," II.6.를 참고

2) 칭의의 믿음, 구원의 믿음

명심해야 할 것은 회개와 회개에 합당한 열매들이 구원의 공로가 아니라는 것이다. 은총에 의한 구원의 믿음을 통해 우리는 하나님으로부터 의롭다 여김을 받고 구원받는다. 웨슬리는 구원의 조건인 이 믿음을 "구원의 믿음(saving faith)" 혹은 "칭의의 믿음(justifying faith)"이라고 불렀다.

그렇다면 칭의의 믿음 혹은 구원의 믿음의 개념은 무엇인가? 구원의 믿음에 대한 웨슬리의 견해는 3단계의 발전 과정을 거쳤다.

첫 번째 단계는 웨슬리 생애 초기에 발생했다. 1725년에 웨슬리와 그의 어머니 수산나 웨슬리와의 서신 왕래에서 구원의 믿음에 대한 첫 번째 단계의 개념을 확인할 수 있다.

웨슬리는 믿음이란 이성으로 가능해지는 명제적 진리에 대한 합리적 동의라고 생각한다고 어머니에게 편지를 보냈다. 이 편지를 받고 어머니 수산나 웨슬리는 답장을 보낸다. 그 답장에서 수산나는 인간적 믿음과 신적인 믿음을 구분할 것을 제안하면서 믿음에 대해 다시 생각해 보라고 권한다. 답장을 받고 웨슬리는 믿음에 대해 다시 생각해 보고 다음과 같은 결론에 이른다.

"실천을 포함하는 구원의 믿음은 하나님께서 계시하신 모든 것에 대한 동의입니다. 그것의 진리가 이성에 의해 확증되기 때문이 아니라 하

나님께서 그것을 계시하셨기 때문입니다."[15]

첫 번째 단계에서 구원의 믿음에 대한 웨슬리의 인식 변화는 진리에 대한 권위를 어디에 둘 것인가의 문제와 관련이 있다. 명제적 진리에 대한 동의라는 믿음의 한 측면을 강조한 것에는 변함이 없었다. 다만 권위의 근거가 이성에서 신적 계시, 즉 성경으로 바뀌었다.

두 번째 단계에서 웨슬리는 신뢰와 확신으로서의 구원의 믿음을 강조한다.[16] 신뢰와 확신으로서의 구원의 믿음 강조는 웨슬리의 조지아 선교, 피터 뵐러와의 관계, 그리고 1738년 올더스케이트 체험과 관련이 아주 깊다.

웨슬리는 조지아로 배를 타고 가던 중에 1736년 1월 25일에 만난 폭풍우로 인하여 죽음의 위협에 처한다. 그리고 그는 죽음의 위협 가운데서 비명을 지르던 영국 사람들과 달리 모라비안 교도들이 배 안에서 찬양, 기도, 예배를 두려움 없이 겸손하게 그리고 온유하게 드리는 모습을 목격한다. 또한 구원의 믿음에 대한 확신이 없었기에 죽기 싫어하는 자신의 모습도 발견했다. 이때부터 구원의 믿음에 대한 확신을 찾기 시작한다.

1738년 2월에 조지아 선교를 끝내고 영국에 돌아와서 그는 영국의 모라비안 교도들의 지도자들 중에 한 사람인 피터 뵐러를 만난다. 1738년 5월 24일 올더스케이트 체험 전까지 몇 번에 걸쳐서 피터 뵐러를 만나 대화를 하면서 구원의 믿음에 관한 뵐러의 관점을 받아들였다.

---

15. Wesley, "Letter to Susanna Wesley" (November 22, 1725), in Works, 25:188.
16. Sermon 1, "Salvation by Faith," §§ I. 4-5. (설교 1, "믿음으로 말미암는 구원")

뵐러에 의하면, 구원의 믿음의 본질은 하나님 안에서 우리가 가지는 확고한 신뢰와 확신이다. 이 신뢰와 확신의 내용은 그리스도의 공로로 우리의 죄가 용서 받고 하나님과 화목하게 된다는 것이다. 구원의 믿음은 우리에게 즉각적으로 주어지는 하나님의 선물이다. 그리고 그리스도에 대한 진정한 믿음은 분리되지 않는 두 가지 열매를 가지고 있다. 죄의 지배로부터 벗어나는 것과 용서받음에 대한 지각/감각으로 인한 끊임없는 평화이다.[17]

웨슬리는 성경, 이성, 그리고 경험의 척도를 사용하여 뵐러의 관점을 검증한 후에 그것을 받아들였다. 그리고 나서 하나님의 선물로서의 구원의 믿음에 대한 즉각적 경험을 추구하기 시작한다. 이 추구는 1738년 5월 24일 8시 45분경에 올더스케이트 거리에서 결실을 맺게 된다. 그곳에서 열린 모리비안들의 집회에서 한 모리비안 교도가 읽고 있던 루터의 로마서 서문을 듣다가 웨슬리는 이상하게 마음이 뜨거워지는(strangely warm) 경험을 하며, 그리스도께서 자신을 구원하셨다는 믿음의 확신을 얻게 된다.

세 번째 단계는 영적 체험으로서 믿음이다. 이 개념은 '영적 감각'으로서 믿음과 직접적으로 연결된다. 1740년대 초반부터 웨슬리는 영적 감각으로서 믿음을 강조한다. 영적 체험 혹은 영적 감각으로서 믿음을 설명하기 위해서 히브리서 11장 1절에 나오는 엥겔로스(ἔλεγχος)라는 단어를 "명확한 증거", "초자연적 증거", "하나님의 증거", "신적인 의식", 그리

---

17. 웨슬리, 1738년 5월 24일 저널.

고 "신적인 증거와 확신"으로 언급한다. 〈이성적이고 종교적인 사람들에게 보내는 진지한 호소(An Earnest Appeal to Men of Reason and Religion, 1743)〉에서 웨슬리는 다음과 같이 말한다.

> 이제 믿음은 (성경이 하나님께로부터 온 것임을 가정하고) πραγμάτων ἔλεγχος οὐ βλεπομένων, 즉 보이지 않는 것들에 대한 분명한 증거이다 (히 11:1 참조). 그것은 육신의 눈이나 우리의 어떤 자연적 감각이나 기능으로나 감지할 수 없는 것들에 대한 초자연적인 증거이다. 그러므로 믿음이란 영적 인간이 하나님과 또는 하나님의 일들을 분별하게 되는 신적 증거이다. 우리가 육체의 감각으로써 자연계를 감지함과 같이, 믿음으로써는 영적 세계를 감지하는 것이다. 그것은 하나님께로부터 난 모든 영혼의 영적 감각(spiritual sensation)이다. _한국웨슬리학회 편역, 존 웨슬리 논문집 I, 95

웨슬리에 의하면 믿음은 '영혼의 영적 감각'이다. 믿음은 새로 태어난 영혼의 눈, 귀, 촉각, 미각으로서 하나님과 보이지 않는 일들을 영적으로 보고 듣고, 맛보고, 느낄 수 있게 한다. 즉 영적 감각으로서의 믿음이 영적 체험을 가능하게 한다. 하나님과 보이지 않는 일들을 인식할 수 있게 만든다.[18]

성경적 구원의 길이라는 설교에서 웨슬리는 구원의 믿음 속에 있는 논리적 순서를 통해서 영적 체험으로서 구원의 믿음을 묘사한다.[19] 그 순

---

18. 한국웨슬리학회 편역, 존 웨슬리 논문집 I, 96.
19. Sermon 43, "The Scripture Way of Salvation," §. II. (설교 43, "성경적 구원의 길")

서는 다음과 같다. 첫 번째 하나님께서 우리에게 빛을 주신다. 두 번째 하나님께서 믿음이라는 영적 감각을 열어주셔서 그리스도인들은 빛을 보게 된다. 세 번째 그리스도인은 하나님께서 선물로 주신 영적 감각을 통해 영적 실제들과 그리스도 안에 있는 영광을 경험하고 인식하게 된다. 네 번째, 이러한 체험을 통해서 우리는 예수 그리스도를 통해 분명하게 증명된 하나님의 사랑을 확신하게 된다. 다섯 번째, 이 확신은 하나님에 대한 신뢰로 이어진다.

여기에서 기억해야 할 것이 있다. 3단계의 발전 과정을 거쳐서 강조점들이 변화되었지만 구원의 믿음은 하나님의 진리에 대한 동의, 신뢰, 체험의 어느 한 측면을 배제하지 않는다. 그러나 영적 감각으로서 혹은 영적 체험으로서 믿음의 측면이 가장 기본이 된다.

3) 믿음, 그리스도, 그리고 그리스도의 의

"자녀들을 위한 교훈서"에서 믿음에 대한 교리 문답은 다음과 같다. "6. 믿는다는 것 혹은 신앙이란 무엇입니까? 하나님께서 성경 속에서 우리에게 말씀하시는 보이지 않는 일들에 대한 확신입니다." 6번의 문답은 웨슬리가 자주 언급하는 일반적 의미의 믿음(faith in general)과 관련이 있다. "7. 그리스도에 대한 믿음이란 무엇입니까? 그리스도께서 우리를 사랑하시고 나를 위해 그분 자신을 주셨다는 것에 대한 확신입니다." 7번 문답은 구체적 의미의 믿음(faith in particular)을 말하고 있다. 구원의 믿음은 7번과 직결된다. 하나님의 선물로서 구원의 믿음에 대한 웨슬리의 교리는 본질상 그리스도 중심적이다.

"우리의 의가 되신 주"라는 설교에서 웨슬리는 그리스도께서 우리 구원의 공로적 원인일 뿐만 아니라 도덕적 삶의 근거가 되심을 설명한다. 하나님께서는 구원받고 그리스도 닮아가는 삶을 살 수 있도록 우리에게 그리스도의 인간적 의를 덧입혀주시고 싶어주신다.

구원의 믿음과 그리스도의 의는 떼려야 뗄 수 없는 관계가 있다.[20] 웨슬리는 이 주장에 대해 다음 두 가지 논거를 제시한다. 첫 번째, 믿는 순간 신자에게 그리스도의 의가 덧입혀진다. 두 번째, 그리스도의 의는 우리 구원의 공로적 원인이다.

모든 믿는 사람들은 그들 안에 있는 어떤 것 덕분에 혹은 전에 있었던, 즉 혹은 그들에 의해 행해진 어떤 것 덕분이 아니라 전적으로 그리고 유일하게 그리스도께서 그들을 위해 행하셨고 고난 받으셨던 것 덕택에 용서받고 구원받는다. _설교 "우리의 의가 되신 주," I. 5.

믿음이 의를 위해서 모든 신자들에게 전가됩니다. 즉 그리스도의 의에 대한 믿음입니다. 그러나 이것은 전부터 주장되어온 것과 정확하게 같은 것입니다. 그 표현으로 저는 우리는 공로가 아니라 믿음으로 의롭다 여김을 받는다는 것 혹은 모든 신자는 단지 그리스도께서 행하시고 고난받으심으로 용서받고 구원받는다는 것 이상도 이하도 의미하는 것이 아니기 때문입니다. ... 즉 그리스도의 능동적이며 수동적인 의 덕분에 저는

20. Sermon 20, "The Lord Our Righteousness," §II. 1. (설교 20, "우리의 의가 되신 주")

용서받고 하나님께 용납됩니다. _설교 "우리의 의가 되신 주," II. 10-11.

4) 그리스도 의의 덧입혀짐과 심겨짐

구원의 믿음과 의(Christ's righteousness)의 덧입혀짐(칭의)에 대한 설명 후에 웨슬리는 의의 덧입혀짐과 심겨짐(신생)의 관계에 대해 설명한다.

저는 하나님께서 의를 덧입혀준 모든 이들 안에 의를 심겨주신다고 믿습니다. 하나님께서 예수 그리스도를 우리의 의뿐만 아니라 성화로 만드시는 것 즉, 하나님께서 그를 믿는 모든 사람들을 의롭게 여기실 뿐만 아니라 성화시키심을 믿습니다. 그리스도의 의로 덧입혀진 그들은 그리스도의 영에 의해 의롭게 되며 의와 참 성결 안에서 창조시의 닮음을 따라 하나님의 형상이 새롭게 됩니다. _설교 "우리의 의가 되신 주," I. 12.

구원의 믿음은 하나님께서 신자들에게 그리스도의 인간적 의를 덧입히시는 방편이 된다. 하나님께서 그리스도의 의를 그리스도인에게 덧입혀 주시는 순간에 그리스도의 의를 심으신다. 따라서, 구원의 믿음은 그리스도의 의가 우리 안에 심겨지기 위한 방편과 전제 조건이 된다.[21]

웨슬리는 그리스도 의의 덧입혀짐을 칭의와 연결시키고, 그리스도 의의 심겨짐은 신생(거듭남)과 연결시킨다. 그리스도 의의 덧입혀짐과 심겨짐은 모두 구원의 믿음과 직접적으로 관련 있다. 따라서 구원의 믿음

---

21. Ibid., §II. 13.

은 우리의 칭의뿐만 아니라 신생의 필수 불가결한 조건이 된다. 다른 말로 하면 칭의와 신생(더 나아가 성화)이란 구원의 믿음이 있는 곳에 필수 불가결하게 현실화되는 두 결과이다.

웨슬리는 의의 덧입혀짐과 심겨짐의 분리될 수 없는 관계를 강조했다. 그리고 이러한 강조는 양 극단의 위험성, 즉 행위 구원의 위험성뿐만 아니라 율법 무용론의 위험성으로부터 우리를 보호해줄 수 있다.

칭의와 신생은 시간적으로는 동시에 발생한다. 그러나 논리적으로는 칭의가 발생하고 난 후 "신생"이 발생한다. 따라서 칭의와 신생은 한 사건의 두 측면이라고 볼 수 있다.

그러나 이 둘 사이에는 본질적 차이가 있다. 칭의는 용서, 용납, 화해를 통한 하나님과의 관계 변화를 의미하는 반면에 신생은 그리스도 닮음으로 나아가게 하는 실제적 변화의 첫 시작, 즉 성화의 시작을 의미한다. 칭의는 관계의 변화인 반면에 신생은 실제적 변화이다. 또한, 칭의는 하나님께서 우리 밖에서 우리를 위해서 일하시는 것인 반면에 신생과 성화는 하나님께서 우리 안에서 일하시는 것이다.

11
성경적
구원의 길 III

성화, 온전 성화

신생, 성화, 그리스도인의 완전 교리 관련 웨슬리 저작들은 설교 13 "신자 안에 있는 죄"(고후 5:17), 설교 14 "신자의 회개"(막 1:15), 설교 17 "마음의 할례"(롬 2:29), 설교 18 "신생의 표적"(요 3:8), 설교 19 "하나님께로부터 난 자의 특권"(요일 3:9), 설교 40 "그리스도인의 완전"(빌 3:12), 설교 45 "신생"(요 3:7), 설교 81 "타락한 자들을 부르심"(시편 77:7-8), 설교 107 "완전에 대하여"(히 6:2), 그리고 논문 『그리스도인의 완전에 관한 서설(A Plain Account of Christian Perfection)』 등이 있다.

성화론

웨슬리안 관점에서 성화란 지속적인 은총의 사역과 우리의 참여로 인해 우리 안에 남아 있는 죄악성의 치유와 그리스도를 닮아가는 성숙과 성장의 과정이다. 이 둘 사이 관계는 서로 밀접하게 연결된다. 즉 그리스도를 더욱 더 닮아가면 갈수록 타락한 본성이 점차적으로 치유되며, 우리의 삶 가운데서 죄의 권세 역시 줄어든다. 사랑의 온전함을 향해 가는 은총 안에서의 성숙과 성장은 그리스도의 마음을 온전히 품는 데까지 나아가야 한다.

1) 칭의, 신생, 성화의 관계

다시 한 번 칭의, 신생(거듭남), 성화의 관계를 정리하자면 칭의와 신생은 시간적으로는 동시에 발생하지만 논리적으로는 칭의가 먼저이고 신생이 나중이다. 그리고 신생은 성화의 시작을 의미한다. 본질적으로 칭의는 관계의 변화이고, 신생과 성화는 실제적 변화이다. 칭의를 위해서 하나님께서 우리 밖에서 우리를 위해서 일하시며 우리에게 그리스도의 의를 덧입혀 주신다.

신생의 순간부터 실질적 변화를 위해서 하나님께서 우리 영혼 안에서 일하시며 그리스도의 의를 우리 안에 심어 주신다. 다음은 웨슬리의 말이다.

> 의와 참된 성결 속에 하나님의 형상을 따라 새로워지고, 세상에 대한 사랑이 하나님께 대한 사랑으로, 교만이 겸비로, 거친 마음이 온유한 마음으로, 미움·시기·악의가 모든 인류에 대한 신실과 온유와 희생적인 사랑으로 변화될 때, 여기에 거듭남이 있습니다. 한마디로 거듭남은 세상적이고 정욕적이며 악마적인 마음이 '예수 그리스도 안에 있는 마음'으로 바뀌지는 변화입니다. _설교, "신생," II. 5.

신생은 성화의 시작이며 성화로 들어가는 문이다. 영적으로 새롭게 태어난 사람만이 그리스도를 닮아가는 내적이고 외적인 성결을 시작할 수 있다. 성화의 과정을 통해서 우리는 그리스도에게 이르기까지 성장하고 성숙된다. 어머니로부터 갓 태어난 아이가 성인이 되기까지는 성장의 과정이 필요하다. 그리스도인의 장성한 분량까지의 성숙과 성장 역시 마찬가지다. 따라서 새롭게 거듭난 사람이 그리스도를 닮는 데에는 점차적인 성장의 과정이 필요하다. 신생과 성화의 관계가 이와 같다.

신생은 성화의 일부분이지 그 전체는 아닙니다. 신생은 성화로 들어가는 문이고 통로입니다. 우리가 다시 태어날 때, 그때 우리의 성화, 즉 우리의 내적이고 외적인 성결이 시작됩니다. 그리하여 그 이후부터 우리는 점차적으로 '우리의 머리되신 그리스도에게 이르기까지 성장되는' 것입니다. 이와 같은 사도 바울의 표현은 신생과 성화의 분명한 차이점을 보여주며, 더구나 자연적인 것과 영적인 것 사이에 놓여 있는 정확한 유비를 지적해줍니다.

어린아이는 순간적으로 아주 짧은 시간에 여인으로부터 태어납니다. 그 후에 그는 한 인간으로 성장하기까지 점차적으로 그리고 서서히 자라나게 됩니다. 이와 마찬가지 방법으로 사람은 어린아이처럼 순간적으로 또는 짧은 시간 안에 하나님께로부터 태어나게 됩니다. 그 후에도 그가 '그리스도의 장성한 분량'에 이르기까지 자라게 되는 것은 점증적인 것입니다. 그러므로 우리의 자연적인 출생과 성장과의 동일한 관계가 우리의 신생과 성화 관계에도 일어납니다. _설교, "신생," IV.3.

웨슬리는 신생의 일반적 표징으로서 확신 또한 강조한다. 이 확신은 성령의 증거에서 온다. 웨슬리는 이 성령의 증거를 영혼에 주어지는 내적 인상(inward impression)이라고 부른다. 내적 인상이란 하나님의 영이 나의 영에게 내가 하나님의 자녀요, 예수 그리스도께서 나를 사랑하사 나를 위하여 자신을 주셨고, 나의 모든 죄는 용서받았으며, 하나님과 화

목하게 되었다는 즉각적이고 직접적인 증거이다.[1]

2) 칭의와 성화의 조건, 믿음

칭의는 하나님께서 우리를 위해 역사하시는 관계적 변화로서 신분의 즉각적 변화를 의미한다. 칭의에 의해 하나님의 자녀로서 그리스도인이 되기 때문에 칭의는 신분의 즉각적 변화와 연결된다. 성화는 그리스도를 온전히 닮아가도록 하나님께서 우리 안에서 역사하시는 과정이기에 점진적이며 실제적인 변화이다. 그리고 칭의와 신생 관계에서 설명했듯이, 웨슬리에 의하면 믿음이 칭의뿐만 아니라 성화의 조건이다. 다음의 웨슬리의 말은 전체를 읽어볼 가치가 있다.

당신은 우리가 믿음으로 말미암아 의롭다 함을 얻지만 행위로 말미암아 성화를 받는다고 가르친다고 믿지 않습니까? 과거 25년 동안 그렇게 잘못 알려져 왔습니다. 그러나 나는 늘 이에 반대하고 있습니다. 방법에 있어서 정반대입니다. 나는 공석에서나 사석에서나 우리들이 믿음으로 의롭다 함을 얻는 것과 같이 성화도 믿음으로 말미암아 받는다는 것을 계속하여 증거하고 있습니다. 이 위대한 진리 중 하나는, 곧 칭의의 진리가 성화의 도리를 잘 설명하여 준다는 것입니다. 우리가 믿음으로 의롭다 함을 받는 것과 마찬가지로 우리는 믿음으로 말미암아 성화되는 것입니다. 그러므로 이 믿음이 성화의 조건입니다. 칭의에서 그랬듯이 성화에

---

1. Sermon 11, "The Witness of the Spirit, Discourse II," §II. 2. (설교 11, "성령의 증거 II")

있어서도 이 믿음이 유일한 조건입니다. 그렇습니다. 믿는 사람 치고 성화되지 못한 사람은 없습니다. 믿음 없이는 아무도 성화되지 않습니다. 그러므로 이 믿음이 단 하나의 조건이며, 또 성화를 받기에는 믿음만으로 충분합니다. 믿는 자가 무엇을 가졌든 못 가졌든 그는 성화됩니다. 다른 말로 하면, 아무도 믿기 전에는 성화되지 못하나 믿을 때 누구든지 성화된다는 말씀입니다. _웨슬리 설교, "성경적 구원의 길," III.3

믿음은 칭의와 성화 모두의 조건이다. 다만 다음 사실에 주목할 필요가 있다. 웨슬리는 칭의와 신생의 조건으로서 믿음은 칭의의 믿음(justifying faith) 혹은 구원의 믿음(saving faith)이라고 불렀다. 성화의 과정 가운데 필요한 믿음은 '지속적인 믿음'이라고 하고, 이 지속적인 믿음을 다른 용어로 '사랑으로 역사하는 믿음'이라고 불렀다. 성화 과정 가운데 믿음은 사랑과 함께하는 믿음이다.

3) 남아있는 죄악성, 지속적 회개와 믿음, 사랑의 열매

한 가지 명심해야 할 것은 성화 과정 가운데 '지속적인 회개'와 '지속적인 믿음'이 필요하다. 그것은 '신자 안에 남아 있는 죄' 때문이다. 칭의 이후에 신자는 이전에 지은 죄의 죄책 문제에서 자유하게 되고, 죄의 지배로부터 벗어난다. 성화된 그리스도인은 내적 죄의 힘이 자신을 지배하지 않지만 여전히 죄악성이 남아 있음을 느낀다. 웨슬리는 이것을 신자 안에 있는 죄라고 표현한다. 그리고 내적 죄악성이라는 질병의 치유 과정이 필요하다고 강조한다. 다음은 웨슬리의 말이다:

여기서 말하는 회개는 죄책이라든가 정죄라든가 하나님의 진노에 대한 의식이라든가 하는 것들과 연관시켜 말하고 있는 것이 아닙니다. 하나님의 사랑을 의심하거나 형벌의 두려움(요일 4:18)을 생각하지 않습니다. 성령의 역사로 일어나는 깨달음이며 우리 마음속에 아직도 남아 있는 죄를 깨닫는 것입니다.

이 죄는 '프로네마 사르코스', 곧 육에 속한 마음입니다.(롬 8:7) 이는 우리 교회가 말하는 대로 중생한 사람들을 지배하지는 못하지만 그들 속에 아직도 남아 있는 육에 속한 마음입니다. 곧 악으로 기울어지는 성질, 타락하기 쉬운 마음, 아직 머물러 있어 성령에 거스르는 육의 경향성 등에 대한 깨달음을 말하는 것입니다.

우리가 계속하여 깨어서 기도하지 않으면 때때로 자만이나 고집, 분노로 발정하며, 때로는 하나님보다 더 사랑하는 것, 곧 세상을 더 사랑하고, 안락을 더 사랑하고, 명예나 향락을 더 사랑하는 것으로 나타나는 것입니다.

그러므로 여기서 말하는 회개란 우리 마음속의 고집, 무신사상, 우상숭배, 특히 불신앙으로 기울어지는 경향을 깨닫는 일입니다. 이런 죄들에 의해서 우리는 일천 가지 방법, 일천 가지 모양으로 살아계신 하나님으로부터 떠나고 있는 것입니다.(히 3:12) _성경적 구원의 길, III. 6

성화 과정에서 필요한 '지속적 회개'란 자신의 내적 죄악성을 깨닫고 치유가 필요하다는 것을 깨닫는 것, 그리고 자신의 능력으로는 자신의 내적 죄악성이라는 병의 치유가 불가능하다는 것을 깨닫는 것이다. 지속적인 믿음 역시 필요하다. 지속적인 믿음을 통해서 우리는 신자의 심령 가운데 남아있는 죄악성을 치유해 주시겠다는 하나님의 약속과 하나님의 뜻 그리고 하나님의 능력을 신뢰하게 된다. 이 믿음을 통해서 그리스도인은 그 병의 치료자가 예수 그리스도임을 신뢰한다.

지속적 회개와 더불어 영적 감각으로서 지속적 믿음이 그리스도인으로 하여금 위대한 치료자이시며 주님이신 그리스도에게 나아가게 한다. 이 믿음은 사랑으로 역사하는 믿음이다. 따라서 이 믿음은 사랑의 열매를 동반하는 믿음이다. 이것은 하나님께서 덧입혀주시고 우리 안에 심어주신 그리스도의 의 때문에 가능하다.

웨슬리는 신자의 타락 가능성을 인정한다. 이 타락의 가능성은 유혹에서 시작된다. 유혹에 저항하는 것에 실패했을 때 우리는 성령의 탄식에 민감하게 귀 기울여야 한다. 만일 우리가 성령의 탄식 소리에 귀 기울이는 것을 소홀히 한다면 악한 욕망에 아주 쉽게 굴복하게 된다. 이러한 굴복은 우리 믿음과 사랑을 상실하게 하는 결과를 만들어 낸다. 믿음과 사랑의 상실은 우리로 하여금 실제로 죄를 범하는 데까지 나아가게 한다.[2]

이러한 타락의 과정에 들어가지 않기 위해서 우리는 하나님 앞에서 자녀 됨을 끊임없이 점검받아야 한다. 또한 멈춤 없이 성숙 성장을 향해 나아가야 한다. 따라서 끊임없는 기도와 하나님의 전신갑주를 입어야 한다. 이것을 위해서 하나님께서 은총의 수단을 활용하신다.

---

2. Sermon 19, "The Great Privilege of those that are Born of God," §II. 9. (설교 19, "하나님께로부터 난 자의 특권")

은총의 수단을 통해 예수 그리스도께서 우리에게 주신 사랑의 이중 계명을 완수할 수 있다. 웨슬리에 의하면 은총의 수단은 크게 두 부류로 나뉜다.

첫 번째가 경건의 행위이다. 주의 만찬, 예배, 금식, 기도, 성경 연구, 성경 묵상, 경건의 글 읽기, 찬송, 설교, 그리고 말씀 묵상과 같은 일들이 경건의 행위에 속한다. 경건의 행위는 하나님을 향한 우리의 사랑과 관련이 있다.

두 번째는 자비의 행위이다. 배고픈 사람을 먹이는 일, 헐벗은 사람을 옷 입히는 일, 나그네를 환대하는 일, 감옥에 갇힌 사람들과 아픈 사람들을 방문하는 일, 심령이 상한 사람을 위로하는 일, 유혹에 빠진 사람을 건져 내는 일, 흔들리는 사람을 굳건하게 세우는 일, 영혼을 구원하는 일에 자신을 헌신하는 것 등이다. 이 '자비의 행위'는 이웃을 향한 우리 사랑과 연결된다.

은총의 수단을 통해서 삶과 마음의 성결이 현실화된다. 마음과 삶의 성결의 현실화가 가능한 근본적 이유는 예수 그리스도께서 신자의 마음속에 남아 있는 내적 죄악성을 치료하시고 하나님의 형상을 회복시키시기 때문이다. 위대한 치료자 예수 그리스도께서 은총을 통해서 우리를 치료하신다. 우리는 내적 죄악성이 완전히 치료될 것이라는 믿음을 가지고 은총의 수단에 참여해야 한다.

그리스도인의 완전, 혹은 온전 성화

1) 그리스도인의 완전이 아닌 것

웨슬리는 은총에 의해서 그리스도인이 이 땅에서 그리스도인의 완전(온전 성화)을 경험할 수 있다고 믿었다. '완전'이라는 언어의 뉘앙스로 인한 오해 때문에 웨슬리는 그리스도인의 완전(온전 성화)이 다음과 같은 의미는 아니라는 것을 기회가 있을 때마다 설명하고는 했다.

그에 따르면 그리스도인의 완전(온전 성화)은 무지로부터 자유하게 되는 지식의 완전이 아니다. 실수들로부터 자유가 아니다. 피조물의 유한성과 혈과 육의 불완전성에 기인한 연약성들로부터 자유가 아니다. 유혹들로부터 자유가 아니다. 방황하는 생각들로부터 자유가 아니다. 자연적 형상과 정치적 형상의 온전한 회복을 의미하는 것이 아니다. 알려진 혹은 알려지지 않은 하나님의 법을 무의지적으로 범하는 '죄라고 부르기 부적절한 죄(sin, improperly so called)'로부터 완전한 자유가 아니다.

이러한 이유로 그리스도인의 완전을 경험한 그리스도인도 늘 그리스도와 함께 걸어야 한다. 이 땅에서 인간은 무의식적 혹은 무의지적으로 하나님의 법을 어길 수 있기 때문에 모든 그리스도인에게 그리스도의 중보와 속죄가 항상 필요하다.

2) 의지적인 죄와 무의지적인 죄

웨슬리는 죄를 죄라고 부르기 적절한 죄(sin properly so called)와 죄라고 부르기 부적절한 죄(sin, improperly so called)로 구분한다. 그리고 이 구분의 척도는 의도성이 있는가 없는가이다. 또한 이 주제는 그리스도인의 성화된 삶과 그리스도인의 완전(온전 성화)의 교리를 이해하는 데 중요하다. 이 주제에 대한 웨슬리의 말을 들어보자.

이 주제에 대해서 내 나름대로 좀 더 설명하자면, (1) 죄라고 불러 마땅한 죄(즉 알려진 하나님의 법을 의지적으로 범하는 것)뿐만 아니라 죄라고 불리기 부적절한 죄 (즉 알려진 혹은 알려지지 않은 하나님의 법을 무의지적으로 범하는 것)도 그리스도 속죄의 피를 필요로 합니다. (2) 나는 이런 무의지적 죄들을 배제하는 완전은 이생에서는 없다고 믿습니다. 이런 무의지적 죄는 사람이 죽음을 면치 못하는 인간성을 가지고 있음으로 말미암아 불가피하게 생기는 무지나 실수들 때문에 자연히 범하게 되는 것인 줄로 알고 있습니다. (3) 그러한 까닭에 자기 모순적으로 보일까봐 "죄 없는 완전(sinless perfection)"은 내가 결코 사용하지 않는 어구입니다. (4) 나는 하나님에 대한 사랑이 충만한 사람이라도 여전히 의도성 없이 법을 위반할 수 있다고 생각합니다. (5) 법에 대한 이러한 위반을 죄라고 부르고 싶으면 부르십시오. 나는 이상의 이유로 이런 것을 구분하여 부릅니다. _웨슬리, 그리스도인의 완전에 관한 평이한 해설(Plain Account of Christian Perfection), Works (Jackson), 11:396.

3) 온전 성화의 의미

온전 성화의 교리에 대해 구체적으로 살펴보기 전에 염두에 두어야 할 것이 몇 가지 있다. 온전 성화(그리스도인의 완전)는 절대적 완전, 천사의 완전, 타락 전 아담의 완전이 아니다.[3] 웨슬리는 성령의 은총에 의해 이 땅에서 순간적으로 온전 성화의 경험을 할 수 있다고 보았다. 하나님의 형상과 관련해서 온전 성화는 도덕적 형상의 온전한 회복과 연결된다. 온전 성화된 그리스도인의 특징은 의도의 순수성과 하나님에 대한 신실함(single eye)이다. 온전 성화 경험 후에도 지속적인 성숙과 성장이 있다. 매튜 슐림(Matthew R. Schlimm)은 온전 성화를 체험한 후에도 은총의 충만함, 삼위 하나님에 대한 지식, 하나님의 법에 대한 앎과 그 법을 순종함, 실수를 적게 함, 그리고 하나님을 닮음에 있어서 성숙과 성장이 있음을 말하고 있다.[4]

이러한 전제 조건에서 온전 성화의 교리는 소극적 의미와 적극적 의미를 가지고 있다.

(1) 소극적 의미

소극적 의미는 죄의 문제와 연관된다. 칭의와 거듭남을 통해서 그리스도인은 죄책의 문제와 죄의 지배의 문제로부터 벗어난다. 그러나 성화의 삶을 살고 있는 그리스도인에게 여전히 남아 있는 문제가 있다.[5] 그것은 바로 타락한 본성이 아직 온전히 치유되지 않았다는 것이다.

루터는 인간이 현실에서 삶을 살아가는 동안 정욕으로부터 자유할 수 없다고 주장한다. 루터에 의하면, 이기적인 추구로서 정욕이 선을 행하려는 가장 고귀한 인간의 의지 속에까지 파고들어가 있다. 그렇기 때

---

3. Sermon 40, "Christian Perfection," Works 2: 72-3, 100-04. (설교 40, "그리스도인의 완전")
4. Matthew R. Schlimm, "The Puzzle of Perfection: Growth in John Wesley's Doctrine of Perfection," Wesleyan Theological Journal, 38 no 2 (Fall 2003): 124-42.
5. Sermon 13, "On Sin in Believers," Works 1:331. (설교 13, "신자 안에 있는 죄")

웨슬리안 실천교리   무엇을 알아야 하는가, 무엇을 가르칠 것인가?

문에 인간에게는(그가 심지어 그리스도인이라고 하더라도) 자기 목적을 달성하기 위해서 하나님까지 수단으로 삼으려는 이기주의가 뿌리 깊게 박혀 있다. 그리고 인간은 이 세상에서 삶을 살아가는 한 이 정욕에서 벗어날 수 없다.[6] 따라서 이 땅에서 삶을 살아가는 한 모든 하나님의 자녀들은 의인인 동시에 죄인일 수밖에 없다.

반면에 웨슬리는 온전 성화의 순간에 하나님이 우리의 내적 죄악성을 온전히 치유하신다고 믿었다. 우리의 자만, 자기 고집, 세상에 대한 사랑과 같은 것들이 내적 죄악성에서 나온다. 하나님의 은총에 의해 내적 죄악성이 온전히 치유되면, 우리는 자만, 자기 고집, 세상에 대한 사랑 등과 같은 악한 기질들로부터 해방된다.

(2) 적극적 의미

온전한 성화의 적극적 의미는 사랑이다. 웨슬리는 온전 성화를 참된 종교, 성결, 그리고 행복의 개념을 통해 설명한다. 하나님에 의해 도덕적 형상이 온전히 회복된 그리스도인은 그리스도의 마음을 온전히 품게 된다. 또한 온전 성화를 체험한 그리스도인은 참된 종교 안에 거하게 된다. 웨슬리안 관점에서 참된 종교의 본질은 기본적으로 하나님과 사람을 향한 올바른 마음이다. 그리고 이 올바른 마음은 하나님의 '거룩한 사랑'으로 가득한 마음이다. 또한 참된 종교를 지탱하는 두 축이 성서적 성결과 진정한 행복이다.

성결은 하나님 사랑과 하나님이 사랑하는 온 인류를 향한 사랑을 의

---

6. 루터, 루터 전집 vol. 14, 시편 강해 참조

미한다. 이 사랑은 우리를 향한 하나님의 거룩한 사랑에서 시작된다. 마음과 삶의 성결 가운데 거하는 그리스도인은 하나님의 사랑의 법을 의지적/의도적으로 어기지 않게 된다. 더 나아가서 하나님의 은총에 의해 그는 하나님의 거룩한 사랑의 사역에 동참할 수 있다. 은혜에 의해 회복된 하나님 형상이 우리로 하여금 그리스도 닮음의 가능성을 열어준다. 그리스도 닮음, 즉 그리스도를 통해 하나님 닮음의 표징이 은혜 가운데서 하나님을 사랑하고 하나님을 위해서 온 인류를 사랑하는 것이다.

성결이 우리를 행복으로 인도한다. 웨슬리안 관점에서 행복이란 순간에 끝나는 감각적 쾌락이나 돈, 명예, 혹은 세상의 소망을 성취함으로 느끼는 만족감을 말하지 않는다. 행복이란 순간적으로 끝나는 것이 아니라 영원히 지속되는 영혼을 만족시키는 웰빙(well-being)의 상태이다. 이것은 오로지 하나님 안에 있다. 따라서 진정한 행복이란 하나님과의 연합과 하나님을 향유하는 데 있으며, 행복의 열매는 의, 평화, 그리고 기쁨이다.

이 땅에서 실현되는 하나님 나라(참된 종교) 안에서 거룩한 사랑으로서 성결과 그 거룩한 사랑의 관계를 향유하는 행복은 하나가 된다. 이 땅의 하나님 나라의 특징은 넘치는 의, 평화, 그리고 기쁨의 현실화이다. 하나님께서는 방만한 사랑이 아니시다. 또한 하나님께서는 추상적인 의가 아니시다.[7] 공의와 사랑이 하나님 안에서 서로 배척하지 않는다. 그러하기에 웨슬리에게 하나님의 사랑은 거룩한 사랑이다. 하나님 나라는 방만한

---

7. Collins, The Theology of John Wesley, 21.

사랑을 위해서 하나님의 의를 희생하지도, 무자비한 의를 실현하기 위해서 사랑을 희생하지도 않는다.

성령의 은총에 의한 그리스도인의 완전 혹은 온전 성화 체험은 순간적이다. 그리고 온전 성화의 체험 후에도 성숙과 성장이 있다. 또한 그리스도의 속죄의 보혈이 지속적으로 필요하다. 의도적이지 않지만, 의도와는 상관없이 하나님의 법을 어길 수 있기 때문이다. 예를 들면 하나님의 법에 대한 지식의 한계 때문에 의도와는 상관없이 하나님의 법에서 벗어난 순간이 있을 수 있다. 또한 유혹에 넘어질 수 있기 때문에 온전 성화를 체험한 후에도 타락의 가능성이 있다.

12

교회와 사회

사회 변혁을 위한 그리스도의 제자 양성

교회와 사회 관련 웨슬리 설교들은 설교 110 "교회에 대하여"(엡 4:1-6), 설교 128 "교회의 예배 참여에 대하여"(삼상 2:17), 설교 139 "목회적인 직분"(히 5:4), 그리고 13편의 산상 수훈 설교들이 있다. 개인의 성숙과 성결은 신앙 공동체를 떠나서는 불가능하다. 그리고 더 나아가서 성령의 은혜로 우리에게 주어진 그리스도의 덕의 성숙은 세상과의 분리가 아닌 세상에서 그리스도인의 역할을 감당할 때 가능하다.

신앙 공동체로서 교회

신앙 공동체로서 교회는 삼위일체 하나님, 이웃들, 그리고 우리 자신과의 교제를 실천할 장을 제공한다. 이 교제는 하나님의 거룩한 사랑의 원칙에 뿌리 내린 상호 나눔과 돌봄의 교제이다. 그러하기에 신앙 공동체는 그리스도인의 신앙적 성숙에 핵심적 역할과 더불어 삶의 목적으로서 행복과 성결 추구에 중요한 역할을 한다.

존 웨슬리 교회론에 대하여

1) 웨슬리안 교회론의 유연성

웨슬리 교회론이 어떠한 전통 가운데 있는지를 엄격하게 규정하기 어렵다. 주의 만찬과 세례 등 기독교 예식에 관해서는 영국 국교회의 관점과 크게 다르지 않았다. 웨슬리는 예식서(국교회 기도서, 기도문 기도서 등)를 엄격하게 활용하고 성찬 참여를 위해 엄격한 규율을 적용했다. 그러나 하나님께서 웨슬리안에게 주신 소명(개인의 변화 그리고 국가와 교회 개혁)을 위해서라면 영국 국교회의 전통과는 거리가 있는 밴드(band)와 속회(class meeting) 같은 소그룹, 야외설교(field preaching), 즉흥기도(extemporaneous prayers), 평신도 설교(lay preaching)를 적극 활용했다. 이러한 이유로 웨슬리를 연구하는 많은 학자들은 웨슬리의 교회론이 다양한 교회론의 혼합이라는 데 동의하고 있다.[1]

신학자 스텐리 하우어워스는 웨슬리안 교회론을 높이 평가한다. 웨슬리안 교회론 속에 녹아 있는 유연성 때문이다. 웨슬리안 교회론은 공교회 정신에 있는 주류 기독교의 연속성과 통일성뿐만 아니라 비국교회 전통의 저항과 자유의 정신을 동시에 가지고 있다. 근대 이후에 기독교가 존재감을 상실해 가는 와중에도 웨슬리안 교회론 속에 있는 유연성이 웨슬리안이 교회의 사회적 사명을 감당하는 것을 가능하게 하는 몇몇 실천들을 유지할 수 있게 했다.[2]

---

1. 프랭크 베이커(Frank Baker)는 웨슬리의 교회론은 공교회적 특징과 비국교도 교회의 특징을 가지고 있다고 주장한다. Frank Baker, John Wesley and the Church of England (Nashville, TN: Abingdon Press, 1970); 콜린 윌리암슨과 오광석은 웨슬리의 교회론은 공교회, 고전 개신교, 그리고 비국교도 교회론의 혼합으로 본다. Williams, John Wesley's Theology Today, 141 ff. and Gwang Seok Oh, "John Wesley's Ecclesiology: A Study in its Sources and Development" (Ph. D. diss., Southern Methodist University, 2005), 305-37.; 아우틀러는 웨슬리의 교회론은 영국 국교회 교회론과 재세례파 교회론의 혼합이라고 본다. 다만 이 혼합은 고착화된 것이 아니며 단순한 혼합이라기보다는 보다 대담하며 창조적인 혼합이다. Sermon 74, "Of the Church," An Introductory Comment, in Works, 3:46.

상이해 보이는 전통들을 역설적으로 결합시키는 유연성이 웨슬리안 교회론의 생명력을 강화시킨 것은 분명하다. 이 유연성은 하나님께서 우리에게 주신 소명을 어떻게 감당할 것인가라는 소명 중심 혹은 목적 중심적인 사고방식의 영향에서 나온 것이다.

2) 교회의 주요 기능, 선포와 집례

"교회에 대하여(엡 4:1-6)"라는 설교에서 우리는 교회에 대한 웨슬리의 가장 기본적인 관점들을 살펴볼 수 있다. 교회란 하나님을 섬기기 위해 함께 모인 사람들의 공동체를 의미한다. 이 모임의 범위는 소그룹, 가정교회, 지역교회, 국가교회, 그리고 보편 교회 모두를 포함한다. 교회는 구원을 추구하고 구원에 감사하며 하나님께 영광을 돌리는 공동체이다.[3] 따라서 하나님 말씀의 선포 그리고 성례전의 정당한 집례가 교회의 주요한 두 가지 기능이다.[4]

한마디로 교회 공동체의 핵심은 예배에 있다. 교회에 대한 이러한 웨슬리의 견해는 그리스도인의 성결과 행복은 개인적인 성취라기보다 그리스도의 몸된 신앙 공동체를 통해서 가능하다는 주장으로 이어진다. 예배는 중요한 은총의 수단이다. 예배를 통해서 우리는 하나님을 가장 확실하게 만나게 된다. 예배 가운데 임하시는 성령의 역사에 의해 우리는 삼위 하나님께서 우리와 함께하심을 경험한다. 능력을 부어주심을 경험

---

2. Stanley Hauerwas, In Good Company: The Church as Polis (Notre Dame, IN: University of Notre Dame Press, 1995), 67.
3. Sermon 74, "Of the Church," §I. 14. (설교 110, "교회에 대하여").
4. Ibid., §I. 18.

하게 된다. 이 경험을 통해 우리는 하나님에 대해 보다 깊게 알게 된다. 또한 생각, 말, 행동에 있어서 우리는 그리스도를 닮아가게 된다.

성찬에도 먼저 행하시는 하나님과 인간의 응답과 참여라는 두 측면이 있다. 성찬은 죄의 용서와 우리의 품성을 변화시키는 능력으로서 은총을 우리에게 전달하는 수단이다. 동시에 성찬에는 그리스도 닮음으로 점진적으로 나아가게 하는 훈련이라는 기능이 있다.[5] 따라서 성찬에 대해 없지 않아 소홀한 감이 있는 한국 개신교회는 성찬을 할 수 있는 한 자주 받으라고 한 웨슬리의 권면을 기억할 필요가 있다.

3) 일반 규칙과 은총의 수단

신앙 공동체로서 교회는 구원의 통로, 거룩의 통로, 행복의 통로이다. 이 땅에서 하나님의 영광을 가장 분명하게 맛볼 수 있는 하나님 나라의 현존이다. 교회의 근본 원칙과 원리는 하나님의 거룩한 사랑(holy love)이다. 하나님의 거룩한 사랑의 토대 위에 우리는 하나님, 나 자신, 그리고 하나님의 모든 피조물들과 바른 관계를 맺을 수 있다. 이러한 목적을 위해서 웨슬리는 다양한 은총의 수단을 활용하고 몇 가지 세심한 규율에 의해 이끌림 받을 것을 권면한다. 이것이 우리로 하여금 마음과 삶의 성결로 나아가게 하는 데 도움을 주기 때문이다.

웨슬리는 메소디스트 운동 구성원에게 '선을 행하라, 악을 피하라, 하나님이 제정하신 모든 의례에 참여하라(Do good, Do no harm, Attend upon

---

5. Maddox, Responsible Grace, 200-201.

all the ordinances of God)'라는 일반 규칙을 소중히 여기고, 지킬 것을 강조
했다.[6] 당시 메소디스트 운동의 모든 구성원들에게 하나님 사랑과 이웃
사랑을 실천하는 삶을 살아가는 가이드라인으로 이 일반 규칙이 제공되
었다.

"은총의 수단"이라는 개념은 사실 웨슬리 이전부터 전해 내려온 기독
교인의 신앙적 삶과 함께한 개념이며 실천이다.[7] 동방 정교회는 성경과
함께 이콘(icon)을 신앙생활에 있어서 가장 중요한 은총의 수단으로 삼고
있다. 서방 교회 중 로마 가톨릭은 은총의 수단이라는 개념보다는 "성사
(성례, 성례전/ sacrament)"라는 개념을 신학적으로 더 정교하게 발전시켰다.
성사의 신학적 발전은 아우구스티누스로부터 시작해서, 토마스 아퀴나
스에 의해 정착 발전되었으며, 일련의 트렌트 공의회들에서 교리적 정점
을 이루게 되었다. 서방 교회에서 은총의 수단이라는 개념에 대한 진지
한 접근의 회복은 종교개혁, 특히 영국의 종교개혁을 통해서 본격적으로
시작되었다.

영국 국교회 전통에 속해 있었던 웨슬리는 다양한 은총의 수단들을
자신뿐만 아니라 자신을 따르는 메소디스트 운동의 구성원들의 영적 성
숙과 성장을 위해서 적극적으로 활용했다. 웨슬리가 은총의 수단을 적
극적으로 활용한 이유는 그것이 그리스도인으로 하여금 하나님께 더 가
까이 나아가게 하기 때문에 하나님께서 이 수단들을 주셨다는 그의 믿음

---

6. 일반 규칙에 관해서는 웨슬리의 "The Nature, Design, and General Rules of the United Societies"(1743)을 참
   고하라.
7. '은총의 수단'에 관해서는 Andrew C. Thompson의 "John Wesley and the Means of Grace: Historical and
   Theological Context," (Th.D. diss., Duke University, 2012)를 참고하라.

때문이었다. 웨슬리는 구원, 거룩, 행복의 추구를 위해서 하나님께서 활용하시는 다양한 은총의 수단에 적극적으로 참여하라고 충고한다.

은총의 수단들의 적극적 활용은 하나님과의 만남과 동행이 일상의 삶이 되게 하는 것을 가능하게 한다. 웨슬리는 하나님께서 은총의 수단을 매개로 우리를 "마음과 삶의 성결"로 이끄신다고 강조한다. 이 땅에서의 모든 구원의 여정(선행은총, 회개, 칭의, 거듭남, 성화, 그리스도인의 완전) 가운데서 하나님께서는 은총의 수단을 통해서 그리스도인으로 하여금 하나님의 사랑을 체험하고 깨닫게 하시며, 더 깊은 하나님에 대한 지식을 소유하게 하신다. 우리가 할 일은 무엇인가? 바로 하나님께서 사용하시는 은총의 수단에 우리도 적극 참여해야 한다. 이렇게 함으로 하나님께서 우리를 끌어당기시는 것에 순응하는 것을 넘어 하나님께 더 가까이 다가가게 된다.

웨슬리는 다양한 은총의 수단들을 구분할 때 세 가지 유형을 사용했다. 첫 번째는 일반적 은총의 수단과 특수한 은총의 수단이다. 두 번째는 제도적 은총의 수단과 상황적 은총의 수단이다. 마지막으로 경건의 행위와 자비의 행위이다. 여기에서는 세 번째 유형을 중점적으로 다룬다.

경건의 행위와 자비의 행위는 예수 그리스도께서 우리에게 주신 사랑의 이중 계명과 연결된다. 경건의 행위는 하나님을 향한 우리의 사랑과 관련이 있다. 경건의 행위에는 성찬 참여, 공적 예배 참석, 금식, 기도, 성경 찾기(성경 읽기, 설교 듣기, 말씀 묵상 등) 등이 있다.[8] 자비의 행위는 이웃을 향한 우리의 사랑과 연관이 있다. 자비의 행위에는 배가 고픈 사람을 먹이기, 헐벗은 사람에게 옷 입히기, 낯선 사람 환대하기, 죄수, 환자, 고통받는 사람을 찾아가기, 마음이 억눌린 사람을 위로하기, 유혹에 빠진 사람을 구하기, 영혼 구원의 사역에 공헌하기 등이 있다.[9] 데이빗 왓슨은 경건의 행위를 예배와 헌신의 사역으로 자비의 행위를 긍휼과 정의의 사역으로 표현한다.[10]

일반 규칙과 은총의 수단 활용의 목적은 모두 마음과 삶의 성결 추구에 있었다. 성결 추구는 소수 엘리트에게 주어진 것이 아니다. 메소디스트 운동 구성원 모두 추구해야 할 삶의 지향점이었다. 따라서 구성원 모두 마음과 삶의 성결 추구를 도와주는 규율과 시스템/구조가 필요했다. 웨슬리는 신도회(지금의 지역 교회), 속회, 그리고 밴드라는 서로 밀접하게 연결된 구조를 통해서 메소디스트 운동의 모든 구성원이 마음과 삶의 성결을 향해 나아가도록 했다.

4) 메소디스트 운동의 조직

18세기 영국의 복음주의 운동과 미국의 1차 영적 대각성 운동의 대표자 조지 휫필드(George Whitefield)는 조직화에 실패했고, 존 웨슬리(John Wesley)는 아메리카 대륙의 복음화에 실패했다는 말이 있다. 조지 휫필드는 18세기 영국의 복음주의 운동과 신대륙에서 1차 영적 대각성 운동에 큰 역할을 감당한 복음 전도자였다. 그의 열정이 넘치는 설교를 듣고 수많은 사람들이 회심했다. 그가 한 번 설교한다고 소문이 나면 수만 명이

---

8. Sermon 43, "The Scripture Way of Salvation," §III.9. (설교 43, "성경적 구원의 길").
9. Ibid., §III.10.
10. David Lowes Watson, Covenant Discipleship: Christian Formation through Mutual Accountability (Nashville, TN: Discipleship Resources, 1991), 77-79.

와서 설교를 들었다. 그러나 말년에 휫필드는 자신의 사역을 "모래의 밧줄(rope of sand)"이라고 불렀다. 그 이유는 복음을 듣고 회심한 사람들에게 그 이후에 그리스도인의 삶과 사명을 위해 살아가도록 도와줄 조직화에 실패했기 때문이다.

반면 웨슬리는 신대륙의 조지아 선교를 실패했으며, 신대륙의 1차 영적 대각성 운동에 기여하지 못했다. 그러나 하나님께서는 웨슬리를 통해 18세기 영국에 부흥의 불길을 일으키셨을 뿐만 아니라 소멸하지 않고 지금까지 그 후예들이 웨슬리안 교단 안에서 신앙생활을 하고 있다. 웨슬리를 통한 부흥 운동이 모래처럼 흩어지지 않고, 그 생명력이 현대를 살아가는 우리에게까지 이어질 수 있었던 요인 중에 하나는 웨슬리의 조직화 능력 때문이다.

메소디스트 운동이 생명력을 잃지 않고 지속적으로 사명을 감당하게 하기 위해서 존 웨슬리는 총회, 연회, 연합신도회, 신도회, 속회, 밴드, 참회자반 등 다양한 구조들을 활용했다. 총회와 연회는 1장에서 언급했기 때문에 여기에서는 신도회, 속회, 그리고 밴드를 다룰 것이다.

신도회가 움직이고 활동할 수 있도록 하는데 중요한 역할을 하는 것이 바로 설교와 소그룹(속회, 밴드)이다. 특히 웨슬리는 속회와 밴드(소그룹)가 신도회(교회)의 힘줄 역할을 한다고 이야기한다. 더 나아가 소그룹의 소멸은 신도회(교회)의 해체라는 결과를 만들어 낸다고 강조한다.[11] 따라서 웨슬리는 초기 감리회 운동의 구성원에게 신도회의 공적 모임(예배)

---

11. Wesley, Letter to Thomas Maxfield, November 2, 1762, Letters (Telford) 4:193.

에 절대 빠지지 말 것을 강조했을 뿐만 아니라 절대로 소그룹(속회와 밴드) 모임에 빠지지 말라고 권고했다.[12]

(1) 신도회

웨슬리가 영국 전역을 다니며 야외 설교를 하고 나면 그 설교를 들었던 수많은 대중 중에서 자신의 죄를 깨닫고 그리스도 앞에서 진솔한 신앙생활을 하겠다고 작정한 사람들이 지역 단위로 모였다. 웨슬리는 지역 단위로 모인 이들을 신도회(지금 개체 교회 역할)라는 이름으로 묶어서 신앙생활을 함께하도록 만들었다. 웨슬리에 의하면, 신도회의 역할은 그 구성원이 참된 종교의 본질이 무엇인지를 깨닫게 하고, 그것을 포용하도록 하는 데 있다. 신도회의 핵심 활동들은 예배, 철야, 애찬식, 금식, 계약 갱신 예배 등이 있었다.

① 예배가 있다. 신도회 회원들은 신도회 단위로 정기적으로 모여 예배(설교, 기도, 성경 읽기, 찬송)를 드렸다.

② 철야가 있다. 첫 철야는 1742년 4월 9일에 드렸다. 보름달이 뜨는 날과 가장 가까운 금요일 8시 30분부터 자정을 조금 넘긴 시간까지 철야를 했다. 이 철야 모임은 한 달에 한 번 있었다.

③ 애찬식(Love-feast)이 있다. 애찬식은 모라비안의 영향을 받은 것이다. 웨슬리 형제는 페더레인 신도회에서 애찬식을 경험했다. 애찬식은 자유롭고 친밀한 분위기 속에서 진행되었다. 애찬식에서는 하나님 영광을 위한 것이라면 어떠한 것이든 말할 자유가 있었다. 애찬식

---

12. Wesley, A Plain Account of Christian Perfection, Works (Jackson), 11:433.

에서 여성들이 말하고 간증할 기회를 가졌다.

④ 신도회 구성원들에게 정기적 금식을 독려했다.

⑤ 매해 계약 갱신 예배를 통해서 하나님과 우리의 관계를 확인하고 하나님께서 주신 사명을 재확증하는 시간이었다.

신도회의 정기적 모임들의 공통적인 목적은 구성원이 성결의 삶을 추구하는 것을 돕는 데 있었다. 현대 교회의 공동체 활동의 목적은 어디에 있는가? 모든 활동이 궁극적으로 추구하는 목적이 어디에 있는가?

(2) 속회

원래 속회(class meeting)는 브리스톨 시에 건축한 뉴룸(New Room) 예배당(preaching house)의 건축 빚을 갚고자 포이 선장(Captain Foy)의 제안에서 시작된 조직이었다. 포이 선장은 신도회 내 모든 구성원을 12명으로 나누어 그 그룹에 한 명을 속장으로 선출한 후 모든 속도원에게 일주일에 1페니씩 모아 스튜어드(Steward)에게 전달하자고 제안했다. 포이 선장은 속도원이 내지 못하는 만큼 자신이 채워서 내겠으니 자신에게 가장 가난한 사람들 12명을 맡겨 달라고 했다. 속회의 원래 의도는 건축 빚을 갚기 위해 만들었지만, 구성원의 영혼을 돌보는 데 탁월한 효과가 있음이 증명되어 지금까지 속회 전통으로 이어지고 있다.

웨슬리에 따르면, 속회의 가장 중요한 기능은 규율의 기본적 기준을 유지시키는 것과 공동체를 통한 영적 성숙과 성장(성결의 성숙과 성장)에 있다. 또한 속회의 기본 정서는 사랑으로 서로 돌보고 그리스도와의 연합을 추구하는 데 있었다. 또한 속장은 속도원들이 일반 규범(General Rule: 악을 피하라, 선을 행하라, 하나님의 규례에 힘써 참여하라)을 얼마나 잘 지키고 있는가를 점검했다.

(3) 밴드

속회는 신앙 공동체에 속한 성도들이 속회에 참여한 반면에 밴드 (band)는 더 엄격하게 신앙 성숙을 추구하고자 작정한 성도만으로 구성 되었다. 따라서 밴드(band)의 주요 활동은 죄의 고백, 참회, 그리고 서로 에 대한 영적 중보에 있었다. 밴드 모임(band meeting)에서 성도들은 기도 혹은 찬송으로 모임을 시작해서 순서대로 밴드 구성원들이 자신의 영혼 의 참된 상태를 자유롭고 솔직하게 고백했다. 그들은 주로 생각, 말, 행 동으로 범한 잘못들 혹은 한 주간 동안 받은 유혹에 대해 이야기했다. 이 이야기 후에 그들은 서로를 위한 기도로 밴드 모임을 마무리했다.

이 밴드 모임을 참석하기 위한 전제 조건이 있었다. 첫 번째로 죄의 용서, 하나님과의 평화, 하나님의 자녀인지에 대한 성령의 증언/증거에 대한 확신이 있어야 했다. 두 번째로 자신의 현재 영적 상태를 솔직하게 고백할 수 있어야 했다. 마지막으로 밴드 모임에서 이루어지는 솔직하고 직설적이며 날카로운 대화에 기꺼이 참여할 의지가 있어야 했다.

이러한 전제 조건이 필요한 이유는 매주 밴드 모임에서 밴드 구성원 들이 솔직하게 대답해야 했던 네 가지 질문에서 분명하게 드러난다. 그 질문은 다음과 같다.[13]

"지난 모임 이후 어떠한 죄를 지었습니까?"

"어떤 유혹을 받았습니까?"

---

13. Wesley, "Rules of the Band-Societies," sec. 3. 1-4.

"어떻게 그 유혹에서 벗어났습니까?"

"죄인지 아닌지 분명하지 않은 것을 생각하거나, 말하거나, 혹은 행한 것이 있습니까?"

자신의 삶을 솔직하게 밴드 구성원에게 공개하는데 조금이라도 도움이 되도록 밴드는 남성, 여성, 미혼, 기혼 별로 구성했다.

이 시점에 우리가 상기해야 할 것이 있다. 메소디스트 운동에서 행해지는 설교, 신도회 모임, 소그룹 모임의 궁극적 목적은 메소디스트 운동 사명과 직접적으로 연결되었다. 즉 설교, 예배, 소그룹 모임의 목적이 "국가를, 특별히 교회를 개혁하고 이 땅에 성서적 성결을 전파"하는 데 있었던 것이다. 현대적 의미로는 세상의 변혁을 위해 그리스도의 제자를 만드는 사역에 온 힘을 기울였다. 결론적으로 웨슬리의 상호 연결된 조직의 중요한 목적은 세상을 변화시키는 성숙한 그리스도인을 만드는 데 있었다.

5) 성령의 사역과 신앙 공동체

성령께서는 신앙 공동체로서 교회를 통해 우리가 하나님과의 깊은 교제를 맺는 것을 가능하게 하신다. 하나님에 대한 적절한 지식을 주신다. 죄인으로서 나 자신을 분명하게 인식하게 한다. 우리 정서를 정화시킨다. 하나님과 자기 자신에 대한 앎 가운데 정서적 변화를 경험한 그리스도인이 겸손과 온유함으로 하나님의 뜻을 순종하는 것을 돕는다. 하나님 사랑과 이웃 사랑의 실천을 가능하게 하며, 이러한 실천들 가운데 발생하는 고난을 인내하는 것을 돕는다.

교회와 사회

웨슬리안 전통에서 교회와 사회의 관계를 어떻게 바라볼 것인가는 웨슬리안 사명과 직접적으로 연결된다. 세상의 변혁을 위해 예수 그리스도의 제자됨과 제자 양성이 웨슬리안의 자의식과 소명이 되어야 할 것이다. 우리는 예수 그리스도를 따르는 자로 부르심을 받았다. 그리고 이 부르심은 단순히 개인 구원에 머무는 것이 아니라 사회 개혁까지 나아가야 한다. 물론 사회 개혁에 어떻게 참여할 것인가는 다양한 의견이 있을 수 있다.

웨슬리와 19세기 중·후반까지 웨슬리의 후예들은 먼저 개인의 변화를 추구했다. 이 변화된 개인이 사회를 개혁할 것이라고 믿었다. 물론 그들이 사회 구조적 악의 거대함과 사회적 죄(social sin)의 개념을 분명하게 인식했는가에 대해서는 의문이 있다.

변화된 개인이 개인의 힘만으로 사회를 개혁하기에는 엄청난 어려움이 있다는 것을 분명하게 인식한 19세기 말부터 개인의 변화와 사회 개혁을 이분법적으로 분리하는 경향이 생겼다. 소위 현대 복음주의는 사회 개혁에 의식적으로 눈을 돌리저 않고 개인 구원에 집중하고 있다. 반면에 사회 정의 운동과 사회 복음 운동은 사회 구조 개혁에만 관심을 가지는 경향이 있다. 이러한 상황에서 하우어워스(Stanley Hawerwas)는 사회에 대한 대안 공동체로서 신앙 공동체를 주장하였다.

이러한 상황에서 웨슬리의 설교 "산상수훈 IV"에 있는 사회적 종교 개념을 소개하고자 한다. 웨슬리는 기독교가 사회적 종교가 되지 못하면 이미 기독교 기능을 상당 부분 상실한 것이라고 지적한다. 기독교는 기본적으로 공동체이다. 그리스도의 덕의 공동체이다. 그리스도의 덕은 하나님과 이웃을 향한 사랑을 실천하는 것을 돕는다.

우리의 이웃은 누구인가? 바로 하나님께서 사랑하시는 온 인류이다. 이웃 사랑을 위해 자비의 행위(works of mercy)에 힘써야 한다. 이웃과 온 인류에게 따뜻한 자비와 사랑을 베풀어야 한다. 또한 억압받는 사람과 고통 가운데 있는 사람들을 위해 정의의 사역에 힘써야 한다. 이러한 사명 감당을 위해서 그리스도의 덕의 공동체는 세상을 떠난 공동체가 아닌 세상에 있는 공동체여야 한다.

21세기 사회와 웨슬리안

우리가 살고 있는 시대는 웨슬리 시대(산업 혁명/ 근대화의 시기)와는 다르다. 우리는 보다 복잡한 사회 구조에서 살고 있다. 모든 가치가 자본으로 치환되는 후기 자본주의 시대, 기술 문명을 통해 인간의 유한성을 극복하고자 하는 시대, 지역 중심 사회를 벗어난 세계화 시대, 근대 후기와 포스트모던이 혼재되어 있는 시대이다. 우리는 웨슬리 당시에 경험하지 못했던 문제들 가운데 살아가고 있다. 핵무기, 생명 복제, 환경오염, 비인간화, 젠더(gender), 다양한 이데올로기(ideology) 속에 구조적 악의 문제 등을 경험하고 있다.

구체적으로 예를 들자면, 웨슬리 시대는 아담 스미스(Adam Smith)의

국부론으로 대표되는 초기 자본주의 시대였다. 당시 사람들은 자본주의 체계에서도 하나님께서 인류에게 선물하신 도덕성이 작동하는 방법을 찾으려고 했다. 그러나 현대 후기 자본주의(Advanced Capitalism/ Late Capitalism)는 도덕성과 양심이라는 부분을 그다지 고려하지 않는다. 어떻게 하면 최대한 자본을 축적할 수 있을 것인가가 목적이 되었다. 그 목적을 위해서라면 그 어떤 것이라도 희생해야 한다는 시대가 되었다.

이러한 상황에서 당면한 문제들에 적절하게 대응하기 위한 어떤 원리와 원칙을 웨슬리 사상 가운데서 발견할 수 있는가? 많은 지혜들을 웨슬리 신학과 사상에서 발견할 수 있을 것이다. 그 중에 다음 세 가지 지혜를 예로 제시해 보겠다.

1) 현재 신자유주의적 자본사회에서 웨슬리의 경제 윤리 3원칙은 대안적 경제 윤리가 될 수 있을 것이다. 웨슬리의 경제 윤리 3원칙은 '할 수 있는 한 최대한 벌어라, 최대한 많이 저축하라, 최대한 많이 주어라'이다. 그리고 자본을 축적하는 데 있어서 적절한 과정과 방법도 중요함을 강조한다. 웨슬리 경제 윤리는 목적을 위해서 수단과 방법을 가리지 않는 현실을 살아가는 우리가 회복해야 할 것이다.

2) 모든 인간에게 하나님의 형상을 부여하셨다는 믿음은 하나님 앞에서 모든 인간의 평등권을 보장하는 데 유익하다. 인간은 소유와 능력 때문에 하나님에게 가치 있는 것이 아니다. 하나님께서는 인간에게 하나님의 형상을 주셨다. 이러한 이유로 하나님께서 가장 사랑하시는 피조물로서 인간은 하나님 앞에서 모두 평등하다.

3) 동물의 권리와 환경 문제(생태신학)에 접근할 때 유용한 웨슬리안

사상이 있다. 웨슬리에 따르면, 하나님께서는 모든 피조물을 사랑하신
다. 그리고 청지기로서 의무를 감당하도록 하나님께서 인간에게 정치적
형상을 주셨다. 또한 하나님께서 동물에게도 제한적이기는 하지만 자연
적 하나님의 형상을 부여하셨다. 제한적이지만 동물에게 주어진 자연적
형상은 동물에 대해 많은 것을 생각하게 한다. 더불어 동물은 고통을 표
현할 수 있다. 따라서 인간은 동물의 고통 감수성을 예민하게 살펴보아
야 한다.

13
종말 그리고
새 하늘과 새 땅

의의 최후 승리를
위하여

종말과 새창조를 이해하기 위해서 읽어야 하는 웨슬리의 설교는 설교 15 "대심판"(롬 14:10), 설교 51 "선한 청지기"(눅 16:2), 설교 84 "그리스도의 오신 목적"(요일 3:8), 설교 93 "지옥에 대하여"(막 9:48), 설교 113 "새로운 창조"(요한계시록 21:5), 설교 145 "결혼예복에 대하여"(마 22:12) 등이 있다.

종말에 대한 웨슬리의 이해

웨슬리안 종말론의 내용은 몸의 부활, 최후의 심판, 최종 칭의, 새 하늘과 새 땅의 새로운 창조로 구성되어 있다. "한 로마 가톨릭 신자에게 보낸 편지"에서 웨슬리는 종말론에 대한 자신의 분명한 이해를 간결하게 피력한다. 여기에 새 창조를 제외하고 나머지 요소들에 대해 언급하고 있다.

저는 하나님께서 참으로 회개하고 하나님의 거룩한 복음을 마음속으로부터 믿는 사람들의 모든 죄를 용서하신다는 것을 믿습니다. 그리고 최후의 날에 모든 사람이 그 자신의 몸으로 부활할 것이라고 믿습니다. 저는 부활 후에 불의한 사람들은 지옥에서 영원히 고통받으며 의로운 사람들은 하나님의 현존 가운데서 모든 영원까지 상상할 수 없는 행복을 향유할 것이라는 것을 믿습니다. _웨슬리, 한 로마 가톨릭 신자에게 보낸 편지, §.10

최후 심판 이전 중간 상태

죽음 이후에 각 개인별로 천국과 지옥에 바로 가는 것이 아니라 모든 영은 최후 심판을 기다린다. 육체적 죽음을 겪은 불멸의 영혼은 영혼이 머무는 중간 거처로 간다. 즉, 신자와 불신자들 혹은 의로운 자들과 불의한 자들 모두 죽은 자들이 잠시 거하는 하데스(Hades)로 간다. 그리고 하데스에서 신자와 불신자들이 분리되어 있다. 따라서 악한 영혼이 의로운 영혼을 해할 수 없다.

웨슬리는 의로운 영혼들이 거하는 하데스를 낙원(Paradise)이라고 불렀다. 웨슬리는 불의한 영혼들이 거하는 하데스의 명칭을 따로 소개하지는 않았다. 전통적으로 불의한 영혼이 거하는 거처는 '타르투루스(Tartrus)'라고 불린다.[1] 예를 들면, 부자와 나사로 이야기에서 아브라함의 품에 있는 나사로와 불의한 부자 모두 하데스에 있다. 다만 나사로는 낙원이라 불리는 하데스에 있으며, 불의한 부자는 타르투르스라고 불리는 하데스에 있다. 그들 사이에는 큰 구렁텅이가 놓여 있어 서로 건널 수 없다. (눅 16:26)

---

1. Maddox, Responsible Grace, 250

부활, 최후 심판, 최종 칭의 [2]

최후 심판은 각 개인의 죽음의 순간이 아닌 종말의 때에 이루어진다. 최후 심판의 날이 언제인가, 그리고 재판의 기한은 얼마나 지속되는가에 대한 의문이 생긴다. 이 질문들에 대해서 웨슬리는 인간적인 잣대로는 측정 불가하다고 대답한다. 주의 하루는 천년 같기 때문이다.

웨슬리는 최후 심판 날에 하나님께서 모든 인류의 생각과 행동 동기들(motives)을 검증하신 후에 우리를 심판하실 것이라고 말한다. 최후 심판에서 하나님의 세 위격이 모두 일하신다. 성부 하나님께서는 정의의 대판관(대법관) 일을 하신다. 성자 하나님께서는 우리를 위한 신적 옹호자로서 일하신다. 성령 하나님께서 우리 마음과 심령을 살펴보신다.

대심판의 법정에서 하나님께서는 성경과 모든 인류에게 선물로 주신 양심이라는 책들을 여신다. 이 두 잣대를 가지고 하나님께서는 우리를 심판하신다. 최후 심판의 날에 대심판의 법정에서 우리가 살아있을 때 행한 모든 행동, 말, 생각, 그리고 그것들의 동기들이 밝혀진다.

문제는 그 누구도 성경과 양심의 법전을 비켜갈 수 없다는 데 있다. 따라서 용서가 필요하다. 이때 하나님의 약속을 신뢰하는 신자들은 복음의 언약에 따라서 완전하게 용서를 받는다. 그리고 하나님을 신뢰하지 않는 사람들은 용서를 받지 못한다.

이후 하나님께서 정화의 불로 우주를 정화시키시고 준비시킨다. 이

---

2. Sermon 15, "The Great Assize" (설교 15, "대심판")이라는 설교를 참고하라.

정화와 준비 목적은 천상의 도시에서 영원한 섬김을 위해서이다. 정화의 불 이후 하나님께서 새 하늘과 새 땅을 만드시고, 그곳에서 의인들을 거주하게 하시며, 하나님께서 영원히 통치하신다.

지옥

"지옥에 대하여 (Of Hell: 막 9:48)" 설교에서 우리는 지옥에 대한 웨슬리의 관점을 알 수 있다. 지옥 설교는 불신자들에게 제약을 주고, 신자들을 죄로부터 지키기 위한 수단이다.

웨슬리에 의하면, 지옥의 형벌에는 상실의 형벌과 감각의 형벌이 있다. 첫 번째, 지옥에서 불신자들에게 발생하는 상실(What the ungodly lose)은 영원히 하나님을 잃어버리는 것을 의미한다. 근본적으로 지옥이란 하나님의 현존으로부터 떨어져 나온 것을 의미한다. 두 번째는 감각의 형벌이다. 지옥에서 불신자들은 죄에 대한 하나님의 분노를 느끼며, 후회의 고통과 꺼지지 않는 불로 인한 고통을 영원히 느낀다.

새 하늘과 새 땅

"새로운 창조 (The New Creation, 요한계시록 21:5)" 설교에서 웨슬리는 보다 구체적으로 새 하늘과 새 땅에 대해서 묘사한다. 새 하늘과 새 땅은

이 세상의 종말과 영원한 시대의 시작을 의미한다. 모든 세대가 부활하고, 최후 심판을 받은 후 새 하늘과 새 땅에서 하나님의 자녀들은 부활의 삶을 살아가게 된다. 여기서 우리가 명심해야 할 것은 지옥이란 근본적으로 하나님의 현존으로부터 떨어져 나온 것을 의미한다.

새로운 창조 후에 새 하늘과 새 땅에는 거룩한 하나님의 자녀들이 거한다. 그곳에 거하는 모든 존재들은 정확한 질서와 조화 가운데 온전해진다. 또한 새 하늘과 새 땅에서는 성결과 행복이 완전하게 통합된다. 타락으로 상실된 낙원이 온전하게 회복된다. 웨슬리는 새 하늘과 새 땅을 현재 자연의 약육강식이 아닌 평화와 조화를 특징으로 하는 풍부한 동식물의 세계 그리고 공기, 물, 불, 땅(흙)도 정확한 질서와 조화 가운데 새로워진 물질 세계로 묘사한다.

새 하늘과 새 땅에 거하는 하나님의 자녀들은 하나님 형상의 온전한 회복을 경험한다. 이 땅에서 도덕적 형상의 온전한 회복(의, 진리, 거룩한 사랑의 온전한 회복)이라는 그리스도인의 완전에 대한 웨슬리의 신앙적 확신은 새 창조를 통하여 하나님 자녀들의 모든 하나님 형상(자연적, 정치적, 도덕적 형상)이 완전하게 회복될 것이라는 믿음으로 확장된다. 죽음, 슬픔, 고통, 죄로부터 완전한 자유를 누리게 된다.

새 창조 후 새 하늘과 새 땅에 대한 종말론적 소망에 관한 웨슬리 설교를 읽어 보자.

더 이상 죽음도 없을 것이며, 더 이상 고통도 질병도 없을 것이며, 더 이상 친구 때문에 슬퍼하거나 친구와 헤어지는 일은 없을 것입니다. 거기에는 슬픔과 눈물이 없을 것입니다. 그러나 이보다 훨씬 위대한 해방이 있습니다. 더 이상 죄도 없게 될 것입니다. 모든 이에게 왕관이 씌워지고, 하나님과 깊고, 친밀하고, 방해받지 않는 친교가 이루어질 것입니다. 삼위일체 하나님 안에 있는 모든 피조물들과의 끊임없는 기쁨이 있게 될 것입니다. _웨슬리 설교, 새로운 창조, §.18.

영화

구원 여정의 마지막 단계로서 그리스도인의 영화는 최후 심판, 최종 칭의, 그리고 새창조와 연결된다. 칭의가 죄책으로부터 구원이며, 성화는 죄의 본질로부터 구원이라면, 영화는 의의 최후 승리와 새 하늘과 새 땅의 상속자로서 하늘로 들리어 올림을 의미한다.[3]

최후 심판에서 최종 칭의를 받은 후에 영화의 상태에 도달하게 된다. 최종 칭의를 받기 위해 필요한 것이 그리스도의 의와 성결이다. 웨슬리는 다음과 같이 말한다.

"그리스도의 의 없이 우리는 영화에 대한 권리가 없으며 성결 없이 우리는 영화에 적합할 수 없다."[4]

그런데 그리스도의 의와 성결에 필요한 것이 '사랑으로 역사하는 믿음'이다. 따라서 영화를 위해서 필요한 것 역시 사랑으로 역사하는 믿음

---

3. Sermon 127 "On the Wedding Garment", §6. (설교 145, "결혼예복에 대하여").
4. Ibid., §10.

이다. 영화의 상태에서 하나님의 자녀들은 무지, 실수, 연약함, 유혹에서
도 자유하게 된다. 또한 죽을 몸이 죽지 아니할 몸으로, 썩을 몸이 썩지
아니할 몸으로, 병드는 몸이 병들지 아니하는 몸으로 그리스도의 부활의
몸처럼 다시 신령한 몸으로 살게 된다.[5]

---

5. Sermon 62 "The End of Christ's Coming," §III. 4. (설교 84, "그리스도의 오신 목적")

PART 2

존 웨슬리가 제안한
교리 문답

John Wesley

자녀들을 위한 교훈서

존 웨슬리(1746년) 저, 김민석 역

부모와 교사에게

1. 여러분에게 다음 소책자에서 자녀를 위한 기독교 교육의 참 원리들을 제시하겠습니다. 자녀들이 선과 악을 구분할 수 있게 되면 가급적 빨리 어떤 이유에서건 이 원리들을 주입해야만 합니다. 주님에 대한 두려움(경외)이 지혜의 시작이기에 그들이 배워야 하는 바로 첫 번째 것은 주님에 대한 경외임이 분명합니다. 그리고 자녀들이 하나님에 관한 지식과 일반 지식을 동시에 배우지 않는 이유가 무엇입니까?

2. 단지 그것이 다른 형식으로 던져지고 문장들로 분활되면, 교사든 학습자든 더 쉽게 이해할 수 있을 것입니다. 이 말의 가장 중요한 내용은 불어(역자주: 아마도 프랑스의 격언 의미)를 번역하였습니다. 그리고 이 소책

자에 포함된 위대한 진리들은 자녀들을 목적으로 하지만 지혜로운 사람들과 어른들 역시 깊이 숙고할 만한 가치가 있습니다.

3. 이 원리들을 마음속 깊이 새겨 두십시오. 그러면 그것을 다른 사람들에게 가르치는 데 수고를 아끼지 않게 될 것입니다. 무엇보다 이 원리들이 무엇을 말하고 있는지를 이해하고, 마음에 깊이 새깁시다. 이것 없이 이 원리들을 단 한 줄도 읽거나 읊조리지 맙시다.

4. 계속해서 자녀들에게 물어보십시오. 거의 모든 문장에서 잠깐 멈추게 하십시오. 그리고 그들에게 '네가 마지막에 말했던 것이 무엇이었니?'라고 물어보십시오. '그것은 무엇을 의미하니?'라고 질문하면서 다시 읽으십시오. 그렇게 함으로써 그들은 무엇인가를 얻게 될 때까지 지나치는 일이 없을 것입니다. 이러한 방법을 사용하면 읽는 법을 배우는 것처럼 생각하는 법을 배우게 될 것입니다. 그들은 매일매일 지혜롭고 더 나은 사람으로 자라나게 될 것입니다. 이러한 기초적 요소들에 대한 지식이 커감에 따라 자녀들이 은총으로, 그리고 하나님과 우리 주 예수 그리스도에 관한 지식으로 자라나게 되는 것을 보면서 여러분은 위안을 얻을 것입니다.

Section I. 교리 문답 ─────

교훈 1, 2: 하나님에 대하여

1. 얼마나 많은 하나님들이 있습니까? 한 분이 계십니다.

2. 성부 하나님, 성자 하나님, 그리고 성령 하나님께서는 누구신가요? 이 세 분이 한 분입니다.

3. 하나님께서는 누구신가요? 하나님께서는 영이십니다.

4. 영이시라는 것은 무엇을 의미합니까? (육체의 감각으로) 볼 수 없고, 느낄 수 없는 분이십니다.

5. 하나님께서는 어떠한 영이십니까? 항상 존재하셨고, 항상 존재하실 영이십니다.

6. 하나님께서는 어디에 계십니까? 하나님께서는 어디나 계십니다.

7. 하나님께서는 무엇을 알고 계십니까? 하나님께서는 모든 것을 알고 계십니다.

8. 하나님께서는 무엇을 하실 수 있습니까? 하나님께서는 하시고자 하는 것은 무엇이든 하실 수 있습니다.

9. 하나님께서는 당신을 사랑하시나요? 네, 그렇습니다. 하나님께서는 그분께서 창조하신 모든 것들을 사랑하십니다.

10. 하나님께서 무엇을 만드셨습니까? 하나님께서는 모든 만물, 그리고 특별히 인간을 창조하셨습니다.

교훈 3, 4: 창조와 인간 타락에 대하여

1. 하나님께서 인간을 어떻게 창조하셨습니까? 하나님께서는 흙으로 사람의 몸을, 무(無)로부터 사람의 영혼을 만드셨습니다.

2. 하나님께서 왜 인간을 창조하셨습니까? 하나님을 알고, 사랑하고, 하나님 안에서 영원한 행복을 누리라고 창조하셨습니다.

3. 하나님께서 첫 남자와 여자를 어느 곳에 두셨습니까? 낙원의 동산에 두셨습니다.

4. 하나님께서 그곳에서 그들에게 어떤 명령을 주셨습니까? 동산 중앙에 있는 나무의 열매를 먹지 말라고 명령하셨습니다.

5. 그들이 그 명령을 지켰습니까? 아닙니다. 그들은 그 열매를 먹었습니다.

6. 이 일의 결과, 어떠한 고통이 그들에게 왔습니까? 죄와 죄책, 그리고 고통과 죽음입니다.

7. 그들의 죄가 주변 사람들을 다치게 했습니까? 네, 그들에게서 난 모든 사람들을 다치게 했습니다.

8. 어떻게 그것이(원죄) 그들을 다치게 했습니까? 그들 모두 죄와 죄의 책임 가운데 태어나며 고통과 죽음의 지배를 받습니다.

9. 어떻게 인간이 죄 가운데서 태어납니까? 우리 모두 하나님을 사랑하는 사람들로 태어나는 것이 아니라 교만하며, 고집이 있으며, 세상을 사랑하는 사람으로 태어납니다.

교훈 5, 6, 7: 인간의 구원에 관하여

1. 누구에 의해서 우리는 죄에서 구원을 받게 됩니까? 하나님의 영원한 아들, 예수 그리스도에 의해서 구원받습니다.

2. 우리를 구원하기 위해서 그분께서는 무엇을 하셨습니까? 그분께서는 인간이 되어 사셨고, 죽으셨고, 다시 사셨습니다.

3. 우리를 위한 그분의 삶과 죽음에 의해서 우리는 무엇을 얻습니까? 죄의 용서, 그리고 성결과 천국을 얻게 됩니다.

4. 언제 하나님께서 우리 죄를 용서하십니까? 우리가 회개하고 그리스도를 믿을 때입니다.

5. 회개한다는 것은 어떤 의미입니까? 우리의 죄악됨, 죄책, 그리고 가망 없음을 철저하게 깨닫게 되는 것을 의미합니다.

6. 믿는다는 것 혹은 신앙이란 무엇입니까? 하나님께서 성경을 통해 우리에게 말씀하시는 보이지 않는 일들에 대한 확신입니다.

7. 그리스도에 대한 믿음이란 무엇입니까? 그리스도께서 우리를 사랑하시고 나를 위해 그분 자신을 주셨다는 것에 대한 확신입니다.

8. 누구에 의해서 우리에게 이러한 확신이 옵니까? 성령에 의해서입니다.

9. 성결이란 무엇입니까? 하나님을 사랑하고, 하나님을 위해서 온 인류를 사랑하는 것입니다.

10. 하나님을 믿고 사랑하는 사람은 죄로부터 구원을 받습니까? 네, 모든 죄악된 기질과 말, 일들로부터 구원을 받습니다.

11. 어떻게 그가 교만으로부터 구해집니까? 그 자신의 눈에 그는 하찮고, 비겁하며, 이기적이고, 악합니다.

12. 어떻게 그가 아집으로부터 구해집니까? 그의 마음이 '주님! 제가 원하는 대로가 아니라 주님께서 원하시는 대로 하시옵소서'라고 끊임없이 말합니다.

13. 어떻게 그가 세상에 대한 사랑으로부터 구해집니까? 그는 하나님만을 소원합니다.

14. 어떻게 그가 죄악된 말들로부터 구해집니까? 그의 말들은 항상 하나님의 은총으로부터 나오고, 그의 말을 듣는 사람들에게 은총을 공급합니다.

15. 어떻게 그가 죄악된 행동들로부터 구해집니까? 그 안에 내주하시는 하나님의 영에 의해 그가 먹던지 마시던지, 혹은 그가 무엇을 하던지 그 모든 것은 하나님의 영광을 위해서입니다.

교훈 8, 9: 은총의 수단에 관하여

1. 은총(은혜)이 무엇입니까? 우리로 하여금 하나님을 믿고 사랑하고 섬기는 것을 가능하게 하는 성령의 권능입니다.

2. 어떻게 우리는 이것을 얻습니까? 은총의 수단들을 끊임없이 주의 깊게 활용함으로 얻습니다.

3. 은총의 주요한 수단들은 어떤 것이 있습니까? 주의 만찬(성찬), 기

도, 성경 찾기(성경 읽기, 설교 듣기, 말씀 묵상 등 모두 포함) 그리고 금식입니다.

4. 처음 그리스도인은 주의 만찬을 얼마나 자주 받았습니까? 매일 받았습니다. 그것은 그들 매일의 양식이었습니다.

5. 얼마나 자주 그들은 공적 기도에 참석했습니까? 그들 대부분 할 수 있는 한 하루에 두 번 공적 기도회에 참여했습니다.

6. 얼마나 자주 그들은 사적인 기도를 했습니까? 적어도 매일 아침과 밤에 했습니다.

7. 그들은 성경 찾기를 어떻게 했습니까? 그들은 매일 성경을 듣거나 읽었습니다. 그리고 밤낮으로 그 말씀을 깊이 묵상했습니다.

8. 옛 그리스도인은 얼마나 자주 금식했습니까? 매주 수요일과 금요일에 오후 세 시까지 금식했습니다.

9. 그리스도인은 얼마나 오랫동안 이러한 은총의 모든 수단을 활용해야 합니까? 삶이 끝나는 날까지입니다.

교훈 10, 11: 지옥에 관하여

1. 믿지 않는 사람들은 죽음 이후에 어디로 가나요? 지옥으로 갑니다.

2. 지옥은 어떠한 곳인가요? 불과 유황으로 가득 차 있는 어둡고 바닥이 없는 무저갱 속입니다.

3. 믿지 않는 사람들은 그곳에서 어떻게 시간을 보내게 될까요? 눈물

흘리며 울부짖으며 이를 갈면서 시간을 보냅니다.

4. 영들과 육체들 모두 고통받게 됩니까? 네, 지체 없이 영과 육의 모든 부분이 고통받게 될 것입니다.

5. 육체들은 어떻게 고통받게 됩니까? 펄펄 끓고 이글거리는 화염에 눕게 됨으로써 고통받을 것입니다.

6. 영들은 어떻게 고통받게 됩니까? 하나님의 분노를 느낌으로 고통받습니다. 자만, 아집, 악의 그리고 질투에 의해서 고통받습니다. 비탄, 욕망, 두려움, 분노, 그리고 절망에 의해서 고통받습니다.

7. 누가 그들을 괴롭힙니까? 그들 자신의 양심, 악마들, 그리고 서로서로 괴롭힙니다.

8. 그러면 고통 중에 쉼이 없습니까? 네, 그렇습니다. 낮, 밤, 단 한순간도 쉼이 없습니다.

9. 고통은 얼마나 오래 갑니까? 영원합니다.

교훈 12: 천국에 관하여

1. 믿는 사람들은 죽음 이후에 어디로 갑니까? 천국입니다.

2. 천국은 어떠한 곳인가요? 빛과 영광의 장소입니다.

3. 선한 사람들이 그곳에서 어떻게 살게 됩니까? 그들이 현재 바라거나 생각할 수 있는 것보다 더 큰 기쁨과 행복 속에서 살게 됩니다.

4. 그곳에는 고난이 하나도 없습니까? 네, 그들에게는 부족함도, 고통

도, 죄도 없을 것입니다.

5. 그들은 어떠한 종류의 육신들을 소유하게 됩니까? 태양보다도 밝고 빛보다도 빠른 영적인 육신들입니다.

6. 최고의 행복은 어디에 있습니까? 하나님과 함께 즐겁게 지내는 것에 있습니다.

7. 어떻게 그들은 하나님과 함께 즐거울 수 있습니까? 하나님을 알고 사랑하고 직접 (얼굴을 맞대어) 보게 될 것입니다.

8. 그들은 어떻게 시간을 보내게 됩니까? 하나님을 찬양하는 노래를 부르면서 시간을 보냅니다.

9. 이 행복이 얼마나 오래갈까요? 하나님께서 살아계시는 한, 즉, 영원히 계속됩니다. 주님! 그곳으로 저를 인도하소서. 아멘.

──────── **Section II. 하나님 그리고 인간의 영혼** ────────

교훈 1

마음은 하나님으로부터 멀어져 있으면서 입술로만 하나님께 가까워지지 않도록 주의하십시오. 결코 당신이 의도하지 않는 것은 그 어떤 것이라도 하나님께 (입술로만) 말하지 마십시오. 하나님께서는 당신의 마음 속에 있는 모든 것을 알고 계십니다. 그러므로 그분께 감히 거짓말을 하지 마십시오. 하나님께서 어떤 분이신지 알고 계십니까? 하나님을 알지 못하면서 어떻게 하나님을 기쁘게 하기를 소망할 수 있습니까? 이것을 기억하십시오. 잘 생각하십시오. 하나님께서 여기 계시기 때문입니다. 당신이 하나님께 신경을 쓰지 않더라도, 하나님께서는 당신에게 신경을 쓰고 계십니다.

교훈 2

하나님께서는 시작도 없으시고 끝도 없으신 영원한 영이십니다. 인간에게 보이지도 완전히 알려지지도 않습니다. 하나님께서는 선(Good)이십니다. 그리고 모든 선은 그분에게서 나옵니다. 하나님께서는 자신이 하고자 하는 것은 무엇이든 하실 수 있는 권능을 가지고 계십니다. 하나님께서는 모든 것을 아시며, 모든 일들을 잘 하시는 지혜이십니다. 하나님은 행복입니다.

그러하기에 어떤 것에도 부족함이 없으십니다. 하나님께서는 자신이 창조한 만물을 사랑하십니다. 무엇보다도 인간을 사랑하십니다. 모든 인간이 은혜를 받아야만 하며, 그분의 진리에 관한 지식을 향해 가야 한다는 것이 그분의 뜻입니다. 하나님께서는 모든 인간들에게 주시기 위해서 신속하십니다. 하나님께서는 자신의 약속들과 위협들에 있어서 참되십니다. 참으로 회개하고 믿는 사람들의 죄를 용서하시는 하나님께서는 사랑이 많으십니다.

교훈 3

어떤 시대에도 하나님을 본 사람은 없습니다. 성부의 품속에 계신 성자 하나님, 그분께서 우리에게 그분(성부 하나님)을 선포하십니다. 성부를 제외하고는 그 누구도 성자 하나님을 알지 못합니다. 그리고 성자 하나님을 제외하고는 그 누구도 성부 하나님을 알지 못합니다. 성자 하나님께서 성부 하나님을 계시하십니다. (하나님의 은혜 없이) 우리의 모든 독서들, 그리고 우리가 교회에서 혹은 그 밖의 어떤 장소에서 듣는 것들이 우리에게 하나님을 계시할 수 없습니다.

(하나님의 은혜 없이) 이 세상의 어떤 사람들도 우리에게 하나님에 관한 참 지식을 줄 수 없으며, 하나님의 일들 중에 단 하나에 대한 참 지식도 줄 수 없습니다. 오로지 하나님 자신만이 우리에게 선하신 영을 보내주심으로 이 일을 하실 수 있습니다. 하나님께서는 그것을 위해 진정으로 기도하는 사람들에게 그분의 은혜와 빛을 주십니다. 하나님의 뜻을 그들이 이미 알고 있는 데까지 행하는 사람들에게 하나님께서는 그 자신을 드러내십니다.

교훈 4

하나님 한 분을 제외하고 선(Good)은 없습니다. 선한 모든 것은 그것이 하늘에 있던지 땅에 있던지 간에 하나님께로부터만 옵니다. 만약 어떤 사람에게 선한 것이 있다면, 그 모든 것은 하나님에게서 온 것입니다. 그러한 까닭에 하나님 한 분만이 그 (선한) 모든 것을 위해 찬양받으셔야 합니다. 하나님 없이, 하나님의 은혜와 도움 없이 우리가 행하는 모든 일은 악합니다. 하나님 없이 우리는 선한 일을 행할 수 없습니다. 하나님을 소유하지 못한 사람은 선한 어떤 것도 소유하지 못하며, 어떤 말로도 표현 못할 정도로 불행합니다.

교훈 5

그날까지 안전하게 제가 그분께 헌신하는 것을 가능하게 하는 권능이 하나님께 있다는 것을 알고 있습니다. 현재 우리의 영혼들은 죄에 의해 손상되었으며 파괴되었습니다. 전능하신 하나님을 제외하고는 그 누구도 우리의 죄악들로부터 우리를 구원할 수 없습니다. 하나님께서 원하시는 것을 그분께서 원하시는 대로 하기 위해서, 우리의 영으로 하나님께 전적으로 헌신합시다. 그러면 하나님께서 권능으로 우리를 지키실 것이며, 우리를 해하는 모든 것들로부터 보호하실 것입니다. 하나님께서는 모든 위험으로부터 우리를 건져내실 수 있습니다. 그리고 그 위대한 날까지 우리의 영혼들을 지키실 수 있습니다. 그날에 영광 중에 우리의 육신들과 영혼들, 그리고 그분의 명령에 따라서 우리가 헌신해 왔던 모든 것들을 회복시키실 것입니다.

교훈 6

당신은 당신 영혼에 대해 알고 있습니까? 당신에게는 (비록 당신이 그것을 느낄 수 없지만) 결코 죽지 않는 영이 있습니다. 하나님께서 오셔서 그 안에 거주하실 수 있는 영혼을 하나님께서 만드셨습니다. 하나님께서 당신의 영혼에 사시고 거주하시면서 당신의 영을 그분처럼 만드십니다. 당신이 거주하시는 영을 선하고, 지혜로우며, 정의롭고, 참되며, 사랑과 능력이 넘치게 만드십니다. 당신의 영을 행복하게 만드십니다. 당신의 영혼이 그분 안에서 영원히 즐거워하는 것, 그것이 하나님의 뜻이기 때문입니다. 하나님께서는 바로 이 일을 위해서 당신의 영혼을 만드셨습니다. 영혼이 하나님을 바라고, 알고, 누릴 때, 그 영은 참으로 행복합니다. 그러나 영혼이 하나님을 바라지도 않고, 알지도 못하며, 누리지도 못할 때 그 영은 참으로 불행합니다.

—————————— **Section III. 욕망(Desire)** ——————————

교훈 1

영혼의 갈망(욕망, desire)은 하나님과 그분의 거룩한 은총이 우리에게 오는 문입니다. 이것은 마음 혹은 의지라고 불립니다. 우리의 갈망(욕망)이 하나님을 향해 있지 않다면, 우리는 하나님을 기쁘게 할 수 없습니다.

이것이 없다면 우리의 모든 지식은 우리를 악마와 같게 만들 것입니다. 입과 위는 몸을 위한 것이지만 소망(desire)은 영혼을 위한 것입니다. 몸은 좋은 것이든 나쁜 것이든 영양분을 입과 위를 통해 공급받습니다. 우리의 입과 위에 오직 좋은 것을 공급하는 것에 주의를 기울여야만 우리의 몸이 살 것입니다. 그리고 좋은 것만 바라는 것에 주의를 기울여야 우리의 영이 살 것입니다.

교훈 2

욕망(갈망)은 궁극의 선(Good), 즉 유일한 궁극의 선이신 하나님을 위해 그리고 모든 선한 것이 흘러나오는 그분의 뜻을 위해 만들어졌습니다. 우리는 하나님의 거룩하신 뜻을 따라서 하나님만 원해야 합니다. 그리고 우리는 곁가지로 있는 모든 것에서 우리의 욕망을 돌려야 합니다. 하나님과 그분의 뜻을 벗어난 모든 것은 악하기 때문입니다.

그러한 까닭에 어떤 사람도 자기 자신의 뜻에 따라가서는 안 됩니다. 하나님의 뜻이 모든 선의 원천인 것처럼 우리 자신의 뜻은 모든 악의 원천입니다. 당신의 뜻을 이루기 위해 자신을 사용하지 않도록 조심하십시오. 자신의 뜻과 욕망들을 단념하지 않는 한 어떤 영혼도 구원받을 수 없습니다. 아버지여, 내 뜻이 아닌 당신의 뜻이 이루어지게 하소서.

우리는 우리의 뜻을 이루기 위해서가 아니라 우리를 보내신 그분의 뜻을 이루기 위해서 이 땅에 왔습니다. 만일 우리가 이미 자신의 뜻을 행하는데 익숙하다면 지체 없이 그 습관을 깨버려야 합니다. 오, 주님, 우리의 뜻에서부터 우리를 구원하소서. 그렇지 않으면 우리는 멸망합니다.

교훈 3

하나님의 도움 없이 어느 누구도 자신에게 선한 일을 할 수 없습니다. 우리의 욕망은 끊임없이 악할 뿐입니다. 그러한 까닭에 어떤 사람도 다른 사람에게 높이 평가받고, 명예롭게 여겨지거나 칭송받는 것을 바라서는 안 됩니다. 그리고 그 누구도 자신을 찬양하거나 높이 평가해서도 안 됩니다. 그렇게 하기보다 우리는 우리 자신을 경멸해야 합니다.

그리고 우리는 사람들에 의해서 우리의 실제, 즉, 비참하고, 약하고, 어리석으며, 죄로 가득한 피조물들이라고 인식되는 것을 소망해야 합니다. 그리고 나서 우리는 하나님께 도움을 구해야만 합니다. 하나님께서는 교만한 사람은 거부하시지만 겸손한 사람에게는 은혜를 주시기 때문입니다.

자녀들에게 찬사(호평, 칭찬, 칭송)를 사랑하도록 가르치는 사람들은 악마들을 위해서 자녀를 훈련시키는 것입니다. 찬사는 영혼에 치명적인 독약입니다. 그러한 까닭에 면전에서 어떤 사람도 칭송하지 맙시다. 주님이 혐오하는 마음의 교만을 다른 사람에게든 혹은 당신 자신에게든 심지 맙시다.

교훈 4

　죄를 제외하고는 당신의 것은 아무것도 없으며, 당신은 지옥 외에는 어떤 것도 받을 가치가 없습니다. 그러한 까닭에 이 땅에서 당신이 가진 것이 거의 없던지 혹은 아무것도 없던지 간에 여러분은 만족해야만 합니다. 그리고 지금 당신은 당신이 마땅히 받아야 하는 것 이상으로 소유하고 있기 때문에 현재 소유하고 있는 것 이상 욕심내면 안 됩니다. 그러한 까닭에 가장 나쁘며 가장 초라한 것들을 고르십시오. 이러한 것조차 그와 같은 죄인에게는 너무 좋은 것들입니다.

　당신의 마음속에 어떤 욕망을 불러일으키는 것은 당신을 위한 지옥 불을 준비하는 것입니다. 당신에게 좋은 옷을 주는 사람이 당신의 영혼을 악마에게 주고 있는 것입니다. 당신의 비위를 맞추는 사람은 당신을 사랑하지 않는 것입니다. 아버지 혹은 어머니가 당신이 좋아하는 모든 것을 준다면 그들은 이 땅에서 당신에게 최악의 적입니다. 좋아하는 모든 것을 줌으로 그들은 당신을 육체, 허영과 타락의 노예로 만듭니다. 그리고 그리스도의 영으로부터 자신을 최대한 멀리 떨어져 있게 하는 사단이 당신을 그렇게 만듭니다.

교훈 5

　하나님께서는 권능, 지혜, 선 그 자체이십니다. 그러한 까닭에 우리는 하나님께서 마땅히 받으셔야 할 영광과 찬양을 돌려드리는 것을 소망해야만 합니다. 모든 것에 있어서 그분을 기쁘게 해야만 합니다. 우리가 태어난 목적은 하나님을 찬양하고 하나님께 영광을 돌리는 데 있습니다. 그리고 우리의 심령을 하나님께 끊임없이 올려드림으로 이 일을 중단 없이 하게 될 것입니다.

이것이 천국에 있는 하나님의 천사들이 끊임없이 하는 일입니다. 그들은 왕좌에 앉아계신 하나님께 그리고 어린 양에게 밤낮으로 찬양을 영원히 드리고 있습니다. 거룩, 거룩, 거룩, 만군의 여호와여! 모든 땅들이 당신의 영광으로 가득하게 하소서.

교훈 6

하나님께서는 끊임없이 우리를 도우시고, 우리에게 그분의 은혜를 부어주십니다. 우리의 영, 우리의 몸, 우리의 생명, 우리의 부모님, 우리의 친구들, 우리를 보호하는 선한 천사들과 같은 모든 것들이 그분에게서 왔습니다. 우리가 밟고 있는 땅, 우리가 숨쉬는 공기, 우리를 비추는 태양, 우리의 생명을 유지시키는 음식, 우리를 보호하는 옷, 우리를 따뜻하게 하는 불, 이 모든 것이 그분에게서 왔습니다. 그러므로 우리는 이 모든 것 때문에, 그것들 하나하나 때문에 하나님께 감사드려야 합니다.

어떤 사람이 우리에게 좋은 일을 하면 그에게 감사해야 합니다. 그 사람을 만드셨고 그로 하여금 우리에게 좋은 일을 하게 하신 하나님께 우리가 얼마나 많은 감사를 해야만 하겠습니까? 오 주님! 우리 하나님, 당신은 영광과 존경과 권세를 받으시기에 합당하십니다. 당신께서 만물을 창조하셨기 때문입니다. 당신의 기쁨을 위해서 만물이 존재하며 창조되었기 때문입니다.

하나님께서는 우리에게 이 모든 선을 행하셨을 뿐만 아니라 계속해서 더 많은 선을 우리에게 행하십니다. 그분의 선하심 없이 우리와 모든 세상은 한순간에 무로 돌아가게 될 것입니다. 우리는 떠받쳐지지 않는다면 즉시 떨어져 조각이 나는 부서지기 쉬운 그릇과 같습니다. 그러므로 하나님께 항상 감사드리는 것이 소망이 되어야 합니다. 하나님께서 항상 우리를 축복하시기 때문입니다.

오, 하나님. 우리 아버지시여, 범사에 그리고 모든 일에 예수 그리스도를 통해 당신께 감사드리도록 우리를 가르치소서!

교훈 7

지금까지 하나님께서 우리를 도우시고 계십니다. 그리고 우리는 다가올 그때를 위해 하나님의 도움을 딱 그 정도로 필요로 합니다. 무엇보다 우리가 행복하려면 우리 영혼에 부어주시는 하나님의 축복이 필요합니다. 하나님께서는 진정으로 소원하는 사람들에게만 이것들을 주십니다. 그러므로 하나님의 은총을, 선한 영을, 하나님에 관한 지식을 우리에게 주시도록 하나님의 일을 소망합시다. 하나님께 온유하며 평화의 영과 만족하며, 겸손하고, 감사로 가득 찬 마음을 간구합시다. 만일 어떤 사람이 지혜가 부족하다면 그로 하여금 모든 사람들에게 아낌없이 주시는 하나님께 간구하게 합시다. 그러면 지혜가 그에게 주어질 것입니다.

하나님으로부터 그렇게 엄청난 유익들을 받기를 소망하는 우리가 그분에게 죄짓지 않도록 조심합시다. 그리고 하나님의 뜻을 따라 행할 준비를 항상 합시다. 하나님께서는 하나님을 공경하고 하나님의 뜻을 행하는 사람에게 귀를 기울이십니다.

교훈 8

그러나 이미 우리는 하나님께 죄를 빈번하게 범하고 있으므로 하나님의 은총과 축복들을 받을 만한 가치가 없습니다. 그런 까닭에 우리를 위해 죽으신 하나님의 아들을 통해 과거의 죄를 용서해주시고 다가올 그날까지 그 죄들로부터 지켜 달라고 하나님께 가장 진지한 소망으로 간구해야 합니다.

이러한 소망들은

1) 하나님과 하나님의 권능, 지혜, 선하심을 찬양하는 것입니다. 2) 하나님의 선한 행위들 모두에 대해 하나님께 감사하는 것입니다. 3) 하나님의 은총을 간구하는 것입니다. 그 결과 우리는 하나님을 기쁘시게 해 드릴 것입니다. 그리고 4) 우리의 죄에 대한 용서를 위해 하나님의 자비를 간구하는 것입니다.

우리의 심령에 이러한 소망이 있을 때만 우리는 기도합니다. 만일 이러한 소망 없이 그렇게 많은 말을 한다면, 하나님 앞에서 우리는 단지 앵무새와 같을 뿐입니다. 당신의 입술로는 하나님과 가까워지면서, 당신의 마음(당신의 바램)이 그분으로부터 멀어지는 것에 주의하십시오.

교훈 9

예수 그리스도의 이름으로 하나님께 기도드릴 때 이것은 무엇을 의미합니까? 공허하게 나오는 이러한 말들은 어떤 의미도 없습니다. 만일 당신 자신이 말하는 것을 알지 못한다면 그것은 하나님을 단지 조롱하는 것입니다. 하나님의 아들 예수 그리스도께서 우리를 위해 죽으셨을 때 우리 모두 하나님의 분노 아래 그리고 저주 아래 있었습니다. 그러나 우리가 진실로 하나님을 믿을 때 그리스도의 공로로 하나님께서 우리와 화해하십니다.

그러므로 어떤 것을 위해서든 하나님께 기도드릴 때마다 우리의 모든 신뢰는 예수 그리스도께 있어야만 합니다. 우리를 위해 흘리신 그리스도의 보혈 덕분이 아니고는 하나님은 결코 우리로부터 들으려고 하지 않으시기 때문에 우리는 항상 하나님을 향해 있는 눈으로 그리스도를 바라보면서 기도해야만 합니다. 그리고 우리의 욕망 모두 하나님의 은혜로부터만 나와야 하며, 하나님의 바람들과 일치해야 합니다. 그러면 주님께서 당신이 서신 보좌 앞에서 우리의 욕망을 마치 주님의 것인 양 성부 하나님께 드립니다. 성부 하나님께서는 당신이 매우 사랑하는 아들(그리스도)의 소망과 공적의 어떤 것도 거부하실 수 없습니다.

그러므로 당신이 그리스도의 이름으로 기도할 때, 그것은 마치 당신이 이렇게 말하는 것과 같습니다. 예수 그리스도의 은혜로 인해 나에게 온 소망을 주님께 드립니다. 원컨대 당신께서 그것을 당신의 아들의 소망과 연합시키시며 그것을 나를 위해 간구하시는 그분의 것으로 여겨주시옵소서. 그리고 그리스도로 인해 하나님의 영광과 저의 구원을 위해 간구하는 것을 저에게 허락하소서.

교훈 10

당신의 마음으로부터 나오는 말로 하나님께 기도드리십시오. 그것은 아마 이와 같을 것입니다.

나의 하나님 당신은 선이십니다. 당신께서는 지혜이십니다. 당신께서는 권능이십니다. 영원히 찬양받으시옵소서. 당신을 사랑하고 당신께 순종하도록 저에게 은총을 베푸소서. 나의 하나님, 저를 만드시고 구원하신 당신께 감사를 드립니다. 나의 하나님, 저에게 양식과 옷을 주신 것과 영원히 당신의 사랑을 주시겠다고 약속하신 것에 감사를 드립니다. 나의 하나님, 저의 모든 죄를 용서하시고 저에게 당신의 선한 영을 주시옵소서. 온 맘을 다해 당신을 믿게 하시고 온 힘을 다해 당신을 사랑하게 하옵소서.

당신의 오른편에서 나를 위해 간구하시는 예수 그리스도만을 항상 바라보게 하옵소서. 내 자신의 뜻이 아니라 하나님 뜻대로 행하도록 저에게 은총을 주시옵소서. 저로 하여금 모든 것에 만족하게 하소서. 저는 당신께서 주신 모든 선한 것들 중에 가장 작은 것도 받을 만한 가치가 없습니다. 오, 나의 주님, 저에게 겸손한 마음을 주시옵소서. 어떤 누구보다는 내가 더 낫다고 생각하지 않게 하옵소서. 나 자신을 경멸하고 모든 것들 중에 가장 최악으로 저를 보게 하소서. 저로 하여금 모든 칭송을 미워하게 하소서. 오, 나의 하나님 당신만이 칭송받으실 만하십니다.

교훈 11

세계 최고의 기도는 우리 주 예수 그리스도께서 우리에게 가르치셨던 기도입니다.

하늘에 계신 우리 아버지여, 이름이 거룩히 여김을 받으시오며, 나라가 임하시오며, 뜻이 하늘에서 이루어진 것같이 땅에서도 이루어지리다. 오늘 우리에게 일용할 양식을 주시옵고, 우리가 우리에게 죄지은 자를 사하여 준 것같이 우리 죄를 사하여 주시옵고, 우리를 시험에 들게 하지 마시옵고, 다만 악에서 구하시옵소서. 나라와 권세와 영광이 아버지께 영원히 있사옵나이다. 아멘. (개역개정 마 6: 9-10)

지금 이 기도를 이해하십니까? 당신은 어떻게 자신이 말한 것에 대해 알지 못하면서 하나님께 뻔뻔하게 말합니까? 당신의 심령으로부터 말하는 것이 아니라면 이것은 결코 기도가 아니라는 것을 알지 못합니까? 하나님께서는 기도할 때 당신의 심령에 진정한 욕망(소망)이 없이 아래와 같은 말들을 하는 것을 기뻐하지 않으십니다.

하나님께서 반드시 1. 알려져야만 하고 존중받으셔야만 하며, 2. 경배와 찬양을 받으셔야만 하고, 3. 모든 사람들에 의해 순종을 받으셔야만 합니다와 같은 말입니다. 또한 4. 하나님께서 그분의 은총과 사랑으로 당신의 영혼을 먹이십니다. 혹은 5. 하나님께서 당신의 과거의 죄를 용서하십니다. 혹은 6. 하나님께서 다가오는 때를 위해서 모든 죄로부터 그리고 악마의 올무로부터 당신을 보호하십니다와 같은 말입니다.

──────────── **SECTION IV. 이해력** ────────────

교훈 1

우리의 이해력(분별력)은 진리를 위해서, 즉 하나님을 위해서 그리고 하나님의 말씀과 사역을 위해서 만들어졌습니다. 그러한 까닭에 우리는 하나님 그리고 하나님께서 자신의 영광을 위해 말씀하시고 행하신 것 외에 어떤 것도 알려고 해서는 안 됩니다.

거짓말하는 것은 모든 일들 중에 가장 가증한 것입니다. 악마는 거짓말쟁이며 거짓말의 아비입니다. 우리는 사람들이 말하고 행하는 것을 알려고 하지 말아야 합니다. 그것은 어리석으며 공허합니다. 호기심은 아무 유익이 없습니다. 그것은 우리의 마음을 어둠으로 채우며, 우리를 아무 의미 없게 만들고, 하나님의 빛에 부적합하게 만듭니다. 오물과 더러운 것으로 이 그릇들을 채우면 하나님의 순수한 빛을 받기 위해서 만들어진 것을 상실하게 됩니다.

교훈 2

하나님을 아는 이해력의 눈은 타락 후에 모든 인간들에게 완전히 닫혔습니다. 우리는 하나님과 하나님의 일들에 완전히 무지한 채 태어납니다. 영적인 일들을 보고 알기 위한 우리 영혼의 눈을 열어주실 수 있는 분은 오로지 하나님뿐입니다.

만일 하나님께서 우리에게 육신의 눈을 주시지 않으셨다면, 우리는 태양, 지구, 혹은 이 세상의 어떤 것도 보거나 알 수 없었습니다. 만일 하나님께서 우리 영혼의 영적인 눈을 회복시키지 않으신다면 우리는 결코 하나님의 일들을 알 수 없습니다.

악으로부터 도망쳐 선을 행하는 것을 배우는 사람들만을 위해서 하나님께서 이 일(영혼의 눈을 회복시키는 일)을 하십니다. 오 주님! 저에게 이해력을 주시옵소서. 그러면 제가 당신의 법을 지키게 될 것입니다. 그렇습니다. 그 법을 온 마음을 다해 지킬 것입니다. 하나님의 법의 신비를 볼 수 있도록 제 눈을 열어주시옵소서.

하나님과 하나님의 일들을 알 수 있도록 하나님께서 우리의 눈을 여실 때까지 우리는 그 일들을 보지 못합니다. 그렇더라도 우리는 하나님께서 말씀하시는 것을 믿어야만 합니다. 그러나 하나님의 영을 소유하지 못한 사람들은 눈이 멀었으며 거짓말쟁이들입니다. 때문에 세상이 우리에게 하나님의 일들에 대해 이야기하는 것을 우리는 믿지 말아야 합니다. 아직 이해할 수 없는 하나님의 일들에 관해서 우리는 하나님을 신뢰해야 합니다. 그리고 하나님께서 이해력의 눈을 열어주시고 모든 일을 분명하게 이해하게 하는 그분이 빛을 주시기를 기다리고 소망하십시오.

교훈 3

그가 아주 논리 정연하게 생각할지라도 눈이 보이지 않는 사람은 이러한 방법(눈을 사용해 보는 방법)으로 세상의 일들을 알거나 볼 수 없습니다. 따라서 어떤 추리로도 그는 세상의 일들에 대해 매우 애매한, 대충, 올바르지 못한, 그리고 잘못된 개념만 가지게 될 것입니다.

세상의 모든 사람들이 유사한 방식으로 자신의 능력을 사용해서 하나님과 하나님의 일들에 대해 생각할지라도 결코 그들은 이러한 방식으로는 그것을 알 수 없습니다. 그렇습니다. 그들의 이성을 사용한다고 해도 하나님과 하나님의 일에 관해 애매하고, 어리석으며, 잘못된 개념만 소유할 수 있습니다. 우리가 하나님을 알기 전에 하나님께서 우리 영혼에 다른 눈을 주셔야 합니다. 하나님께서 인간이 줄 수 있는 것과는 다른 빛을 주셔야만 합니다.

우리는 태양 혹은 열매들을 그릴 수 있지만, 그려진 태양이 우리를 따뜻하게 하거나 빛을 줄 수 없습니다. 이렇게 그려진 열매들은 우리에게 영양을 줄 수도 없으며 힘도 줄 수 없습니다. 이처럼 우리는 마음으로 하나님과 하나님의 것들에 관한 그림들을 그립니다. 그러나 이러한 그림들은 우리에게 진정한 빛을 줄 수 없습니다. 또한 우리의 영혼을 먹일 수도 없으며 하나님을 섬기게 하는 힘을 줄 수도 없습니다. 그것들은 단지 죽은 그림자들이며, 차갑고 공허하며, 황폐하고 열매가 없습니다. 우리는 공허함 외에는 그것들 위에 어떠한 것도 세울 수 없습니다. 사람들이 스스로를 폭발시켜 조각조각 낼 때까지 그 공허함은 그들을 자만하게 만들고, 그들로 하여금 끝없는 논쟁 가운데 다른 이들에게 반대하는 일만 하게 합니다.

교훈 4

하나님의 은총과 초자연적 빛이 함께하지 않는 우리의 이해력 혹은 이성은 본 적 없거나 볼 수 없는 것들을 무모하고 무작위적으로 그림으로 그리고 있는 눈이 보이지 않는 사람과 같습니다. 자연적 사람(natural man)은 하나님 영의 일들을 구분하지 못합니다. 그에게 그 일들은 어리석음입니다. 또한 그는 그 일들을 알 수도 없습니다. 그 일들은 영으로 분별되기 때문입니다.

하나님의 영을 제외하고 그 누구도 하나님의 일들을 모릅니다. 그러므로 하나님이 영으로 하나님의 일들을 계시해주신 사람을 제외하고는 영적인 일을 알 수 없습니다. 그렇기에 하나님의 뜻만 행하려는 진지한 소망으로 당신의 이해력을 하나님께 드리십시오. 그리고 하나님의 빛을 주시고 영혼의 눈을 열어 달라고 진심으로 기도하십시오.

교훈 5

모든 일에서 하나님을 보도록 노력하고, 하나님에 관한 인식들로부터 모든 일의 이유를 제시하려고 노력하십시오. 예를 들면,

• 세상이 창조된 이유는 무엇입니까? 하나님의 선하심, 지혜, 그리고 권능을 보여주기 위해서입니다.

• 인간이 죽는 이유는 무엇인가요? 하나님의 정의 때문입니다. 하나님께서 주신 삶을 잘못 사용하고 있는 인간들에게 그것을 빼앗는 것은 공평한 일이었습니다.

• 왜 부모님께 순종하는 것이 우리의 의무입니까? 그것이 하나님의 뜻이기 때문입니다.

• 왜 우리는 악을 위해서 악으로 돌아가서는 안 됩니까? 하나님께서 끊임없이 우리에게 선을 행하시는 그분처럼 우리로 선을 행하게 만드시기 때문입니다.

• 왜 우리는 우리의 이웃을 멸시하거나 판단해서 안 됩니까? 하나님께서 우리 모두의 심판관이시기 때문입니다.

그러므로 우리는 우리 눈앞에 항상 하나님께서 계시며, 그의 임재 가운데 끊임없이 걷고 있다는 것에 익숙해져야 합니다. 그러므로 모든 것이 우리에게 하나님의 권능, 지혜 혹은 선하심, 진리, 정의 혹은 뜻을 보여줍니다. 그렇게 모든 것이 우리에게 인간의 연약함, 무지, 어리석음과 사악함을 보여줍니다.

교훈 6

당신은 하나님에 대해서 무엇을 믿습니까? 나는 전능하신 아버지 하나님, 천지의 창조주를 믿습니다. 나는 그의 유일하신 아들, 우리 주 예수 그리스도를 믿습니다. 그는 성령으로 잉태되어 동정녀 마리아에게 나시고, 본디오 빌라도에게 고난을 받아 십자가에 못박혀 죽으시고 장사된 지 사흘 만에 죽은 자 가운데서 다시 살아나셨으며, 하늘에 오르시어 전능하신 하나님 아버지 우편에 앉아 계시다가, 거기로부터 살아있는 자와 죽은 자를 심판하려 오십니다. 나는 성령을 믿사오며, 거룩한 공교회와 성도가 서로 교통하는 것과 죄를 용서받는 것과 몸의 부활과 영생을 믿습니다.

당신이 이 말들로부터 (1) 보이는 그리고 보이지 않는 모든 피조물을 일시적으로 그리고 끊임없이 창조하신, 권능이 많으신, 지혜로우신, 그리고 선하신 성부 하나님을 믿는 것을 배우게 될 것입니다. 당신은 (2) 당신과 인류를 구원하기 위해 사셨고, 죽으셨던 성자 하나님을 믿는 것과 (3) 타락한 인간을 하나님의 형상으로 회복시키시는 성령 하나님을 믿는 것을 배우게 될 것입니다.

교훈 7

이것으로부터 오는 모든 것은 다음과 같습니다. 만물의 창조자 전능하신 하나님께서 하나님만 바라라는 의도로 인간을 창조하셨습니다. 하나님께서는 그를 하나님의 지식, 사랑, 기쁨, 그리고 영광으로 영원히 채우시려고 했습니다. 그러나 인간은 하나님을 떠나서 자신의 소망과 의지를 향해 갔으며 그 결과 죄로 사악해졌고 비참하게 되었습니다. 인간을 창조하신 하나님의 아들이 우리를 위하여 삶을 사시고 죽으시고 부활하셨습니다. 이것은 우리를 위해서 용서를 사서 가지고 오시기 위해서였으며, 우리의 의지와 욕망들을 포기하고, 하나님의 거룩하신 뜻에 우리를 드리는 법을 우리에게 가르치시기 위해서였습니다.

그러므로 우리의 이해를 계몽하시며, 우리 영을 하나님의 평화와 기쁨으로 채우시는 성령께서 우리 안에서 역사하십니다. 그 결과 우리는 땅에서든 하늘에서든 모든 거룩한 것들과 다시 결합됩니다. 우리는 함께 구원 안에서, 예수 그리스도의 도움과 은혜 안에서 그 거룩한 것들과 함께 기뻐합니다. 그리고 몸이 죽고 다시 부활한 후에 우리는 영원한 영광 가운데 함께 살 것입니다.

교훈 8

우리는 지금 성부 하나님, 성자, 그리고 성령 이 세 분이 어떻게 한 분이 되는지를 이해할 수 없습니다. 그러나 비록 우리가 그것을 이해하지 못한다고 할지라도, 하나님께서 그것을 말씀하시기 때문에 우리는 믿습니다.

하나님의 모든 일들에 관한 참 지식은 성령에 의해 우리 영혼으로 옵니다. 그것이 사랑에 의해 작동되며, 우리를 하나님 닮게 인도할 때 구원의 지식이 됩니다. 그러므로 사도 바울은 '여러분은 하나님의 사랑하는 자녀들로서 하나님을 따르는 사람들이 되시고 그리스도께서 우리를 사랑하시고 우리를 위해 그분을 주신 것처럼 사랑 가운데 걸으십시오.'라고 가르쳤습니다. 사랑하는 자들은 하나님으로부터 나서 하나님을 알기 때문입니다(사도 요한의 믿음). 그러나 하나님은 사랑이시기에 사랑하지 않는 자는 하나님을 알지 못합니다.

그러므로 이처럼 만일 어떤 사람이 예수 그리스도를 알고 그분의 명령들을 지키지 않는다면 그는 거짓말쟁이며 진리가 그 안에 없습니다. 순종적 경배로 하나님을 사랑할 때, 즉 우리가 담대하게 우리 자신을 그분의 손에 맡기고 그분의 섭리에 의지할 때, 그리고 우리가 모든 일 중에 또한 모든 사람을 향해 하나님의 선하심을 본받을 때, 우리는 만물의 창조주 성부 하나님을 구원과 관계되어 알게 됩니다.

우리가 그리스도께서 보혈로 값을 주고 사신 사람들처럼 우리 삶을 살 때, 그리고 우리의 모든 기질, 말과 행위가 그리스도께서 악한 세상에서 우리를 구원하셨다는 것을 보여줄 때, 우리는 구속 주 하나님을 생명 가운데 알게 됩니다.

그분이 거룩하신 것처럼 우리가 거룩할 때, 그분께서 우리의 심령과 삶을 믿음으로 정화시켜 우리가 끊임없이 하나님을 바라보고 사랑할 때, 우리는 성화의 하나님을 구원과 관련되어 알게 됩니다.

SECTION V. 기쁨

교훈 1

인간이란 이 땅에서 얼마 지나지 않아 썩게 될 불쌍하고 무지하며 어리석은 죄인들입니다. 그리고 세상 속에 있는 모든 것들은 소멸할 것이고, 공허하며, 곧 불로 파괴될 것입니다. 그러한 까닭에 결코 우리는 우리의 기쁨과 즐거움을 이러한 것들에 두어서는 안 됩니다. 얼마 안 되어 먼지가 될 존재를 기쁘게 하는 것을 즐기거나 기뻐해서는 안 됩니다. 또한 잘 생겨지는 것 혹은 옷 잘 입는 것 혹은 부족함 없이 되는 것을 즐기거나 기뻐해서도 안 됩니다. 이 모든 것이 영원히 소멸될 것이기 때문입니다.

하나님만 위대한 선이며 모든 좋은 것을 주시는 분이십니다. 그러한 까닭에 우리는 오로지 하나님 가운데서 그리고 그분의 선하시고 거룩하신 뜻을 성취하는 데 즐거워하고 기뻐해야 합니다. 그리고 하나님과 그분의 거룩한 뜻에 즐거워하고 기뻐하기 위해서 우리는 이러한 것(소멸될 것에 즐거워하고 기뻐하는 것)에 습관을 들여서는 안 됩니다.

교훈 2

예를 들면, 우리는 우리의 참된 아버지, 즉 영원하시며 전능하신 하나님을 위해 우리가 가진 것에 즐거워해야 합니다. 하나님께서 우리를 신적이고 영원한 기쁨으로 채우기 위해서 창조하셨다는 것에 즐거워해야 합니다. 즉, 우리가 예수를 믿고 하나님의 거룩한 뜻을 행한다면, 그리고 그분을 사랑하고 순종하며, 꿈처럼 지나가버리는 명예, 부, 혹은 쾌락을 사랑하지 않는다면, 우리는 은총의 권능에 의해, 하나님께서 우리에게 보내시는 성령에 의해 즐거워하게 될 것입니다.

우리는 하나님께서 당신 안에서 행복이시고 영광이신 것을 기뻐해야 합니다. 우리가 생각하는 것 이상으로 하나님께서 광대하시다는 것을 기뻐해야 합니다. 하나님께서 모든 것을 아시고 모든 것을 하실 수 있다는 것을 기뻐해야 합니다. 하나님께서 공평하시며 선하시고, 모든 약속들에 참되시며, 또한 우리를 가르치시며 다스리시는 데 있어서 지혜로우시다는 것을 기뻐해야 합니다. 하나님만이 영원토록 소망이 되시며, 앎의 대상이 되시고, 사랑과 찬양과 영광받으실 가치가 있으시다는 것에 기뻐해야 합니다.

예수 그리스도와 함께한 우리를 영원히 천국에 들어가게 하기 위해서 그분께서 우리의 본성을 짊어지셨다는 것을 기뻐해야 합니다. 지금도 우리가 그것을 소망하고 그분을 믿으며 그분의 뜻을 행한다면, 예수 그리스도께서 우리 마음에 오셔서 거하실 것입니다.

교훈 3

어떤 일이 하나님의 뜻에 따라 행해지면, 우리는 그 안에서 기뻐해야만 합니다. 그러나 어떤 일이 우리 자신의 뜻에 따라 이루어지면, 그 일을 기뻐할 것이 아니라 유감으로 여겨야 합니다. 우리는 우리에 의해서든 혹은 다른 사람에 의해서든 하나님께 범한 죄들에 대해 당혹해야 하며 깊은 유감으로 여겨야만 합니다. 죄 가운데 우리는 우리 자신의 의지를 따르며 하나님의 거룩한 뜻을 멸시하기 때문입니다.

이와 유사하게, 어떤 누군가가 현명하다고 우리를 칭송한다면 부끄러워하고 유감으로 여겨야만 하며, 다음과 같이 말해야 합니다. 오, 주님. 당신은 선하시며 오로지 당신만이 선합니다. 당신만이 찬양받을 만합니다. 오, 주님. 당신에게만 속한 존경과 찬양을 피조물이 그 자신에게 돌리는 것은 부끄러운 도둑질입니다.

반대로 멸시당하고 잘못 취급받을 때 혹은 소유할 수 있었던 것들을 소유하지 못할 때 우리는 기뻐해야 합니다. 우리는 하나님의 손으로부터 모든 것을 취하고 아주 만족하게 될 것입니다. 그분께 이렇게 말하게 될 것입니다. 오, 주님. 저는 고통과 불명에 외에 어떤 것도 받을 만한 가치가 없습니다. 당신의 정의가 받아야 마땅한 것을 저에게 준 것을 저는 기뻐합니다. 온 마음을 다해 그것으로 당신에게 감사하며, 당신의 거룩한 뜻이 나에게 행해졌음을 기뻐하기를 소망합니다. 우리가 그리스도처럼 되어야 하는 것이 바로 당신의 뜻입니다. 그리스도께서는 인간들에게 멸시당하고 미움받으셨습니다. 그분께서는 경멸, 곤궁, 그리고 고통 가운데 삶을 사셨습니다. 오, 그분의 길을 따르는 것을 즐거워하게 해 주십시오. 저로 만족하게 하시고, 그와 함께 고난받는 것을 즐거워하게 해 주십시오. 저는 그와 함께 통치하게 될 것입니다.

교훈 4

지혜로운 의사가 약을 그에게 주었고, 그의 육체가 건강하게 회복되리라는 것을 안다면, 현명한 환자는 약이 매우 쓰다 할지라도 좋은 약을 먹는 것을 즐거워할 것입니다. 이와 비슷하게 만일 우리가 지혜롭다면 우리는 하나님께서 우리에게 주신 것이 다소 쓸지라도 그것을 즐거워하게 될 것입니다. 우리 영을 위한 지혜로운 의사가 우리 영을 영원한 건강과 생명으로 회복시키기 위해서 그 약을 주었다는 것을 확신하기 때문입니다.

반대로, 죽게 만들더라도 입맛을 즐겁게 하려고 먹는 것을 즐기는 것은 아픈 사람에게 어리석은 일이며, 제정신이 아닌 일입니다. 그리고 우리의 타락한 의지를 기쁘게 하는 일들을 하는 것을 즐기는 것은 우리에게 똑같이 어리석은 일이며, 제정신이 아닌 일입니다. 이러한 일의 목적은 죽음, 심지어 지옥에서 몸과 영혼 모두 파괴하는 것이기 때문입니다.

교훈 5

당신에게 주어진 어떤 것에 기뻐할 때, 이 모든 것이 하나님으로부터 왔다는 것을 확실하게 기억하십시오. 그러한 까닭에 하나님에게 감사하십시오. 그리고 하나님께서는 그분을 사랑하고 순종하는 사람들에게 주시기 위해서 이것보다 더 많은 것들을 가지고 계심을 명심하십시오. 언제든 하나님의 뜻이면 이 모든 작은 일들에서 떠나갈 준비를 하십시오.

만일 어느 누가 여기 얼마나 예쁜 것이 있는지 보라고 말하거나 혹은 자, 여기 너를 위해 좋은 것이 있다고 말한다면 그들은 바보이며, 그들이 무엇을 하는지 알지 못하는 것입니다. 이것은 당신으로 하여금 어리석은 것들을 좋아하게 만드는 방법입니다. 만일 당신이 이러한 것들을 사랑하면, 당신은 하나님을 사랑할 수 없습니다. 만일 누가 그 일이 너를 다치게 하니? 나를 한 대 쳐라고 말한다면 그들은 당신에게 악마를 섬기라고 가르치는 것입니다. 이 일은 복수하라고 당신을 가르치고 있으며, 복수한다는 것은 악마를 섬기는 것이기 때문입니다.

거짓말을 하지 마십시오. 누군가 당신으로 하여금 거짓을 말하게 한다면 그들은 당신을 지옥으로 인도하는 것입니다. 모든 거짓말쟁이들은 지옥에 가기 때문입니다. 자녀들에게 거짓말, 교만 혹은 복수를 가르치는 사람이 누구든 그들은 자신의 아들과 딸들을 악마들에게 바치는 것입니다.

교훈 6

무엇보다 돈 사랑을 조심하십시오. 모든 악의 뿌리이기 때문입니다. 지금은 돈이 세상의 신이 되었습니다. 사람들의 목표가 이것을 얻고 간직하는 것이 되었습니다. 그리고 사람들은 자신들의 번영과 기쁨을 여기에 둡니다. 이것은 다른 세계의 우상과 같은 정도로 비난받는 우상입니다.

만일 사랑이 세상을 지배했다면 돈을 사용할 일이 거의 없거나 전혀 없었을 것입니다. 그리고 현재 돈은 세상의 사람들 사이에서 삶을 유지하는 데 필요한 것들을 손에 넣는 수단이라는 것을 제외하면 어떤 것에도 유익하지 않습니다. 우리는 이러한 목적을 위해 필요한 것보다 더 많이 바라면 안 됩니다. (모든 일과 마찬가지로) 돈의 소유자이신 하나님께서 우리에게 그것에 대해 엄격하게 설명할 것을 요구하실 것입니다. 우리가 우리 자신을 위해 돈을 필요한 만큼 사용했을 때, 우리는 남은 모든 것을 가난한 사람들에게 주고, 하나님의 영광을 위해 사용해야 하는 것이 하나님의 뜻입니다.

그러한 까닭에 그것(돈)을 남겨 자신을 위해 사용하지 마십시오. 당신이 떼어줄 수 있는 것을 가난한 사람들에게 주십시오. 혹은 그들을 위해 약간의 양식 혹은 옷을 구입하거나 그들의 교육을 위해서 어떤 좋은 책을 구입하십시오. 그리고 여러분은 여러분의 돈을 그렇게 사용했을 때 기뻐하십시오. 그 일이 하나님의 영광을 위한 일이기 때문입니다.

교훈 7

기쁨은 하나님을 위해 만들어진 것입니다. 그러한 까닭에 우리는 항상 주님 안에서 기뻐하기 위해서 그분의 세상에서 배워야 합니다. 우리는 하나님 그리고 위대한 보물인 하나님의 은혜를 바라보아야 합니다. 그러면 우리는 지금 그분 안에서 기뻐하는 것을 배우게 될 것입니다.

우리가 엄청난 보화를 소유하고 그것을 도저히 잃어버릴 수 없게 되면 우리의 기쁨은 완벽해집니다. 하늘의 성도들의 기쁨이 그와 같습니다. 그들은 이 보화를 더 이상 잃어버릴 수 없기 때문입니다. 그러나 매 순간 잃어버릴지도 모르는 방법으로 엄청난 보물을 소유하게 될 때 우리의 기쁨이 매우 심각한 두려움으로 변하게 되는 것은 명백합니다.

그와 같은 일이 우리에게 있습니다. 매 순간 몇 가지 방식에 의해 우리는 하나님의 은총을 상실할 수 있습니다. 우리 자신의 의지적 죄들에 의해서, 우리의 태만에 의해서, 혹은 우리의 뻔뻔함에 의해서 우리는 그것을 상실할 수 있습니다. 수많은 악의적이며 교묘한 적들에 의해서 우리는 끊임없이 이렇게 되도록 유혹받습니다. 이러한 일들은 항상 그리고 모든 장소에서 우리를 둘러싸고 있으며, 그들은 밤낮 어느 때에도 쉬지 않습니다. 악마는 밤낮으로 우는 사자처럼 먹이를 찾으며 돌아다닙니다.

그러므로 항상 두려워하는 사람은 복이 있습니다.

따라서 항상 주 안에서 기뻐하라고 가르친 사도께서 우리에게 두렵고 떨림으로 우리 자신의 구원을 이루라고도 가르치십니다. 말할 수 없는 기쁨과 영광으로 가득한 그리스도 안에서 즐거워하는 이들에게 사도 베드로는 행실에 따라 그들을 심판하시는 그분을 기억하며, 두려움 가운데서 일시적 체류(sojourning)의 시간을 보내라고 충고하고 있습니다.

교훈 8

만일 우리가 우리의 실수로 이러한 위대한 보물을 잃어버린다면 빈곤과 불행 외에는 아무것도 없습니다. 그러나 하나님께서는 우리가 우리의 상실을 완전히 깨닫는다면 다시 주실 것이라고 약속하십니다. 우리가 회개하고 회개에 합당한 열매를 맺고, 예수 그리스도를 진실되게 믿는다면, 우리의 과거 죄와 현재의 불행에 대한 생생한 자각을 하더라도 우리 모두는 소망 안에서 기뻐할 여지가 있습니다. 그 약속만이 그와 같은 것을 만들어 내기 때문입니다.

그러므로 주님께서 가난하고 상한 심령을 가진 사람, 주님 말씀을 경외하는 사람을 찾으실 것이라는 믿음입니다. 그리고 우리 주님께서 슬퍼하는 사람이 위로를 받을 것이기 때문에 복이 있다고 말씀하십니다. 오, 하나님 당신께서는 상하고 회개하는 심령을 경멸하지 않으실 것입니다.

교훈 9

만일 (하나님에 대한) 두려움이 없다면, 종교적 기쁨도 곧 자기애의 단순한 보금자리가 될 것입니다. 그것은(하나님에 대한 경외가 없는 종교적 기쁨) 타락의 거대함을 덮을 것이기에 우리가 타락의 치유에 대해서 간구하는 것을 방해할 것입니다. 그것은 실질적으로 우리가 은총으로부터 멀어져 있으나 우리에게 은총이 있다고 생각하게 하는 세속적 향수를 만들어 줄 것입니다. 그렇게 라오디게아 교회가 나는 부자라 부요하여 부족한 것이 없다고 말했습니다.

그러나 그리스도께서 네 곤고한 것과 가련한 것과 가난한 것과 눈 먼 것과 벌거벗은 것을 깨달아야 한다고 하셨습니다. 그와 유사하게 그분(예수)께서 말씀하십니다. "화 있을진저 너희 부요한 자여 너희는 너희의 위로를 이미 받았도다. 화 있을진저 너희 지금 배부른 자여 너희는 주리리로다. 화 있을진저 너희 지금 웃는 자여 너희가 애통하며 울리로다."

사도 야고보가 그들에게 말씀하신 것은 이와 같습니다. "슬퍼하며 애통하며 울지어다. 너희 웃음을 애통으로, 너희 즐거움을 근심으로 바꿀지어다." 주님을 경외하는 사람은 복이 있습니다. 주를 경외함이 지혜의 시작이기 때문입니다. 따라서 경외 가운데 주님을 섬기는 것을 배우고 경배로 그분 안에서 즐거워하는 것을 배우십시오.

교훈 1

우리의 몸과 삶은 하나님께 속해 있습니다. 우리는 우리 자신의 뜻이 아닌 하나님의 뜻에 따라 해야 합니다. 우리의 의지는 유익, 명예, 그리고 쾌락을 자연적으로 쫓게 되어 있습니다. 그러므로 우리 안에서 탐욕, 자만, 그리고 음란의 치명적 악덕들을 낳게 하고, 이러한 것들이 우리 안에 계신 하나님의 일들과 우리 영혼의 구원을 방해합니다.

우리는 하나님의 도움으로 모든 일에 있어서 우리 자신을 부정하는 것에 익숙해져야만 합니다. 우리는 사랑(자비)의 영으로, 다른 이들의 좋음(선)을 위해서 모든 일을 하는데 익숙해져야만 합니다.

존경받으려는 어떤 계획도 욕망도 없는 겸손의 영으로, 그리고 몸과 마음의 쾌락에 대한 어떠한 관심이 없는 참회의 영으로, 모든 일들에 대해 우리는 십자가를 지신 우리의 구원자와 일치되는 것을 목표로 해야 합니다.

이것이 그리스도인의 삶과 실천의 참된 영입니다. 참된 기독교입니다. 세상 그리고 타락한 본성의 영과는 정반대인 것입니다. 아, 슬프도다. 이것에 의해 사람은 그 자신을 그렇게 부드럽게 지옥에 빠져들도록 하게 하며 영원한 멸망으로 추락합니다.

교훈 2

우리가 하나님을 기쁘시게 하는 것만 해야 하는 것이 하나님의 뜻입니다. 우리의 구원에 의해서 영광을 받으시는 것이 하나님의 기쁨입니다. 하나님의 영광이 우리에게 최고의, 절대적 그리고 보편적 목적이어야 합니다. 지금의 삶 가운데서 우리가 우리 자신을 예수 그리스도께 넘겨 드릴 때 하나님의 영광이 더 드러납니다.

그러므로 하나님만이 존경받으시고 찬양받으시기 위해, 하나님의 권능은 우리를 통해서 많은 거룩한 일들을 하십니다. 주님에 대한 믿음 없이 아무것도 할 수 없습니다. 내 안에 거하시는 그분께서 많은 열매를 맺으십니다.

당신이 많은 열매를 맺는 것으로 아버지께서 영광받으십니다. 이것으로 모든 행동과 일들이 이해됩니다. 우리가 행하는 모든 일이 하나님의 영광으로 행해지기 때문입니다. 그리고 그 이름, 즉, 예수 그리스도의 능력 안에서 그분의 축복을 통하는 것을 제외하고 어떤 일도 잘 될 수 없습니다. 당신이 먹던지 마시던지, 혹은 당신이 무엇을 하던지 하나님의 영광을 위해 그 모든 것을 하십시오. 당신이 말로나 행동으로 무엇을 하던지 예수 그리스도 이름 안에서 하십시오.

교훈 3

그러므로, 예를 들면, 당신은 하나님의 영광을 위해 먹고 마십니다. 우리가 하나님에 의해 그것을 할 수 있게 될 때, 마음으로부터 하나님에게 말하기 위해서 바른 원칙과 바른 방법으로 또한 예수 그리스도의 이름으로 먹고 마십니다.

오, 주님. 제가 사나운 짐승처럼 야만적 욕구만을 위해 먹고 마시지 않게 하옵소서. 결코 당신은 제가 타락한 본성의 움직임들을 따르게 하지 않으십니다. 그러나 당신의 아들의 영을 통해서 나의 삶을 지탱하기 위해 필요한 정도로 먹고 마시는 것을 허락하소서. 저로 하여금 삶을 전적으로 하나님을 축복하고, 사랑하고, 순종하는 데 사용하게 하소서.

이와 유사하게 하나님의 권능에 의해 당신이 하나님에 의해 인도되고 하나님의 뜻에 의해 지도받은 것만 말할 때, 좋은 생각들을 주는데 필요하고 적절한 것만을 말하고, 그들을 사악함과 공허함으로부터 돌이킬 때, 당신은 하나님의 영광을 위해서 그리고 예수 그리스도의 이름 안에서 말하는 것입니다. 그처럼 모든 일들 중에 하나님께서 예수 그리스도를 통하여 영광받으시는 것을 당신의 유일한 목적이 되게 하십시오.

교훈 4

하나님의 십계명은 무엇입니까? (출 20:3-17)

1. 너는 나 외에는 다른 신들을 네게 두지 말라.

2. 너를 위하여 새긴 우상을 만들지 말고 또 위로 하늘에 있는 것이나 아래로 땅에 있는 것이나 땅 아래 물속에 있는 것의 어떤 형상도 만들지 말며 그것들에게 절하지 말며 그것들을 섬기지 말라. 나 네 하나님 여호와는 질투하는 하나님인 즉 나를 미워하는 자의 죄를 갚되 아버지로부터 아들에게로 삼사 대까지 이르게 하거니와 나를 사랑하고 내 계명을 지키는 자에게는 천 대까지 은혜를 베푸느니라.

3. 너는 네 하나님 여호와의 이름을 망령되게 부르지 말라. 여호와는 그의 이름을 망령되게 부르는 자를 죄 없다 하지 아니하리라.

4. 안식일을 기억하여 거룩하게 지키라. 엿새 동안은 힘써 네 모든 일을 행할 것이나 일곱째 날은 네 하나님 여호와의 안식일인 즉 너나 네 아들이나 네 딸이나 네 남종이나 네 여종이나 네 가축이나 네 문 안에 머무는 객이라도 아무 일도 하지 말라. 이는 엿새 동안에 나 여호와가 하늘과 땅과 바다와 그 가운데 모든 것을 만들고 일곱째 날에 쉬었음이라. 그러므로 나 여호와가 안식일을 복되게 하여 그날을 거룩하게 하였느니라.

5. 네 부모를 공경하라 그리하면 네 하나님 여호와가 네게 준 땅에서 네 생명이 길리라.

6. 살인하지 말라.

7. 간음하지 말라.

8. 도둑질하지 말라.

9. 네 이웃에 대하여 거짓 증거하지 말라.

10. 네 이웃의 집을 탐내지 말라. 네 이웃의 아내나 그의 남종이나 그

의 여종이나 그의 소나 그의 나귀나 무릇 네 이웃의 소유를 탐내지 말라.

교훈 5

깊이 생각하십시오. 하나님의 법은 영의 법입니다. 그러므로 이 모든 율법은 영적으로 이해되어야 합니다.

첫 번째 계명은 다음과 같은 의미입니다. 하나님 외에 어떤 존재도 신으로 생각하거나, 믿거나 소유하지 말라. 나 외에는 어떤 것도 두려워 말라. 마녀 혹은 마술사들을 쫓아다니거나 그와 같은 혐오스런 일들을 하지 말라. 어떤 피조물에 믿음을 주지 말라. 나 외에 어떤 것도 사랑하지 말라.

이처럼 여기서 하나님께서는 당신에게 그분을 믿고 그분의 모든 방식들 속에서 그분을 인식하라고 명하십니다. 하나님께서는 당신에게 당신이 가지고 있는 모든 것에 대해 하나님께 감사하고 그분을 당신의 유일한 두려움과 경외로 여기도록 명하십니다. 날마다 주님을 경외하고 온 마음으로 그분을 신뢰하라고 명하십니다. 하나님만을 소망하도록, 항상 그분 안에서 즐거워하도록, 그리고 온 마음과 온 영으로 그분을 사랑하라고 명하십니다.

두 번째 계명은 하나님이 우리의 어두운 이성의 생각들 혹은 상상들과 같다고 생각하지 말라고 가르칩니다. 그것은 또한 어떤 형상이나 그림에 절하거나 숭배하지 말고 우리의 몸과 영으로 하나님께 영광돌릴 것을 가르칩니다.

교훈 6

세 번째 계명을 지키려면, 결코 거짓으로 맹세해서는 안 됩니다. 만일 어떤 일을 하겠다고 맹세한다면, 반드시 그 일을 해야 합니다. 하나님 존경과 경외를 제외하고 우리는 결코 하나님의 이름을 이용해서는 안 됩니다. 공허하게, 그렇게 함으로 얻는 유익 없이, 그리고 적절한 열매를 맺는 것 없이, 그분의 이름, 그분의 언약, 그분에 관한 지식을 자랑해서는 안 됩니다. 우리는 하나님의, 하나님의 진리의, 하나님 영광의 거룩한 이름으로 우리 자신의 뜻, 열망, 혹은 목적을 가려서는 안 됩니다.

네 번째 계명을 통해서 우리는 전적으로 기도로, 찬양으로, 하나님의 말씀을 듣거나 읽는 것으로, 그리고 경건과 자비의 다른 일들로 주의 날을 보내는 것을 제외하고는 주님의 날에 어떠한 세상적 일도 하지 말 것을 가르침받습니다.

다섯 번째 계명은 당신에게 이러한 것들을 가르칩니다. 당신의 아버지와 어머니를 겸손하게 존경하며, 두 분 중에 한 분이라도 당신에게 하라고 하는 일은 무엇이든 하십시오. 필요하다면 부모님을 안심시키고 당신이 부모님을 도울 수 있는 일에 부족함이 없도록 하십시오. 사역을 위해서 주님 안에서 사랑으로 당신을 돌보는 목회자들을 존중하십시오. 순종하고 복종하십시오. 당신의 영혼을 돌보기 때문입니다. 국가의 일을

하는 사람들을 존중하십시오. 그들을 위해 기도하십시오. (역자가 지금에
맞게 고침)

교훈 7

여섯 번째 계명은 누군가를 죽이거나 상하게 하는 것뿐만이 아니라
분노, 혐오, 악의, 혹은 복수도 모두 금지합니다. 이 계명은 자극하는 말,
불화와 다툼, 폭식과 과음 모두 포함합니다.

일곱 번째 계명은 외적으로 도덕적 추잡함을 금했을 뿐만이 아니라
정욕으로 여자를 바라보는 것조차도 금합니다. 또한 우리 자신만을 만족
시키기 위해서 어떤 일을 청하는 것도 금합니다. 일종의 영적 간음이기
때문입니다.

여덟 번째 계명은 공개적으로든 비밀스럽게든 다른 사람의 것을 빼
앗는 것뿐만 아니라, 하나님을 위해서가 아닌 다른 목적으로 우리의 정
서, 시간, 물품들, 혹은 노동력을 사용함으로써 그것들을 하나님으로부
터(하나님께서 이 모두를 소유하고 계십니다!) 훔치는 것을 금합니다.

아홉 번째 계명은 우리에게 모든 거짓말로부터 멀어지고, 마음으로
부터 진실만 말할 것을 요구합니다. 어떤 사람에게도 악하게 말하지 말
며 모든 뒷담화와 떠도는 소문들에서 멀어질 것을 요구합니다. 또한 우
리가 판단받지 않도록 사람을 판단하지 말고 누구든지 모든 이들의 심판
관인 하나님께 맡길 것을 요구합니다.

열 번째 계명은 우리에게 우리가 가지고 있는 것에 만족하고 더 이상 바라지 말 것을 요구합니다.

교훈 8

이 계명들은 다윗이 애정과 감탄으로 그렇게 자주 이야기하던 놀라우며 거룩한 하나님의 법입니다. 성경은 이 모든 법들을 삶의 샘, 마음의 빛, 영혼의 보물로 제시합니다. 그렇습니다. 우리 주님께서 그 명령들을 영원한 생명이라고 부르십니다(요 12:50). 성령님께서 예수를 진실로 믿는 사람들의 마음에 이것들을 기록하겠다고 약속하십니다.

이 계명들은 모두 셋으로 요약됩니다. 1) 하나님을 사랑하는 것, 2) 예수 그리스도, 그의 십자가, 고난, 치욕, 그의 고난에 함께함, 그리고 그분의 죽음에 적합해지는 것을 사랑하는 것, 3) 우리의 이웃을 사랑하는 것입니다.

그러한 까닭에 우리의 마음은 항상 이 계명들에 대한 존경으로 가득 차 있어야 합니다. 이 계명들에 대한 사랑이 우리의 골수에 박혀 있어야만 합니다. 우리는 신실한 기도로, 이 심오한 말씀을 묵상함으로 이 계명에 따라 노력해야 합니다.

주님의 법은 영혼을 변화시키는 순결한 법(사랑의 법)입니다. 주님의 증언은 확실하며, 사람에게 지혜를 줍니다. 주님의 법들은 옳으며 기쁘게 합니다. 주님의 명령은 순수하며 빛을 줍니다. 주님에 대한 경외는 깨끗하며 영원히 지속됩니다. 주님의 심판은 참되며 완전히 의롭습니다. 이것은 금과 같습니다. 정금보다 더 소망할 만한 것이며, 또한 꿀과 벌집보다 더 달달합니다. 하나님의 종은 하나님의 법들에 의해 가르침을 받습니다. 그 법들을 지키는 것에 엄청난 보상이 있습니다.

교훈 9

하나님에 관련하여 한마디를 말하자면, 늘 하나님의 현존 가운데 있는 것처럼 살고 행동하십시오. 기억하십시오. 하나님께서는 늘 당신을 보고 계십니다. 그분께서는 그것이 선한 것이든 악한 것이든, 당신이 행하고, 말하고 혹은 생각한 모든 것들을 심판하실 것입니다. 그 모든 것 때문에 당신은 영원히 보상받거나 벌받을 것입니다.

아침저녁으로, 당신이 먹거나 마시기 전후에 반드시 하나님께 기도하십시오. 다른 시간에, 특별히 어떤 일 혹은 사업 이전에 하나님께 당신의 마음을 종종 올려드리십시오. 하나님의 축복과 도움을 소망하고 그후에 그분께 감사를 드리고, 하나님과 그분의 영광으로 그 감사를 돌리십시오. 집에서든 교회에서든 하나님의 진리를 공경하고, 주의 깊게 들으십시오.

그러나 단지 당신이 그 진리들을 듣고 있다거나 마음으로 그것을 받았다는 이유로 당신이 하나님을 섬기고 있다고 생각하지 마십시오. 당신에게 그 말씀에 대한 참 이해를 주시도록, 그리고 성령의 역사로 그 말씀을 살아내도록 하나님께 기도하십시오. 당신에게 겸손한, 순종하는, 단순한, 그리고 충실한 마음을 주시기를 하나님께 기도하십시오.

아버지와 어머니, 선배들을 위해 하나님께 기도드리십시오. 그들을 사랑하고 존중하십시오. 분명한 죄가 아니라면 당신이 기뻐하지 않는 일들이라고 할지라도 불평하지 말고 그들에게 순종하십시오. 허락 없이 어떤 일도 하지 말고, 그들이 알지 못하는 어떤 일도 하지 마십시오.

교훈 10

이웃과 동료에 대해서

그들을 위해서 하나님께 기도드리며, 당신 자신에게 소망하는 것처럼 그들이 잘 되도록 바라며, 당신이 그들로 하여금 당신에게 하게 하는 것처럼 그들에게 행하십시오.

당신보다 모든 사람이 더 낫다고 생각하십시오. 그들이 당신에게 잘못했을지라도 그들과 평화롭게 살고, 그들을 도우며, 용서하고, 그들을 위해 하나님께 진심으로 기도하십시오.

자신에 대해서

항상 자신에 대해 겸손하게 생각하도록 하나님께 간구하십시오. 식사와 식사 사이에는 아무것도 먹지 마십시오. 식사 때, 좋아하는 것이던 그렇지 않던 간에 당신에게 주어진 음식을 적당히 드십시오. 최고급을 바라지 마십시오. 어떤 것이든 넘치게 바라지 마십시오. 적은 것에 만족하십시오.

당신이 지도받은 것처럼 당신의 시간을 쓰십시오. 아무것도 하지 않은 채 있지 마십시오. 게으름은 악마가 당신을 유혹하도록 유혹합니다. 당신이 무엇을 하던지 당신이 할 수 있는 한 그것을 잘 하십시오.

언쟁하지 말고 누군가에게 단호하게 반박하지 말며 필요한 것이 아니라면 말하지 마십시오. 당신이 잘못하고 있을 때 변명거리를 찾지 말며, 항상 하나님과 사람 모두에게 당신의 잘못을 고백할 준비를 하십시오. 당신이 그것을 변명하고자 하는 한 하나님께서는 당신의 죄들을 용서하지 않으실 것입니다.

교훈 11

만일 당신이 어떤 일을 잘하면, 하나님께 감사드리며 '오, 주님. 저는 이 일을 하게 하는 은총을 저에게 주신 것으로 당신을 찬양합니다. 당신이 함께하지 않으신다면 저는 악 외에는 어떤 것도 할 수 없습니다'라고 말하십시오. 그리고 그 일을 자랑하지 않도록 주의하십시오. 만일 자랑한다면, 그것이 당신의 영혼을 파괴합니다.

알지 못한 채 잘못을 저지르면 그 일은 아마도 용서받을 수도 있을 것입니다. 그러나 당신이 어떤 악행이든 그것이 악행이라는 것을 알면서 의지적으로 행한다면, 용서받을 수 없습니다. 그러므로 당신은 거짓말로, 거짓 이름들을 부르는 것으로, 불순종으로, 혹은 누군가를 때리는 것으로 인해서는 벌받아야만 합니다. 당신은 이 일이 하나님에 반한 죄임을 알기 때문입니다.

당신은 하나님과 사람이 보기에 벌받을 만합니다. 이 잘못으로 지금 벌받지 않는다면, 그것이 점점 자라서 당신을 지옥으로 데려갈 것입니다. 이것을 막기 위해서 그때보다 십억만 배는 덜한 벌로 지금 고통받는 것이 유익입니다. 만일 이 잘못을 또 범한다면 당신은 또 벌받아야만 합니다. 그러니 그 잘못을 더 이상 하지 않도록 하나님께 기도하십시오. 지금은 당신을 귀찮게 하지 않는 그 어리석은 사랑이 사실은 가장 고통스러운 증오가 될 것입니다.

교훈 12

어떤 사람들은 규정되기 전의 규칙들은 불가능하거나 어리석은 것이리라 생각할지도 모릅니다. 그것들은 우리에게 불가능하지 않습니다. 다만 우리가 그것들에 익숙하지 않기 때문입니다.

만일 그랬다면 하나님의 은총에 의해 우리는 그것보다 더 쉬운 것은 없다는 것을 발견할 것입니다. 그리스도의 십자가를 어리석은 것이라고 여기는 사람들이 아니라면 어떤 사람도 그것을 어리석다고 생각할 수 없습니다. 세상은 하나님의 적이기 때문에 사실 그 일들은 세상에는 어리석은 것들입니다.

그러나 하나님의 지혜가 세상에서 어리석은 것처럼 세상의 지혜는 하나님께 어리석은 것입니다. 그러한 까닭에 사도의 믿음에 따르면 세상의 친구는 하나님의 적이라는 것을 모르십니까? 따라서 세상의 친구인 사람은 그가 누구던지 하나님의 적입니다.

세상과 타협하지 마십시오. 세상과 세상의 일들을 사랑하지 마십시오. 만일 세상을 사랑한다면, 하나님 아버지의 사랑이 그 사람에게는 없습니다.

그러한 까닭에 세상의 규칙들에 따라 아이들을 양육하는 사람들은 얼마나 불행한지요? 그들은 이른바 세상 안에서 그들의 번영을 이루기 위해, 세상에서 위대해지고, 부유하며, 명예를 얻기 위해 그들의 자녀들을 훈련시킵니다. 사실 그것은 세상과 함께 멸망하는 것이며, 하나님을 잊어버린 모든 사람들과 함께 지옥으로 향해 가는 것입니다. 영원히 불타는 운명을 가진 그들이 악마를 위해서 양육한 사람들로 인해서 영원히 책망받으며 저주받을 것입니다.

그러나 그리스도께 적대적인 사악한 세상의 법들을 싫어하는 사람들은 행복합니다. 자녀들의 귀중한 영혼을 예수 그리스도의 법으로 훈련시키십시오. 그러한 사람들은 하늘에서 그 자녀들로 인해서 영원히 축복받을 것이며, 함께 영원까지 하나님을 찬양할 것입니다.

1749
교리 총회록

존 웨슬리 편저, 김민석 역

1744년 6월 25일 월요일, 제 1차 회의

존 웨슬리, 찰스 웨슬리, 웬보(Wenvo)의 교구목사 존 하지스, 벡슬리(Bexley)의 교구목사 헨리 피어스, 퀸튼(Quinton)의 교구목사 사무엘 테일러, 그리고 존 메리톤이 파운데리(Foundery)에서 모였다. 기도회를 한 후, 우리 모임의 목적이 제안되었다. (1) 무엇을 가르칠 것인가? (2) 어떻게 가르칠 것인가? (3) 무엇을 할 것인가? 즉 우리의 교리, 훈련, 그리고 실천을 숙고하자는 제안이 있었다.

우리는 칭의 교리를 살펴보기 시작했다. '칭의'와 관련된 질문과 그 대답은 다음과 같다.

Q1. 의롭다 여김을 받는다는 것은 어떤 의미입니까?

A. 의롭다 여김을 받는다는 것은 용서받고 하나님의 호의(사랑)를 받는 것을 의미합니다. 만일 우리가 용서와 은총 가운데 계속 거하게 된다면, 우리는 마침내 구원받을 것입니다.

Q2. 믿음이 칭의의 '유일한' 조건입니까?

A. 그렇습니다. 믿지 않는 모든 사람은 멸망 받게 되고 믿는 모든 사람은 의롭다 여김을 받게 되기 때문입니다.

Q3. 그러나 이 믿음 이전에 회개와 회개에 합당한 열매들이 있어야만 하는 것이 아닙니까?

A. 만일 회개가 죄에 대한 깨달음이며, 회개에 합당한 열매란 우리가 받은 권능에 따라서 우리가 할 수 있는 한 하나님께 순종하고, 우리의 형제를 용서하며, 악으로부터 떠나고, 선을 행하며 하나님께서 제정하신 규례 사용을 의미한다면 의심 없이 그렇습니다.

Q4. 믿음이란 무엇입니까?

A. 일반적으로 믿음은 보이지 않는 것들에 대한, 예를 들자면 과거, 미래, 영적인 것들에 대한 하나님의 초자연적 증거(elenchus)입니다. 이것은 하나님과 하나님의 일들을 영적으로 보는 것입니다.

먼저 죄인이 성령에 의해 "그리스도께서 나를 사랑하셨고 나를 위해 그분 자신을 주셨다"는 것을 확신하게 됩니다. 이것이 믿음을 받은 순간에 그를 의롭게 하고 용서받게 하는 그 믿음입니다. 즉각적으로 그의 영은 "그(그리스도)의 피 가운데서 너는 용서받았으며 구원받는다"는 증거를 품게 됩니다. 이것이 구원의 믿음입니다. 그 믿음으로 하나님 사랑이 그의 마음에 부어집니다.

Q5. 모든 (신실한) 그리스도인에게 이러한 믿음이 있습니까? 사람은 의롭게 되지 못하며 그것을 알지 못합니까?

A. 모든 신실한 그리스도인들에게는 하나님의 사랑의 확증을 수반하는 믿음, 즉 롬 8:15, 엡 4:32, 고전 13:5, 히 8:10, 요일 4:10, 5:19절에서 말하고 있는 그와 같은 믿음을 가지고 있습니다. 그리고 의롭게 된 사람이 그것을 알 수 없다는 것은 그 일의 '진정한' 본질과는 거리가 먼 것입니다. 회개 이후의 믿음이란 고통 후에 오는 평안함, 고된 일을 하고 난 후의 휴식, 어둠 이후의 빛이기 때문입니다. 이것은 즉각적인 열매들뿐만 아니라 나중의 열매들로부터 나타납니다.

Q6. 그것 (열매) 없이 사람이 천국에 가지 못합니까?

A. 이방인이 무엇을 행했던지(롬 2:14) 복음을 들은 사람이 천국에 갈 수 있다(막 16:16)는 것은 성경에 나타나지 않습니다.

Q7. 칭의의 믿음(의롭게 여김을 받게 하는 믿음, justifying faith)의 즉각적 열매들은 무엇입니까?

A. 평안, 기쁨, 사랑, 모든 외적 죄들을 이길 힘, 그리고 '모든' 내적 죄들을 억누르는 힘입니다.

Q8. 자신 안에 증거가 없거나 혹은 하나님을 보고, 사랑하고, 순종하는 것을 더 이상 못하는 사람에게도 믿음이 있습니까?

A. 우리는 없다고 알고 있습니다. 하나님을 안다는 것이 믿음의 본질이며, 사랑과 순종은 믿음의 필수불가결한 속성이기 때문입니다.

Q9. 어떠한 죄들이 칭의의 믿음과 함께할 수 있습니까?

A. 의지적 죄는 아닙니다. 만일 신자가 의지적으로 죄를 범한다면, 그는 믿음을 버린 것입니다. 먼저 회개함 없이 그가 다시 칭의의 믿음을 소유하는 것은 결코 가능하지 않습니다.

Q10. 모든 신자가 의심, 두려움, 혹은 어둠의 상태에 빠지게 됩니까? 무지에 의해서 혹은 충실하지 못함에 의해서가 아니라면 그렇게 될 수 있습니까? 알면서 의도적이라면 하나님께서 떠나신 것입니까?

A. 신자가 다시 정죄(condemnation)의 상태가 될 필요가 없다는 것은 확실합니다. 그가 다시 의심, 두려움, 어둠의 상태에 빠질 필요는 없을 듯합니다. 무지에 의해서 혹은 조심하지 않아서가 아니라면 그는 그렇게 하지 않을 것입니다. 그러나 첫 기쁨이 그렇게 오래 지속되지 않는다는 것은 사실입니다. 대개 의심과 두려움이 뒤따르는 것도 사실입니다. 하나님께서 하나님에 대한 어떤 큰 확신 이전에 '매우' 큰 중압감(heaviness)을 자주 허락하시는 것도 사실입니다.

Q11. 믿음의 지속을 위해서 행함이 필요합니까?

A. 의심의 여지없이 필요합니다. 의도적으로 범하는 죄(작위의 죄, sins of commission)에 의해서든 혹은 태만의 죄(부작위의 죄, sins of omission)에 의해서든 하나님께서 값없이 주신 은사를 잃어버릴 수도 있기 때문입니다.

Q12. 행함의 부족함만으로 믿음을 잃어버릴 수 있습니까?

A. 불순종 때문이 아니라면 그렇지는 않습니다.

Q13. 어떻게 믿음이 행함(works)에 의해 완벽해집니까?

A. 우리가 우리의 믿음을 행하면 행할수록, 믿음이 더 늘어납니다. 가진 자에게 더 주어질 것입니다.

Q14. 사도 바울은 아브라함이 '행위에 의해 의롭다 여김'받은 것이 아니라고 말합니다. 사도 야고보는 그가 '행위에 의해 의롭다 여김'받았다고 합니다. 그들은 서로 모순되지 않습니까?

A. 아닙니다. (1) 그들은 같은 의미로 칭의를 말하고 있는 것이 아니기 때문입니다. 사도 바울은 이삭이 태어나기 20여 년 전 아브라함이 75세 때 그 칭의를 말하고 있는 반면에 사도 야고보는 아브라함이 제단에 이삭을 봉헌했던 그때의 칭의를 말하고 있습니다. (2) 그들이 동일한 행함을 말하고 있는 것이 아니기 때문입니다. 사도 바울은 믿음 이전의 행함을 말하고 있는 반면에 사도 야고보는 믿음에서 나오는 행함을 말하고 있습니다.

Q15. 아담의 죄가 온 인류에게 전가되었다는 것은 어떤 의미입니까?

A. 아담 안에서 모두가 죽습니다. 즉 (1) 우리의 육체들이 죽게 되었습니다. (2) 우리의 영혼들이 죽었습니다. 즉, 하나님으로부터 단절되었습니다. 그렇기 때문에 (3) 우리 모두는 죄악되고, 사악한 본성을 가지고 태어납니다. 그러한 이유에 의해서 (4) 우리 모두는 영원한 죽음으로 갚아야 하는 분노의 자녀들입니다 (롬 5:18; 엡 2:3).

Q16. 어떠한 의미에서 그리스도의 의가 인류에게 혹은 신자들에게 전가됩니까 (덧입혀집니까)?

A. 비록 의를 위해서 믿음이 우리에게 전가된다는 것은 성경에서 찾을 수 있지만, 하나님께서 그리스도의 의를 사람에게 전가하신다

는 것이 성경에 명확하게 있다는 것을 발견할 수 없습니다.

'한 사람의 불순종으로 말미암아 모든 사람들이 죄인이 된 것처럼 한 사람의 순종으로 말미암아 모두가 의로워졌다'는 본문 말씀을 우리는 다음과 같은 뜻으로 생각합니다. 그리스도의 공로에 의해서 모든 사람들이 아담의 실제 죄책으로부터 벗어났습니다.

더 나아가서 우리는 다음과 같이 생각합니다. 그리스도의 순종과 죽음을 통해서 (1) 모든 이들의 육체들이 부활 후에 죽지 않는 몸이 될 것이고, (2) 그들의 영혼들은 영적 삶의 능력(capacity)을 받으며 (3) 그 능력을 통해서 실제적 생기와 근원을 받게 됩니다. (4) 모든 신자들은 은혜의 자녀들이 되며, (5) 하나님과 화해하게 되며, (6) 신적 본성에 참여하는 자들이 됩니다.

Q17. 우리는 무심코 너무 칼빈주의로 기울어져 있는 것은 아닙니까?

A. 우리가 그럴까봐 두렵습니다.

Q18. 또한 율법폐기주의(도덕폐기론)로 기울어져 있는 것은 아닙니까?

A. 우리가 그럴까봐 두렵습니다.

Q19. 율법폐기주의는 무엇입니까?

A. 믿음(faith)을 통해 율법을 쓸모없는 것으로 만드는 교리입니다.

Q20. 율법폐기주의의 주요 요점들은 무엇입니까?

A. (1) 그리스도께서 도덕법을 폐지하셨다는 주장입니다.

(2) 그러한 까닭에 그리스도인들이 도덕법을 지킬 의무가 없다는 주장입니다. .

(3) 그리스도인의 자유 중에 하나는 하나님의 명령에 대한 순종으

로부터의 자유라는 주장입니다.

(4) 명령되었기에 무엇을 하라는 것 혹은 금지되었기 때문에 삼가라는 것은 속박이라는 주장입니다.

(5) 하나님의 규례를 활용하고 선행을 하는 것이 신자에게 의무가 되어서는 안 된다는 주장입니다.

(6) 불신자에게 선행을 하라는 훈계는 해로우며, 신자에게 그것은 쓸모가 없기 때문에 설교자가 그러한 훈계를 해서는 안 된다는 주장입니다.

Q21. 사도 바울이 갈라디아에 그의 편지를 쓴 이유가 무엇입니까?

A. 갈라디아인들 중에 어떤 사람들이 와서 '할례를 받고 모세의 율법을 지키지 않는다면 구원받을 수 없다'고 가르쳤기 때문입니다.

Q22. 갈라디아서에 있는 사도 바울의 주요 의도는 무엇인가요?

A. (1) 어떤 사람도 도덕법으로든 예식법으로든 율법의 행위로 의롭다 칭함을 받거나 구원받을 수 없다는 것을 증거하기 위해서입니다. (2) 모든 믿는 사람은 율법의 행위가 아니라 그리스도를 믿음으로 의롭다 여김을 받는 것을 증거하기 위해서입니다.

Q23. 바울에 의하면 '율법의 행위'는 무엇을 의미합니까? (갈 2:16 etc.)

A. 그리스도에 대한 믿음으로부터 온 것이 아닌 모든 행위들입니다.

Q24. '율법 아래' 있다는 것은 무엇을 의미합니까? (갈 3:23)

A. 모세의 언약 아래 있다는 것을 의미합니다.

Q25. 그리스도께서 어떠한 율법을 폐지하셨습니까?

A. 모세의 예식법입니다.

Q26. 자유란 무엇을 의미합니까? (갈 5:1)

A.   (1) 율법으로부터 자유, (2) 죄로부터 자유입니다.

1744년 6월 26일 화요일 아침

성화의 교리와 관련된 질문과 대답은 아래와 같다.

Q1.   성화된다(거룩하여진다)는 것은 어떤 의미입니까?

A.   의와 참된 성결(거룩함)로 하나님의 형상이 새로워진다는 의미입니다. (엡 4:24)

Q2.   믿음은 성화의 조건인가요, 수단인가요?

A.   믿음은 성화의 조건이자 수단입니다. 우리가 믿기 시작할 때, 성화가 시작됩니다. 믿음이 성장할수록 우리가 새롭게 창조될 때까지 거룩함(성결)도 성장합니다.

Q3.   온전한 그리스도인이 된다는 것(사랑 안에서 완전해진다는 것)은 어떤 의미입니까?

A.   우리의 마음, 뜻, 영혼, 그리고 힘을 다해 우리 주 하나님을 사랑하는 것입니다. (신 6:5; 30:6; 겔 36:25-29)

Q4.   이것(그리스도인의 완전)은 내적 죄가 모두 씻음받는다는 것을 의미합니까?

A.   의심할 여지없이 그렇습니다. 그렇지 않다면 어떻게 그가 '자신

의 모든 부정함으로부터' 구원받았다고 말할 수 있었겠습니까? (겔 36:29)

Q5. 그렇게 구원받은 사람을 우리가 알 수 있습니까? 그것에 대한 합리적인 증거가 무엇입니까?

A. 영들의 기적 같은 분별이 없다면 우리는 그렇게 구원받은 사람들을 오류 없이 확실하게 알 수 없습니다. 그러나 (1) 적어도 그들이 의롭다 여김을 받은 시점부터 책망할 것이 없는 그들의 행위에 관한 충분한 증거들을 우리가 가지고 있다면, (2) 자신들이 죄로부터 구원받은 시간과 방식, 그에 따른 상황에 관해서 변하지 않는 굳건한 말로 명료하게 설명한다면, (3) 그 경험 후 이 년 혹은 삼 년 동안 시간과 시간 단위의 엄격한 조사에 근거해서 그들의 기질, 말, 그리고 행동이 모두 거룩하고 책망받을 만한 것이 없다고 드러난다면, 이것들이 이 일의 본질이 허락하는 최선의 증거들이라고 알고 있습니다.

Q6. 우리는 이것(그리스도인의 완전)을 얻었다고 생각하는 사람들을 어떻게 대해야 합니까?

A. 이전 것들을 잊고 하나님께서 그들 마음의 중심을 살피시도록 항상 깨어 기도하라고 그들에게 권면하십시오.

1744년 6월 27일 수요일

우리는 훈련의 요점들을 숙고하기 시작했다. 이와 관련되어 제기된 질문과 대답은 다음과 같다.

Q1. 영국 성공회는 어떤 교회입니까?

A. 종교 강령 20조에 따르면 가시적 영국 성공회는 하나님의 순수한 말씀이 선포되고, 성례전이 정당하게 행해지는(집례되는) 영국의 신자들의 모임입니다. (그러나 어떤 때는 '교회'라는 단어가 '믿음을 고백하는 사람들의 모임'이라는 느슨한 의미로 사용됩니다. 종교 강령 26조와 요한계시록 1장, 2장, 3장에서는 그러한 의미로 사용됩니다.)

Q2. 누가 교회의 교인입니까?

A. 교회에서 선포되어지는 하나님의 말씀을 듣고 합당하게 제정된 성례전에 참여하는 신자(believer)입니다.

Q3. 교회를 위한 열심이 있다는 것은 어떤 의미입니까?

A. 교회의 번영과 성장을 간절하게 소망하는 것입니다. 믿음, 들음, 그리고 친교 가운데 현재 신자들의 신앙을 견고하게 확증함으로 교회의 번영을 소망하는 것이며, 새로운 교인들이 늘어남으로 교회가 성장하는 것을 진지하게 바라는 것입니다.

Q4. 우리는 어떻게 교회의 교리(들)를 수호해야 합니까?

A. 우리의 설교와 삶으로 그렇게 해야 합니다.

Q5. 틀린 혹은 악담하는 설교에 우리는 어떻게 대처해야 합니까?

A. 만약 그 설교가 개인적인 것만을 포함하고 있다면, 우리는 괴로울 것입니다. 만일 그 설교가 하나님의 사역과 영을 모독한다면, 우리는 그 교회를 떠나는 것이 더 나을지도 모릅니다. 어떤 경우던지 만일 기회가 주어진다면, 목사(minister)에게 이야기하거나 글을 쓰는 것이 좋을 것입니다.

Q6. 감독들에게 어느 정도까지 순종하는 것이 우리의 의무입니까?

A. 문제없는 모든 사항에는 순종해야 합니다. 그리고 그들에게 순종하는 데 있어서 신중한 양심으로 우리는 할 수 있는 한 경전들(성경 말씀)을 지켜야 합니다.

Q7. 우리는 교회(영국 성공회)에서 분리되는 것입니까?

A. 우리는 그렇게 생각하지 않습니다. 우리는 양심에 따라 영국 성공회에서 선포된 말씀과 제정된 성찬에 끊임없이 참여함으로써 교회 내에서 성도의 교제를 유지합니다.

Q8부터 Q10은 영국 국교회 일부 사람들이 웨슬리와 초기 메소디스트 운동이 분열과 분파를 만들고 있다는 공격에 대한 대답이다.

1745년 8월 1일 목요일, 제 2차 회의, 브리스톨

다음 사람들이 뉴룸 예배당에 모였다. 그들은 존 웨슬리, 찰스 웨슬리, 존 핫지, 토마스 리차드, 사무엘 라우드, 토마스 마이리크, 리차드 모스, 존 스로콤베, 허버트 젠킨스, 마르마듀크 귀니였다. '약 7시쯤에' 칭의론에 관한 지난 연회의 회의록을 검토할 것을 제안받았다. 그리고 다음과 같은 질문이 있었다.

Q1. 이 주제를 다루는 글들이 그렇게 난해하고 모호하게 된 것은 어떤 이유 때문입니까? 그 주제의 본질에서 기인한 모호함 때문입니까? 일반적으로 그 주제를 다루는 사람들의 실수 혹은 연약함 때문입니까?

A. 이 모호함이 그 주제의 본질에서 기인한 것은 아니라고 생각합니다. 일정 부분은 악마가 가장 중요한 주제를 복잡하게 만들려고 각별히 노력하기 때문이고, 부분적으로는 그 주제를 다루는 저자들의 극단적 열정 때문이라고 생각합니다.

Q2. 우리는 그리스도에 대한 믿음이 칭의(의롭다 여김을 받는 일)의 유일한 조건임을 확신합니다. 그러나 회개는 그 믿음 전에 있는 것이 아닙니까? 예, 그렇습니다. (기회가 있다고 한다면) 회개에 합당한 열매들 혹은 행위들도 믿음 전에 있는 것 아닙니까?

A. 의심 없이 그렇습니다.

Q3. 그러면 어떻게 우리는 그것들(회개와 회개에 합당한 열매들)이 칭의의 조건이 되는 것을 부정할 수 있습니까? 이것은 단순한 말장난인가요? '조건'이라는 용어에 관한 논쟁을 계속할 가치가 있습니까?

A. 비록 그것이 통탄할 정도로 잘못 사용되고 있음에도 불구하고 그럴 필요는 없어 보입니다. 그러나 그대로 둡시다.

1745년 8월 2일 금요일

질문이 제기되었다.

Q1. 우리가 그분의 은혜 (사랑, 호의) 안에 있는 존재가 되는 데 있어서 하나님의 용서하시는 사랑에 대한 확신이 절대적으로 필요한 것입니까? 어떤 예외적인 경우들이 있습니까?

A. 감히 예외 경우는 없다고 적극적으로 말하지 않습니다.

Q2. 그와 같은 확신이 내적 그리고 외적 성결에 필요한 것입니까?

A. 그렇다고 생각합니다.

Q3. 확신은 최종 구원에 필수불가결하게 필요합니까? 교황주의자인 경우는요? 퀘이커교도들인 경우는요? 확신에 관한 설교를 전혀 들어본 적이 없는 사람들의 경우는요?

A. 사랑은 모두를 바랍니다(고전 13:7 c). 이들 중에서 누가 얼마나 멀리 떨어져 극복할 수 없는 무지의 경우에 있는지를 우리는 알지 못합니다.

Q4. 그러나 런던의 J. W. (John Warr)처럼 믿음의 확신 없이 사망한 신도회 사람에 대해서 무엇을 말할 수 있습니까?

A. 정말 그렇다면 그것은 아마 예외적인 경우라고 할 수 있습니다. 그런데 아무것도 단정하지 않습니다. 그의 영혼을 그를 만드신 하나님의 손에 맡깁니다.

Q5. 화목하게 된 하나님을 아는 것(보는 것) 이상으로 믿습니까? (의역: 화

목하게 된 하나님을 알지 못하면서 혹은 못 보면서 믿는다고 할 수 있습니까?)

A. 우리는 그렇게 생각하지 않습니다. 그러나 태양이 감겨 있는 눈으로 비칠 때 태양을 보는 사람과 광선의 강렬한 반짝임 가운데 그의 눈을 완전히 뜨고 서 있는 사람 사이만큼 하나님을 아는 데 무한한 차이가 있음을 인정합니다.

Q6. 하나님을 사랑하는 것 이상으로 믿게 됩니까? (하나님을 사랑하지 못하면서 믿는다고 할 수 있습니까?)

A. 결코 아닙니다. 사랑으로 역사하는 믿음 없이는 할례나 무할례나 모두 소용이 없습니다.

Q7. 고넬료의 경우를 신중하게 생각해 보았습니까? 그의 기도와 자선들이 하나님 앞에 기억되었을 때, 즉 그리스도를 믿기 전에, 그는 하나님의 은총(사랑/호의) 가운데 있었던 것입니까?

A. 그는 어느 정도 하나님의 은총 가운데 있었던 것으로 보입니다. 그러나 우리는 복음을 전혀 듣지 못했던 사람들을 말하고 있는 것이 아닙니다.

Q8. 이것들은 그의 훌륭한 죄(splendid sins)의 행위인가요?

A. 아닙니다. 그것들은 그리스도의 은총 없이 행해진 것이 아닙니다.

Q9. 하나님의 용서하는 사랑을 느끼기 이전에 행한 모든 행위가 죄라고 주장할 수 있을까요? 그렇다면 그런 것들은 그분께 혐오스러운 행위인가요?

A. 복음을 이미 들었지만 믿지 않는 사람들의 행위들은 하나님께서 그들에게 원하시고 명령하신 것을 따라서 행한 일이 아닙니다. '그

러한 까닭에 그 행위들은 죄악이 됩니다.' 그러나 하나님을 두려워하고, 그 원칙에서 최선을 다하는 사람의 행위들이 하나님께 혐오스러운 것이라고 말하는 법을 알지 못합니다.

Q11. 신자는 하나님께 순종하도록 강요받습니까?

A. 처음에는 자주 그렇습니다. 그리스도의 사랑이 그를 구속합니다. 그 후로는 어떤 구속에도 매여 있지 않기 때문에 그는 순종할 수도 순종하지 않을 수도 있습니다.

Q12. 불순종을 통하는 것 말고 믿음을 상실할 수 있습니까?

A. 그럴 수 없습니다. 먼저 신자가 내적으로 불순종하고, 마음이 죄로 기울어집니다. 그 다음에 하나님과의 연합이 단절됩니다. 믿음을 잃어버립니다. 그리고 난 후 연약해지고 다른 사람처럼 된 그는 외적 죄를 범하게 됩니다.

Q13. 그와 같은 사람이 믿음을 어떻게 회복합니까?

A. 회개와 처음 행위들을 행함으로 믿음을 회복합니다. (요한계시록 2:5 "회개하여 처음 행위를 가지라")

Q14. 믿는 사람들 대다수 중에 그렇게 많은 사람들이 어느 정도 의심하고, 두려움에 빠지는 이유가 무엇입니까?

A. 주로 그들의 무지와 믿음의 연약함(unfaithfulness) 때문에 그렇습니다. 종종 그들이 깨어 기도하지 않기 때문에 그렇습니다. 가끔 그들이 듣는 설교에 있는 어떤 결함 혹은 권능의 부족 때문에 그렇습니다.

Q15. 우리 안에 결함은 없습니까? 처음 설교했던 것처럼 우리는 설교하

고 있습니까? 교리들을 바꾸지 않았습니까?

A. (1) 처음에 대부분 불신자들을 향해 설교했습니다. 그러한 까닭에 우리는 그리스도의 죽음을 통한 죄의 용서와 보혈에 대한 믿음의 본질을 계속해서 전했습니다. 그리고 그리스도 복음의 첫 요소들을 배워야 할 사람들에게 여전히 그렇게 하고 있습니다.

(2) 그러나 기초가 이미 있는 사람들에게는 완전을 향해 나아가라고 권고합니다. 처음부터 완전에 대해 자주 말했지만 처음에 교리에 대해 그렇게 분명하게 알지 못했습니다.

(3) 그러나 6년 전에 그랬던 것처럼 우리는 예언자, 제사장, 그리고 왕으로서 그리스도에 대한 믿음을 분명하고, 강력하며, 충분하게, 지금도 끊임없이 설교합니다.

Q16. 만일 우리가 그들 모두를 정죄한다면, 환상과 꿈을 너무 많이 낙담시키는 것은 아닙니까?

A. 그런 의도가 없었습니다. 낙담시키지도, 격려하지도 않습니다. 사도행전 2장 19절에서 '마지막 날에' 이러한 종류의 일을 기대하라는 것을 배웁니다. 그래서 구원의 믿음이 종종 꿈 혹은 환상에서 주어진다는 것을 부정하지 않습니다. 우리는 그러한 믿음이 다른 방식으로 온 것보다 더 나은 것이라고도 혹은 더 못한 것이라고 여기지 않습니다.

Q17. 우리 전도자들 중에 어떤 이들은 하나님의 분노를 너무 많이 설교하는 반면에 하나님의 사랑은 너무 적게 설교하는 것은 아닙니까?

A. 그들이 그런 극단으로 가 있으며, 그 설교들을 듣는 사람들 중에서

믿음의 기쁨을 상실하고 있다는 것을 우리가 두려워합니다.

Q18. 하나님께 용납되었다는 것을 알고 있는 사람들에게 주님의 무서움을 설교할 필요가 있습니까?

A. 아닙니다. 그렇게 하는 것은 어리석은 일입니다. 그들에게는 사랑이 모든 동기들(motives) 중에 가장 강력한 것이기 때문입니다.

Q19. 칭의의 상태가 그렇게 위대하고 행복하다는 것을 우리가 통상적으로 설명하고 있습니까?

A. 그렇지 않은 것 같습니다. 빛 가운데 걸어가고 있는 신자는 말할 수 없을 정도로 행복하고 위대합니다.

Q20. 온전 성화의 상태를 찬양하기 위해서 칭의를 평가 절하하지 않도록 주의해야 합니까?

A. 의심의 여지없이 조심해야 합니다. 무의식 중에 그렇게 될 수 있습니다.

Q21. 어떻게 우리는 이것을 효과적으로 피할 수 있을까요?

A. 우리가 온전 성화를 말하고자 할 때, 먼저 칭의 상태의 축복들을 가능하면 강하게 설명합시다.

Q22. 복음의 진리가 칼빈주의와 율법폐기주의 이 둘 가까이에 있지는 않습니까?

A. 사실 소위 머리카락 한 올 이내에 있습니다. 그렇기에 우리는 둘 중에 하나에 완전히 동의하는 것은 아니기 때문에, 가능하면 멀리 그들로부터 달아나는 것은 어리석고 죄를 범하는 것입니다.

Q23. 어느 지점에서 우리는 칼빈주의의 가장자리로 다가갑니까?

A.   (1) 선한 모든 것을 하나님의 값없이 주시는 은총 덕택으로 돌리는 점에서. (2) 자연적 자유 의지를 부정하고 은총에 앞서는 권세를 부정하는 점에서 (3) 심지어 하나님의 은총에 의해 소유하고 행하는 것에서도 인간의 공적을 배제하는 점에서 그렇습니다.

Q24. 어느 지점에서 우리는 율법폐기주의의 가장자리에 다가갑니까?

A.   (1) 그리스도의 사랑과 공적을 높이는 점에서, (2) 끊임없이 기뻐하는 점에서 그렇습니다.

Q25. 믿음이 성결 혹은 선행을 필요 없게 합니까?

A.   결코 그렇지 않습니다. 오히려 원인이 결과를 만들어 내는 것처럼, 그것(믿음)은 둘 모두를 의미합니다.

    10시부터 우리는 성화에 대해 이야기하기 시작했다. 성화와 관련해서 다음과 같은 질문이 있었다.

Q1.   내적 성화는 언제 시작됩니까?

A.   우리가 칭의받은 그 순간에 시작됩니다. 그때 모든 덕(virtues)의 씨앗이 영혼에 심겨집니다. 그때부터 신자들은 점차적으로 죄에 대해 죽고 은혜 안에서 성장합니다. 그러나 혼으로, 영으로, 그리고 몸으로 완전히 성화될 때까지는 신자에게 죄, 즉 모든 죄의 씨앗이 남아 있습니다.

Q2.   만일 그렇게 성화되지 못하고 죽음에 이른다면 그 사람은(원문에서는 이방인은, 교황주의자는, 영국 국교도는) 어떻게 될까요?

A. 그는 주님을 보지 못할 것입니다. 그러나 성화를 진지하게 추구하는 사람은 결코 성화 없이 죽거나 혹은 죽지 않습니다. 비록 죽기 직전까지도 그것을 얻지 못했을지라도 말입니다.

Q3. 죽기 바로 전까지 그것이 주어지지 않는 것이 일반적입니까?

A. 성화를 즉시 구하지 않는 사람, 결국 그것을 구하지 않는 사람, 혹은 적어도 믿음 없이 구하는 사람에게는 주어지지 않습니다.

Q4. 그러면 성화를 즉시 기대해야 합니까?

A. 물론입니다. 비록 (1) 지금까지 우리가 알고 있는 대다수의 신자들은 죽음의 근처에 이르기까지 성화되지 못했고, (2) 사도 바울이 서신들을 보낸 사람들 중에 소수만이 그가 편지를 썼을 당시 그와 같은 상태였으며, (3) 또한 사도 바울도 그 이전에는 그렇지 못했다는 것을 인정하더라도, 이것들이 오늘날 우리도 성화되지 못한다는 것을 논증하는 것은 아니기 때문입니다.

Q5. 그러면 그렇게 성화된 사람은 세속적 일을 잘 할 수 없는 것은 아닙니까?

A. 혼란 없이 모든 일을 해 나가기에 이전보다 더 그 일을 잘 할 수 있습니다.

Q6. 그 사람은 결혼할 수 있습니까?

A. 결혼하면 왜 안 됩니까?

Q7. 얻었다고 생각하는 사람들에게 부담주는 것을 조심해야 하지 않습니까?

A. 조심해야 합니다. 받은 은혜에 충실하다면 그들이 멸망의 위험에

처해 있는 것은 아니기 때문에 더욱 그렇습니다. 아니, 설령 몇 달 혹은 몇 년 동안 (어떤 용어처럼) 조명하는 믿음 가운데 있지 않을지라도 그들의 영혼이 하나님께 돌아오는 데 필요한 약간의 시간 가운데 그들이 거하고 있기 때문입니다.

Q8. 어떠한 방식으로 온전 성화를 설교해야 합니까?

A. 앞으로 나아가지 않는 사람들에게는 그런 설교를 피하십시오. 앞으로 나아가려는 사람들에게는 약속의 방식으로 강요하기 보다는 항상 끌어당기는 식으로 하십시오.

Q9. 이러한 약속의 성취를 위해서 우리는 어떻게 기다려야 합니까?

A. 보편적 순종(universal obedience)으로 기다려야 합니다. 모든 계명을 지킴으로, 우리 자신을 부인함으로, 그리고 우리 자신의 십자가를 매일 짐으로 약속의 성취를 기다려야 합니다. 이것들이 하나님께서 하나님 성화의 은총을 받게 하기 위해 제정하신 은총의 일반적 수단입니다. 은총의 특별한 수단은 기도, 성경 찾기, 성찬, 그리고 금식입니다.

1746년 5월 13일 화요일, 제 3차 회의

브리스톨의 뉴룸(New Room: 초기 감리회 운동의 예배 처소)에서 존 웨슬리(John Wesley), 찰스 웨슬리(Charles Wesley), 존 하지스(John Hodges), 조나단 리브스(Jonathan Reeves), 토마스 멕스필드(Thomas Maxfield), 토마스 웨스텔

(Thomas Westell), 그리고 토마스 윌리스(Thomas Willis)가 모였다. 거기에서 질의된 것은 다음과 같다.

Q1. 믿지 않는 사람이(그가 어떤 모습으로 있던지 간에) 하나님의 정의에 도전할 수 있습니까?

A. 절대로 없습니다. 지옥만이 있습니다.

Q2. 우리가 처음에 그렇게 했던 것처럼 사람들로 하여금 그들 자신의 의를 버리라고 해야 합니까? 그들이 죄에 대해 깨닫기 시작할 때 그들이 의지하는 모든 것들을 제거하는데 우리는 충분히 애쓰고 있습니까? 그러면 그들의 잘못된 토대들을 무너뜨리기 위해서 우리의 모든 힘을 다해 노력해야 하는 것 아닙니까?

A. 처음에는 이것이 우리의 주요 요점들 중에 하나였습니다. 그리고 여전히 그렇게 되어야만 합니다. 모든 토대들이 무너질 때까지 그들은 그리스도 위에 세워질 수 없기 때문입니다.

Q3. 그러면 우리가 의도적으로 죄를 깨닫도록 한 것은 아닙니까? 강력한 슬픔과 두려움으로요? 아니 그들을 위로하지 않으려고 노력한 것은 아닙니까? 위로가 되는 것을 거부함으로?

A. 우리는 그렇게 했습니다. 그리고 여전히 그렇게 해야만 합니다. 죄에 대한 깨달음이 강력하면 강력할수록 죄로부터 더 빨리 벗어나기 때문입니다. 그리고 모든 위로를 꾸준히 거부한 사람들만큼 하나님의 평화를 그렇게 빨리 얻는 사람은 없습니다.

Q4. 구체적 경우를 생각해 봅시다. 조나단 리브스 씨, 하나님의 평화를

받기 전에 당신이 했던 혹은 할 수 있었던 것들에도 불구하고 정죄
(멸망) 상태에 있었다는 것을 깨닫고 있었습니까?

조나단 리브스:

네, 제가 지금 생명 가운데 있다는 것을 알고 있는 것만큼 그것을
확신하고 있었습니다.

Q5. 죄의 자각이 하나님으로부터 왔음을 확신합니까?

조나단 리브스:

의심의 여지없이 그렇다고 확신합니다.

Q6. 정죄 상태라는 것이 당신에게 무슨 의미입니까?

조나단 리브스:

그 상태에서 사람이 죽는다면 그는 영원히 멸망한 상태에 있게 됩
니다.

Q7. 그 죄책감이 어떻게 끝이 났습니까?

조나단 리브스:

먼저 저는 하나님께서 나를 인도하실 것이라는 강력한 소망을 가
졌습니다. 이것이 어느 정도의 평안을 주었습니다. 그러나 그리스
도께서 계시된 후에야 저는 굳건한 하나님의 평안을 갖게 되었습
니다.

Q8. 그러면 예수 그리스도를 통해 화해된 하나님에 대한 뚜렷한 앎이
없다면 하나님의 사랑에 대한 그와 같은 신뢰는 낮은 칭의의 믿음
이 아닙니까?

A.   그것은 칭의의 믿음의 전조입니다. 이것은 아주 짧은 시간 동안만

그렇기 때문에 적절한 기독교의 믿음이 아닙니다.

Q9. 그리스도께서 돌아가시기 전에 사도들은 어떤 믿음으로 정결하게 되었나요?

A. 유대인의 믿음에 의해서입니다. 그 당시 성령을 받지 못했기 때문입니다.

Q10. "너희 중에 누가 여호와를 경외하고, 그 종의 목소리에 청종하며, 빛 없이 어둠 속에 걷는 자가 누구냐?"라는 성구(사 50:10)에서 의미하는 사람은 누구입니까?

A. 예수 그리스도에게 있는 하나님의 은혜로운 사랑의 빛을 주시려는 유대인의 섭리 아래에 있는 신자입니다. 하나님께서 그의 마음에 아직 빛을 비추어주시지 않으셨습니다.

Q11. 누가 (내적으로) 유대인입니까?

A. 하나님의 종입니다. 그는 두려움으로 하나님께 신실하게 순종합니다. 반면에 (내적으로) 그리스도인은 사랑 때문에 하나님께 순종하는 하나님의 자녀입니다. 그러나 그리스도께서 당신에게 계시되기 전에 당신은 신실하지 않았습니까?

조나단 리브스:

나는 어느 정도 신실했던 것 같습니다.

Q12. 신실함이란 무엇을 의미합니까?

A. 기꺼이 하나님의 뜻을 온전하게 알고 행하려는 것입니다. 신실의 가장 낮은 단계의 '작은 일에도 충실한' 것입니다.

Q13. 하나님께서 인간의 신실함에 관심을 가지고 계십니까?

A. 신실함 없이 어떤 상태의 인간도 하나님을 기쁘시게 할 수 없습니다. 또한 신실하지 못하면 어떤 순간에도 그 사람은 하나님을 기쁘게 할 수 없습니다.

Q14. 그러면 하나님께서 불신자의 신실함에 관심을 가지고 계시다고 할 수 있습니까?

A. 그렇습니다. 만일 그가 그 점에서 계속한다면(신실함을 유지한다면) 하나님께서 틀림없이 믿음을 주실 것입니다.

Q15. 신자의 신실함을 간직하기 위해서 우리는 그분에게 어느 정도의 존경을 가져야 할까요?

A. 아주 많이요. 모든 신실한 신자 안에서 하나님께서는 그 위대하고 귀중한 약속 모두를 성취하십니다.

Q16. 신실한 신자는 누구입니까?

A. 하나님께서 빛 가운데 계신 것처럼 빛 가운데 걷는 사람입니다.

Q17. 신실함이란 전심으로(single eye)와 같은 용어입니까?

A. 전혀 아닙니다. 후자(전심으로)는 우리의 (현재적) 의도를 언급하는 반면에 전자(신실함)는 우리의 의지와 욕망(desires)을 언급하는 것입니다.

Q18. 이는 그 안에 모든 것이 포함된 것이 아닙니까?

A. 모든 것이 유지되는 신실함의 뒤를 따라올 것입니다. 하나님께서는 신실함과 함께하면 모든 것을 주시며, 신실함이 없으면 아무것도 주지 않으십니다.

Q19. 신실함과 믿음은 동일한 말입니까?

A. 그렇지 않습니다. 신실함과 믿음이 관련 있는 것만큼 신실함은 행위와도 관련이 있습니다. 예를 들면, 믿기 이전에 신실한 사람은 누구인가요? 그가 할 수 있는 모든 것을 하는 사람입니다. 받은 힘에 따라서 회개에 합당한 열매를 맺는 사람입니다. 믿은 후에 신실한 사람은 어떤 사람인가요? 그는 하나님의 사랑을 느낌으로부터 모든 선행에 열심인 사람입니다.

Q20. 신실함이란 사도 바울이 자원하는 마음(a willing mind)이라고 말한 것(고후 8:12)이 아닙니까?

A. 넓은 의미로 살펴보면 그렇습니다. 그것은 주어진 은총 전부를 사용하기 위한 변함없는 경향성이기 때문입니다.

Q21. 그러나 신실함을 믿음과 같은 수준으로 여기는 것은 아닙니까?

A. 아닙니다. 회개했음에도 의롭다 여김을 받지 못할 수도 있는 것처럼 신실하지만 아직 의롭다 여김을 받지 못하는 것을 인정합니다. 믿음을 갖지 못하면 의롭다 여김을 받지 못하기 때문입니다. 믿는 순간에 그는 의롭다 여김을 받습니다.

Q22. 우리는 믿음이 아니라 신실함을 하나님께 용납되는 조건으로 여기는 것은 아닙니까?

A. 회개와 마찬가지로 신실함이 용납 조건 중에 하나라고 믿습니다. 그것이 용납의 상태가 지속되는 조건이라고 믿습니다. 그러나 우리는 그것을 믿음의 자리에 올려 놓지는 않습니다. 믿음에 의해서 그리스도의 공로는 영혼에 적용됩니다. 만일 신실하지 않다면 그 공로들은 적용되지 않습니다.

Q23. 이것은 사도 바울이 말하고 있는 "자기 의를 세우려고 하는" 것(롬 10:3)이 아닙니까?

A. 사도 바울은 불신자들에 대해서 명백하게 말하고 있는 것입니다. 그들 자신의 의로 말미암아 용납받는 것을 추구합니다. 우리는 신실함이 아니라 그리스도 공로로만 용납받는 것을 구합니다.

Q24. 당신은 우리가 은혜의 언약 아래 있다고 생각합니까? 그리고 행위의 언약은 현재 폐지되었다고 생각하십니까?

A. 원 약속(최초의 약속; original promise)이 이루어진 바로 그 순간부터 모든 인류는 은혜의 언약 아래 있습니다. 행위의 언약이 타락 이전에 아담이 맺은 죄 없는 순종의 언약을 의미한다면, 아담을 제외한 어떤 사람도 행위의 언약 아래 있었던 적이 없습니다. 가인이 태어나기 이전에 그 언약은 이미 폐지되었기 때문입니다. 그러나 그 언약은 그렇게 전적으로 폐지된 것이 아니라 세상의 종말까지 어느 정도는 유지될 것입니다. 만일 우리가 이것을 하면 우리는 살 것이고 하지 않으면 우리는 영원히 죽을 것입니다. 만일 우리가 잘 하면 우리는 영광 중에 하나님과 함께 살 것이고, 만일 우리가 악하면 우리는 제 2의 사망으로 죽을 것입니다. 모든 사람들이 그날에 심판받을 것이며, '그가 행한 대로' 상급을 받을 것이기 때문입니다.

Q25. 그러면 믿는 자에게 그의 믿음이 의(righteousness)로 여겨진다는 것은 무슨 뜻입니까?

A. 믿는 순간 하나님께서 완전한 의 대신에 그의 믿음을 받으시기 때문에 의롭지 못한 그를 용서하신다는 뜻입니다. 그러나 보십시오.

보편적 의(우주적 의; universal righteousness)는 신앙을 앞서는 것이 아니라 뒤따를 것입니다.

Q26. 그러므로 우리가 믿을 때에는 어느 때라도 그렇게 믿음이 우리에게 의로 여겨집니까?

A.   네, 그렇습니다. 우리가 믿는 그 순간에 우리의 모든 과거의 죄들이 사라집니다. 그것은 마치 없었던 것처럼 됩니다. 하나님 보시기에 우리는 깨끗한 자들로 서게 됩니다.

1746년 5월 13일 화요일, 오전 10시

이 대화 중에 귄튼의 테일러와 글라스콧이 참여해서 다음의 질문이 제기되었다.

Q1.   믿음의 확신, 성령의 영감, 그리고 우리 안에 그리스도에 대한 계시는 거의 같은 의미가 아닙니까?

A.   이것들은 아주 가깝게 연결되어 있기 때문에 그 중에 하나를 부인하는 사람은 모두를 부인하는 것입니다.

Q2.   순수한 복음이 선포된 곳에서 그런 것들은 하나님께서 우리를 받아들이시는 데 핵심적인 것입니까?

A.   의심할 여지 없이 그러합니다. 그것은 가장 강한 어조로 주장되어야 합니다.

Q3. 믿음에 의한 혹은 행위에 의한 구원에 관한 전체 논쟁은 단순한 '말다툼'에 불과한 것 아닙니까?

A. 믿음으로 구원받는다는 것을 주장함에 있어서 우리는 이것을 의미합니다. (1) 용서(시작된 구원)는 믿음에 의해 받습니다. 그 믿음이 선행을 낳습니다. (2) 성결(계속된 구원)은 사랑으로 역사하는 믿음입니다. (3) 천국(완성된 구원)은 이 믿음의 보상입니다.

만일 행위에 의한 구원 혹은 믿음과 행위에 의한 구원을 주장하는 당신이 같은 것(우리 안에 그리스도의 계시를 믿음으로, 구원으로, 용서로, 성결로, 영광으로 이해하기)을 의미한다면, 우리는 결코 당신과 싸우지 않을 것입니다. 만일 당신이 그렇지 않다면 이것은 언어들의 싸움이 아니라 매우 본질적인 다툼입니다. 기독교의 본질이 의문 가운데 있게 되는 것입니다.

Q4. 지금 우리의 교리가 옥스퍼드에서 설교했던 것과는 어떤 점에서 다릅니까?

A. 주로 다음 두 가지가 다릅니다. (1) 그때 당시 우리는 칭의와 관련해서 믿음으로 말미암은 의에 대해서 아는 것이 없었습니다. (2) 용서에 대한 자각을 포함하는 믿음의 특성도 몰랐습니다.

Q5. 칭의에 대한 확실한 느낌 이전에 어느 정도 하나님의 사랑이 앞서는 것은 아닙니까?

A. 그럴 수 있다고 믿습니다.

Q6. 성화 혹은 성결에 정도(degree)가 있을 수 있습니까?

A. 외적 성결에는 많은 정도들이 있을 수 있습니다. 그렇습니다. 기독

교적 성결의 가지들이라고 여겨지는 온순함과 다른 여러 가지들에 어떤 정도가 있습니다. 그러나 그것들은 기독교의 원칙들로부터 나오는 것이 아닙니다. 하나님의 불변하는 사랑은 용서하시는 하나님에 대한 믿음에서만 솟아납니다. 그리고 그리스도인의 진정한 성결은 그 기초인 하나님의 그 사랑 없이는 결코 존재할 수 없습니다.

Q7. 모든 사람은 그가 믿자마자 새로운 피조물이며, 성화되고 (다시 태어나고), 마음이 순결한 사람이 됩니까? 그러면 그는 새로운 마음을 가지게 됩니까? 그 안에 그리스도께서 거하십니까? 그리고 그는 성령께서 거하는 성전입니까?

A. 참된 의미에서 모든 신자에게서 이 모든 것들이 증거될 것입니다. 그런 까닭에 이것을 주장하는 사람에게 반박하지 맙시다. 우리가 왜 단어들에 대하여 논쟁해야 합니까?

1747년 6월 16일 화요일, 제 4차 회의

존 웨슬리, 찰스 웨슬리, Hayes의 교구목사 찰스 매닝, 성 대 바톨로메우의 사목 리차드 토마스 베이트만, 헨리 피어소, 호웰 해리스, 토마스 하드워가 파운데리(Foundery)에서 모였다. 질의된 것은 다음과 같다.

Q1. 칭의의 믿음이란 그리스도께서 나를 사랑하셨고, 나를 위해 그분

자신을 주셨다는 것에 대한 하나님께서 주신 확신입니까?

A. 그렇다고 믿습니다.

Q2. 이 부분과 관련해서 가장 심각한 반대자들의 견해는 무엇입니까?

A. 일반적으로 그들도 많은 신자들이 그러한 확신을 가지고 있으며, 그것이 신자들에 의해 소망되고 기도되어야 한다는 것을 인정합니다. 그러나 그들은 이것(확신)이 믿음의 가장 높은 단계 혹은 정도라고 주장합니다. 그것이 신자들의 일반적 특권은 아니라고 주장합니다. 결과적으로 그들은 확신이 칭의의 믿음이라는 것을 혹은 거기에 필연적으로 암시되어 있다는 것을 부정합니다.

Q3. 그러면 그들의 의견에 대한 강력한 이유들이 없는 것은 아닙니까? 만약 구약 시대의 참 신자들에게 이러한 확신이 없었다면 그 확신이 반드시 칭의의 믿음에 포함된 것은 아니게 됩니다. 그런데 구약 시대의 참 신자들은 이러한 확신을 소유하지 못했습니다.

A. 다윗, 그리고 구약 시대의 꽤 많은 신자들이 이러한 확신을 가졌다는 데 논의의 여지는 없습니다. 그러나 만일 유대인들이 이 확신을 가지고 있지 못하다고 할지라도, 이것이 그리스도인의 믿음에 포함되는 것이 아니라는 것을 의미하는 것은 아닙니다.

Q4. 그러나 성령 강림절 후에서야 사도들조차 확신을 소유했다는 것을 여러분은 모르십니까?

A. 사도들도 성령 강림절 이후에야 진정한 기독교 신앙을 가지게 되었습니다.

Q5. 그러면 사도 요한의 첫 번째 편지를 받았던 사람들은 진정한 의미

에서 기독교 신자들이 아니었습니까? 그런데 그는 이 사람들에게 "내가 하나님의 아들의 이름을 믿는 너희에게 이것을 쓰는 것은 너희로 하여금 너희에게 영생이 있음을 알게 하려 함이라."(요일 5:13)라고 말했습니다.

A. 그들이 자신들에게 영원한 생명이 있음을 알지 못했고 더 나아가서 그들이 믿지 않았다는 것이 증명되지는 않습니다. 그의 분명한 뜻은 '나는 너희가 믿음 안에서 더욱 더 세워지라고 너희에게 글을 썼다'입니다. 그런 까닭에 그 말은 그들이 이러한 확신을 가지고 있지 않았다는 것을 의미하는 것이 아니라 단지 확신의 정도가 있다는 것을 보여주는 것입니다.

Q6. 그러면 데살로니가 교인들은 참된 신자들이 아니었습니까? 그들은 이러한 확신을 가지고 있지 않았고, 단지 '선한 소망'만을 소유했습니다. (살전 2:16)

A. 당신이 언급한 말씀은 다음으로 연결됩니다. "우리 주 예수 그리스도와 우리를 사랑하시고 영원한 위로와 좋은 소망을 은혜로 주신 하나님 우리 아버지께서 너희 마음을 위로하시고 모든 선한 일과 말에 굳건하게 하시기를 원하노라."(살후 2:16-17) 이러한 '선한 소망'은 하나님의 사랑에 대한 강한 확신을 배제하는 것이 아니라 필연적으로 포함합니다.

Q7. 그러면 사도 바울도 역시 자기 자신에 대해, "내가 자책할 아무것도 깨닫지 못하나 이로 말미암아 의롭다 함을 얻지 못하노라"(고전 4:4)라고 말하고 있지 않습니까?

A.   여기에서 바울은 자신이 칭의받지 못했음을 혹은 그것을 알지 못
함을 말하고 있는 것이 아닙니다. 오히려 자신이 위법 행위가 없는
양심을 가지고 있음에도 불구하고 이것이 하나님 앞에서 그를 의
롭게 하지 않는다는 것을 말하고 있습니다. 그렇다면 모든 신자는
같은 것을 말해야만 하는 것은 아닙니까? 그러한 까닭에 이것은 요
점에서 멀어져 있습니다.

Q8.   그러면 "내가 너희 가운데 거할 때에 약하고 두려워하고 심히 떨었
노라"(고전 2:3)라는 이 말씀에서 그는 그와 같은 확신을 부정하고
있는 것은 아닙니까?

A.   결코 아닙니다. 이러한 말씀은 죽음 혹은 지옥에 관한 두려움을 의
미하는 것이 아니기 때문입니다. 이 말씀은 단지 그가 몰두했던 위
대한 사역에 대한 그의 궁극적 역량 부족에 관한 깊은 깨달음의 표
현입니다.

Q9.   그러나 바울이 그들에게 "두렵고 떨림으로" 그들의 구원을 "이루
라"고 말할 때(빌 2:12), 그는 일반적으로 그와 같은 확신으로부터
기독교인들을 배제시킨 것은 아닙니까?

A.   자녀의 경외와 존경으로 가득 찬 떨림과 늘 결합된 사랑을 의미하
는 것입니다. 그리고 같은 대답이 신자들에게 경외하라고 권고하
는 본문들 모두에 적용됩니다.

Q10.   그러면 의롭게 여김을 받도록 하는 믿음이 확신을 필연적으로 동
반하지는 않는다는 것을 의미하는 것이 아닙니까? 당신은 하나님
께 그렇게 정직하며, 열정적이고, 경외하면서 모든 일에 책망할 것

없이 그렇게 걸어갔던 J. A. 혹은 E. (U)와 같은 사람에게 의롭게 여김을 받게 하는 믿음이 없었다고 믿을 수 있습니까? 당신은 그와 같은 사람들이 하나님의 저주와 분노 아래 있다고 생각할 수 있습니까? 만일 그들이 자신들이 소유하지 못한 확신을 끊임없이 갈망하고, 얻으려 노력하며, 기도하고 있으며, 여기에 당신이 추가한다면요?

A. 이것은 매우 강력한 원인을 가지고 있으며, 이따금씩 우리로 하여금 이들 중에 어떤 사람들은 예외적인 경우가 될지도 모른다고 생각하게 합니다. 그러나 그것이 무엇이든지 간에 우리는 다음과 같이 대답합니다.

(1) 몇몇 특수한 경험을 일반 교리의 근거로 삼는 것은 위험합니다.

(2) 선행은총과 함께하는 본성과 습관에 의해 많은 선한 기질을 가지고 있고, (막연한 뜻으로 말하는) 흠 없는 삶을 살고 있는 사람도 하나님에 대한 사랑과 믿음을 소유하지 못할 수도 있습니다.

(3) 우리가 그와 같은 사람들에 대해 판단할 수 있을 정도로 그들의 환경 모두를 아는 것은 불가능합니다.

(4) 그러나 만일 그리스도께서 그들에게 계시되지 않았다면 그들은 아직 기독교 신자들이 아니라는 것을 우리는 알고 있습니다.

Q11. 그러면 그들이 이 상태에서 죽었다면 그들은 어떻게 되겠습니까?

A. 우리가 추측할 일이 아닙니다. 저들은 그 상태에서 죽을 수 없습니다. 그들은 앞으로 나아가거나 뒤로 후퇴해야만 합니다. 만일 그들이 계속 구한다면 그들은 성령 안에서 의, 평화, 기쁨을 확실하게

발견할 것입니다. 우리가 보아온 많은 예들, 최후의 순간에 평화를 찾은 사람들의 예를 통해서 우리는 이 믿음을 확증합니다. 이를테면 귀중한 믿음의 참여자가 되었지만, 하나님께서 주신 변화의 외적 증거를 드러내지 않고 가는 것이 불가능한 경우는 아닙니다.

1747년 6월 17일 수요일, 제 5차 회의

Q1. 우리와 다른 견해를 가진 우리의 형제들이 온전 성화에 관해서 어느 정도까지 인정합니까?

A. (1) 모두는 죽기 직전에 완전 성화(온전 성화)되어야만 하는 것, (2) 그때에 이르기까지 신자는 은총 안에서 매일 성장하며, 완전을 향해 더욱 가까이 나아가는 것, (3) 끊임없이 온전 성화를 향해 달려가야 하고, 모든 다른 이들에게 그렇게 하도록 권고해야 하는 것을 그들이 인정합니다.

Q2. 우리는 그들에게 무엇을 허용합니까?

A. 우리는 다음과 같은 것을 인정합니다.

(1) 믿음 가운데 세상을 떠난 많은 사람들, 즉 우리가 알고 있는 이들 중에 대부분이 죽음 직전의 순간까지 완전히 성화되지 못했으며, 사랑 안에서 온전하지 못했습니다.

(2) 사도 바울에 의해서 '성화된'이라는 용어는 참된 신자들인 의롭다 칭함을 받은 사람들에게 끊임없이 적용되었습니다.

(3) 사도 바울은 이 용어만으로 모든 죄로부터 구원받았다고 생각하지 않습니다.

(4) 결과적으로 '온전한', '전적인' 혹은 그와 같은 단어를 더하지 않고 이 용어를 이 의미로 사용하는 것은 적절하지 않습니다.

(5) 영감을 받은 성경 기자들은 계속해서 칭의받은 사람들에 관해서 그들에게 말합니다. 그러나 매우 드물지만 온전한 성화를 받은 사람들에 대해서 그들에게 말합니다.

(6) 결과적으로 우리는 끊임없이 의롭다 여김을 받은 상태에 대해 계속해서 말할 필요가 있습니다. 그러나 온전하고 분명한 용어로 온전 성화(그리스도인의 완전)에 관해 말할 기회가 별로 없습니다.

Q3. 그러면 어떤 점에서 우리가(우리의 견해가) 나누어집니까?

A. 그것은 다음과 같습니다. 죽음의 목전에 모든 죄로부터 구원받는 것을 기대하는가, 기대하지 않는가로 나누어집니다.

Q4. 하나님께서 모든 죄로부터 우리를 구원하신다는 것에 대한 어떤 분명한 성경적 약속이 있습니까?

A. 성경에 있습니다. "그가 이스라엘을 그의 모든 죄악에서 속량하시리로다"라는 말씀이 있습니다(시편 130:8). 에스겔의 예언에서 더 분명하게 표현되어 있습니다. "맑은 물을 너희에게 뿌려서 너희로 정결하게 하되 곧 너희 모든 더러운 것에서와 모든 우상 숭배에서 너희를 정결하게 할 것이며 내가 너희를 모든 더러운 데에서 구원하고 곡식이 풍성하게 하여 기근이 너희에게 닥치지 아니하게 할 것이며"(에스겔 36: 25, 29). 어떤 약속도 이 이상 '온전하고' 분명할 수

없습니다. 사도 바울은 다음과 같이 권하고 있습니다. "그런즉 사랑하는 자들아 이 약속을 가진 우리는 하나님을 두려워하는 가운데서 거룩함을 온전히 이루어 육과 영의 온갖 더러운 것에서 자신을 깨끗하게 하자."(고후 7:1) 다음의 옛 약속에서도 아주 분명하게 표현되어 있습니다. "네 하나님 여호와께서 네 마음과 네 자손의 마음에 할례를 베푸사 너로 마음을 다하며 뜻을 다하여 네 하나님 여호와를 사랑하게 하사 너로 생명을 얻게 하실 것이라." (신 30:6)

Q5. 이 주제에 대답할 수 있는 주장이 신약성경에도 있습니까?

A. 있습니다. 그리고 가장 명백하게 말씀되어 있습니다. (1) 요한일서 3장 8절 "하나님의 아들이 나타나신 것은 마귀의 일을 멸하려 하심이라" 어떤 규제나 제한도 없는 악마의 사역들. 모든 죄는 악마의 사역입니다. 사도 바울의 주장과 유사합니다. "남편들아 아내 사랑하기를 그리스도께서 교회를 사랑하시고 그 교회를 위하여 자신을 주심 같이 하라. 자기 앞에 영광스러운 교회로 세우사 티나 주름 잡힌 것이나 이런 것들이 없이 거룩하고 흠이 없게 하려 하심이라." (엡 5:25, 27)

로마서 8장의 주장에도 같은 효력이 있습니다. "율법이 육신으로 말미암아 연약하여 할 수 없는 그것을 하나님은 하시나니 곧 죄로 말미암아 자기 아들을 죄 있는 육신의 모양으로 보내어 육신에 죄를 정하사 육신을 따르지 않고 그 영을 따라 행하는 우리에게 율법의 요구가 이루어지게 하려 하심이니라." (롬 8:3,4)

Q6. 모든 죄로부터 구원받음을 기대할 수 있는 근거가 신약성경에 더

있습니까?

A. 의심할 여지 없이 있습니다. 가장 강력한 주장들인 기도와 명령들 가운데 표현되어 있습니다.

Q7. 어떤 기도들입니까?

A. 온전 성화를 위한 기도입니다. 온전 성화가 없다면 그 기도는 단지 하나님에 대한 조롱이 될 것입니다. 특별히 다음과 같은 기도들입니다.

(1) "우리를 악에서 구하시옵소서" 혹은 "악한 사람으로부터" 이 기도가 이루어져 우리가 모든 악에서부터 벗어난 그때에 남아 있는 죄가 없게 될 것입니다.

(2) "내가 비옵는 것은 이 사람들만 위함이 아니요 또 그들의 말로 말미암아 나를 믿는 사람들도 위함이니 아버지여, 아버지께서 내 안에, 내가 아버지 안에 있는 것 같이 그들도 다 하나가 되어 우리 안에 있게 하사 세상으로 아버지께서 나를 보내신 것을 믿게 하옵소서. 곧 내가 그들 안에 있고 아버지께서 내 안에 계시어 그들로 온전함을 이루어 하나가 되게 하려 함은 아버지께서 나를 보내신 것과 또 나를 사랑하심 같이 그들도 사랑하신 것을 세상으로 알게 하려 함이로소이다." (요 17: 20, 21, 23.)

(3) "이러므로 내가 하늘과 땅에 있는 각 족속에게 그의 영광의 풍성함을 따라 그의 성령으로 말미암아 너희 속사람을 능력으로 강건하게 하시오며 믿음으로 말미암아 그리스도께서 너희 마음에 계시게 하시옵고 너희가 사랑 가운데서 뿌리가 박히고 터가 굳어져

서 능히 모든 성도와 함께 지식에 넘치는 그리스도의 사랑을 알고 그 너비와 길이와 높이와 깊이가 어떠함을 깨달아 하나님의 모든 충만하신 것으로 너희에게 충만하게 하시기를 구하노라." (엡 3:14, 16-19)

(4) "평강의 하나님이 친히 너희를 온전히 거룩하게 하시고 또 너희의 온 영과 혼과 몸이 우리 주 예수 그리스도께서 강림하실 때에 흠 없게 보전되기를 원하노라." (살전 5:23)

Q8. 같은 효력이 있는 명령은 무엇입니까?

A. (1) "그러므로 하늘에 계신 너희 아버지의 온전하심과 같이 너희도 온전하라." (마 5:48)

(2) "예수께서 이르시되 네 마음을 다하고 목숨을 다하고 뜻을 다하여 주 너의 하나님을 사랑하라 하셨으니." 만일 하나님 사랑이 온 마음에 가득 채워진다면, 거기에는 죄가 없을 것입니다. (마 22:37)

Q9. 그러면 어떻게 죽음의 순간 이전에 온전 성화가 이루어지는 것으로 보입니까?

A. 첫 번째, 죽은 자가 아닌 산 자에게 주어진 것이라는 계명의 본질에 따르면 그렇습니다. 그러한 까닭에 "너는 너의 마음을 다하여 하나님을 사랑해야 한다"는 것은 죽는 때가 아니라 살아 있을 때 온 마음을 다해 하나님을 사랑해야 한다는 것을 의미합니다.

두 번째로 다음의 성경 본문들이 이렇게 표현합니다.

(1) "모든 사람에게 구원을 주시는 하나님의 은혜가 나타나 우리를

양육하시되 경건하지 않은 것과 이 세상 정욕을 다 버리고 신중함과 의로움과 경건함으로 이 세상에 살고 복스러운 소망과 우리의 크신 하나님 구주 예수 그리스도의 영광이 나타나심을 기다리게 하셨으니 그가 우리를 대신하여 자신을 주심은 모든 불법에서 우리를 속량하시고 우리를 깨끗하게 하사 선한 일을 열심히 하는 자기 백성이 되게 하려 하심이라." (디도서 2:11-14)

(2) "우리를 위하여 구원의 뿔을 그 종 다윗의 집에 일으키셨으니 이것은 주께서 예로부터 거룩한 선지자의 입으로 말씀하신 바와 같이 우리 원수에게서와 우리를 미워하는 모든 자의 손에서 구원하시는 일이라 우리 조상을 긍휼히 여기시며 그 거룩한 언약을 기억하셨으니 곧 우리 조상 아브라함에게 하신 맹세라 우리가 원수의 손에서 건지심을 받고 종신토록 주의 앞에서 성결과 의로 두려움이 없이 섬기게 하리라 하셨도다." (눅 1:69-75)

Q10. 성경의 인물들 중에 그리스도인의 완전을 받은 사람이 있습니까?

A. 네, 있습니다. 사도 요한과 그가 요한 일서에서 언급하고 있는 사람들이 그들입니다. "이로써 사랑이 우리에게 온전히 이루어진 것은 우리로 심판 날에 담대함을 가지게 하려 함이니 주께서 그러하심과 같이 우리도 이 세상에서 그러하니라." (요일 4:17)

Q11. 그러면 왜 신약성경에 이러한 예가 더 많이 나오지 않습니까?

A. 우리에게 이 문제가 최종적인 것이 아니기 때문입니다. 아마 설명 가능한 이유는 사도들이 유아기적 상태에 있었던 교회에게 편지를 썼기 때문일 것입니다. 그렇기 때문에 그들은 아이들에게 억센 고

기를 주지 않으려고 그와 같은 사람들을 잘 언급하지 않았을 것입니다.

Q12. 그와 같은 예를 지금 보여줄 수 있습니까? 그와 같이 온전한 신자는 어디에 있습니까?

A. 여기서 내가 한 사람을 알고 있는지를 대답하게 하는 질문을 하는 사람에게 나는 대답하지 않을 것입니다. 그 질문은 사랑으로부터 나온 것이 아니기 때문입니다. 그러한 사람은 어린아이를 죽이기 위해 어린아이를 찾았던 헤롯과 같습니다.

그러나 우리는 더 직설적으로 대답합니다. (논쟁의 여지 없이) 왜 사례들이 그렇게 없어야만 했는지에 대해 수많은 이유들이 있습니다. 표적이 되도록 모두를 위해 표시된 것이 그 사람에게 얼마나 불편하겠습니까! 하나님을 알지 못하는 사람뿐만이 아니라 신자들에게도 그것이 얼마나 시험이 되겠습니까! 그와 같은 사람을 우상화시키는 것을 삼가는 것이 그들에게 얼마나 어려운 일이 되겠습니까! 그럼에도, 반론하는 사람들에게 얼마나 헛된 일이 되겠습니까! 만일 그들이 모세와 예언자들, 그리스도와 그의 사도들을 듣지 않았다면, 그들은 죽음에서 일어선 사람을 통해서도 설득되지 않을 것입니다.

Q13. 만일 누가 그리스도인의 완전에 이르렀다면 당신은 그에게 그것을 간증하라고 충고할 것입니까?

A. 하나님을 알지 못하는 사람에게는 말하지 말라고 할 것입니다. 그리스도인의 완전은 그들(불신자들)에게 모순과 재앙만을 불러일으

키기 때문입니다. 어떤 특별한 이유가 없다면, 어떤 특별한 유익이 없다면 누구에게도 말하지 말라고 하겠습니다. 그들은 자랑의 모든 모양을 피하도록 조심해야 합니다. 그리고 그들의 혀로 하는 것보다 그들의 삶으로 더 크고 확실하게 말하도록 하게 해야 합니다.

Q14. 그리스도인의 완전에 이르렀다고 말하는 사람을 믿지 않는 것이 죄입니까?

A. 결코 아닙니다. 우리는 성급하게 믿어서는 안 됩니다. 우리는 충분하고 강한 증거를 얻을 때까지 우리의 판단을 미루어야 합니다.

Q15. 모든 죄로부터 구원받았다고 말하는 사람에 대한 은밀한 혐오를 가지는 경향이 우리에게 있는 것은 아닙니까?

A. 우리는 그렇게 하기 쉽습니다. 거기에는 몇 가지 이유가 있습니다. 부분적으로는 하나님의 명예와 그들이 이것들을 소유한 것이 아니라면 상처받거나 혹은 길에서 벗어나게 될 영혼들의 유익에 대한 관심 때문에, 부분적으로는 우리보다 더 높은 성취를 말하는 사람들에 대한 일종의 무엇의 시기심 때문에, 그리고 부분적으로는 우리의 우둔함과 하나님의 사역을 믿는 마음의 준비 부족 때문에 그렇게 하기 쉽습니다.

Q16. 완전을 엄격하게 설교하면 신자들로 하여금 일종의 속박 혹은 노예적 두려움에 빠지게 하는 경향이 있지 않습니까?

A. 그렇습니다. 그러한 까닭에 우리는 이 설교를 항상 가장 부드러운 관점에서 해야 합니다. 그렇게 하면 그 설교는 소망, 기쁨, 그리고 희망만을 불러일으킬 것입니다.

Q17. 우리가 완전에 이르기 전까지 믿음의 기쁨 속에서 계속 거하지 못할 수도 있는 이유는 무엇 때문입니까?

A. 사실 이유가 무엇일까요? 거룩한 슬픔이 이러한 기쁨을 소멸시키지 않기 때문입니다. 심지어 우리가 십자가 아래 있을지라도, 그리스도의 고난에 깊게 참여할지라도 우리는 말할 수 없는 기쁨으로 즐거워할 수 있습니다.

Q18. 신자들이 계속해서 기뻐하는 것을 우리가 그만 두게 하고 있는 것은 아닙니까?

A. 그렇게 해서는 안 됩니다. 그들로 하여금 그들의 모든 삶을 하나님으로 기뻐하게 합시다. 그러면 그것은 경외와 함께할 것입니다. 그리고 가벼움과 교만이 그들의 기쁨과 섞여 있을지라도 기쁨 자체를(이것은 하나님의 선물입니다) 억누르지 맙시다. 그러나 가벼움 혹은 교만은 억누릅시다. 그러면 악은 중단되고 선이 남게 됩니다.

Q19. 우리가 완전을 얻기 전에는 죽지 않기 위하여 완전에 대하여 과하게 주의를 기울여야 합니까?

A. 현명하지 못합니다. 우리는 영적인 것이든 일시적인 것이든 어떤 것에도 그렇게 걱정하며 조심해서는 안 됩니다.

Q20. 우리는 여전히 우리 안에 남아 있는 죄악된 본성 때문에 곤란해 하지 말아야 합니까?

A. 죄악된 본성을 깊게 인식하고, 주님 앞에서 부끄러워하는 것이 우리에게 유익합니다. 이것은 우리로 하여금 모든 순간에 더욱 더 근면하게 그리스도에게로 향하게 합니다. 그리고 주님으로부터 빛,

생명, 그리고 힘을 얻도록 우리를 자극할 것입니다. 그러한 까닭에 죄를 더 많이 느낄 때, 주님의 사랑을 더 많이 깨닫게 됩니다.

Q21. 우리가 은총 안에서 성장함에 따라 우리의 기쁨이 커집니까? 혹은 우리의 곤란함이 커집니까?

A. 아마 둘 다입니다. 분명하게 주님 안에서 우리의 기쁨은 우리의 사랑이 커감에 따라 커질 것입니다.

Q22. 가르치는 신자들이 다른 신자들로 하여금 생래적 죄(inbred sin)에 끊임없이 집착하게 만들어서 이전에 범한 죄들로부터 그들이 벗어났다는 사실을 잊게 만드는 것은 아닙니까?

A. 우리는 경험으로 그렇다는 것을 알게 됩니다. 그것을 과소평가하게 하거나 작은 일로 여깁니다. 반면에 사실 (비록 뒤에 여전히 더 큰 선물들이 있음에도 불구하고) 이전의 죄에서 벗어난 것은 말할 수 없이 위대하며 영광스러운 일입니다.

어떻게 적용하고 실천할 것인가?

지금까지 웨슬리안 교리에 대해 살펴보았다. 그리스도인의 신앙적, 도덕적, 사회적 삶은 하나님이 누구신지 그리고 그 하나님이 어떻게 일하시는지에 대한 인식과 분명히 연결된다. 하나님에 대한 이야기로서 교리는 하나님과 관계 맺는 모든 것들을 통해서 하나님에 대해서 우리에게 알려준다. 또한 교리는 우리의 세계관 형성에 큰 영향력을 행사하며 삶과 신앙의 기준을 제공한다. 따라서 우리 자신을 위해서, 자녀들을 위해서, 또 우리를 통해서 신앙적으로 성장하게 될 사람들을 위해서 웨슬리안 교리를 알고, 훈련하고, 실천할 필요가 있다.

교리와 교회 교의학의 기능들 중에 하나는 성경 해석의 해석학적 틀을 제공해준다는 데 있다. 해석학적 틀로서 교리가 신앙 공동체에서 충분히 학습되고 선포될 때 믿음의 사람들은 더욱 풍성하고 의미 있게 삶을 살아가게 될 것이다. 따라서 부모 세대는 자라나는 세대에게, 신자들은 초신자들에게 우리가 무엇을 믿고 있는지를 분명히 알고 가르쳐야 할 것이다.

그리고 더 중요한 것은 교리를 신앙 공동체의 구체적 상황 속에서 어떻게 적용하고 실천할 것인가의 고민이 필요하다. 이러한 측면에서 설교자들에게는 공동체의 상황을 충분히 고려한 복음 중심의 교리 설교가 설교의 장기적인 내용과 과제가 되어야 할 것이다.

그러면 무엇을 조심해야 하는가? 교리의 이데올로기화를 조심하자. 교리 자체가 목적이 되어서는 안 된다. 교리는 하나님께서 예수 그리스도를 통해 우리에게 주신 삶의 목적과 존재 목적의 실현을 위해서 사용되는 수단 중에 하나이다. 교리는 하나님의 거룩한 사랑에 근거한 하나님을 향한 사랑과 이웃을 향한 사랑의 실천에 도움이 되어야 한다. 교리는 목적이 아닌 하나님의 뜻을 이 땅에서 실현하기 위해 사용되는 방편이고 수단이다.

다시 한 번 되새겨 보자. 하나님께서 우리를 왜 하나님의 자녀로 부르셨는가? 왜 웨슬리안으로 부르셨는가? 웨슬리의 언어로는 성서적 성결의 전파를 통한 개인의 변화와 교회와 국가의 변혁을 위해서이다. 즉, 세상의 변혁을 위해서 예수 그리스도의 제자가 되는 것이며, 그분의 제자를 양성하는 데 우리의 소명이 있다.

웨슬리안 교의학의 의미

현대를 살아가는 웨슬리안에게 웨슬리안 신학의 관점에서 삶의 목적론적 패러다임을 제공하는 것은 유의미한 과제이다. 그렇다면 어떻게 제공할 것인가? 웨슬리안 교의학(교리를 연구하는 학문) 정립이 한 방법이 될 수 있다. 그리고 웨슬리안 교의학에 의해서 정립된 교리와 그리스도인 삶과의 역학관계 탐구 역시 중요한 과제이다.

교의학의 중심 주제는 삼위 하나님과 그 하나님과 관계된 모든 이성적 피조물이 자신들 존재의 궁극적 목적인 하나님을 향해 나아가는 과정이다. 교의학은 기독교 핵심인 복음을 교리의 체계와 명제들을 통해서 해석하고 이해하는 데 중점을 둔다. 그리고 해석과 이해를 위한 교리적 표준을 설정한다. 교리적 표준에서 정립된 신학적 확신들과 교리들이 그리스도인으로 하여금 삶의 궁극적 목적인 하나님을 향해 보다 안정적으로 나아가는 것을 도와주기 때문이다.

이러한 교의학은 그리스도인으로 하여금 존재 목적으로서 삼위 하나님을 생각하게 하는 신앙적 '생각의 집'이다. 교의학의 목적은 단순히 신학적 사변(사색)에만 있는 것이 아니라 삼위 하나님, 우리 이웃과의 '거룩한 사랑'의 관계를 더 깊게 만들기 위한 공간을 제공한다.

교리는 단순이 이론이나 개념이 아니며, 그리스도를 통해 보다 명확하게 증거되는 삼위 하나님을 믿고 사랑하고 닮고 섬기는 삶의 안내자와 규칙의 역할을 한다. 교의학/교리 연구는 단순히 명제적 진리에 대한 진술이 아닌 삼위 하나님과의 관계 속에서 체험하게 되는 하나님에 대한 고백적 진술이며 사랑의 표현이다. 따라서 교의학을 단순한 선언이나 이론으로만 볼 것이 아니라 만남과 소통의 장으로 이해해야 한다. 성령의 권능에 의한 그리스도로서의 예수를 통해 계시된 삼위 하나님에 대한 진리는 개념과 논리의 측면에서 접근하기 보다는 삼위 하나님의 내적 삶에 참여하는 경험을 통해 이해되고 우리 삶으로 증언되어야 한다.

웨슬리안 교의학이라는 집을 지어야 한다. 사명 이해, 성경 이해, 계시 이해, 신학 방법론, 삼위일체론으로 시작하는 신론, 창조론, 죄론, 인간론, 기독론, 성령론, 구원론, 교회와 사회, 종말론 등은 집짓기의 재료들이다.

웨슬리안 교의학이라는 집짓기의 몇몇 특징과 원칙은 다음과 같다. 첫 번째, 가장 큰 두 초점은 삼위 하나님의 구원 사역에서 성취되는 우리의 새 생명과 삶이다. 두 번째, 내용의 중심은 그리스도론과 그리스도론을 통한 삼위일체론이 되어야 한다. 웨슬리 신학의 구원론은 그리스도론 중심이며, 삼위 하나님이 함께 사역하신다는 점을 동시에 강조하고 있다. 세 번째, 교의학의 신학적 진술은 현재 그리스도인의 삶을 향해 있어야 한다. 즉 현재 그리스도인 삶의 정황을 충분히 고려해야 한다. 따라서 교리는 사회, 경제, 환경, 젠더, 문화 등의 문제에 대해 대답해야 한다. 네 번째, 신앙 공동체의 중요성을 간과해서는 안 된다. 개인의 성결은 공동체적 성결을 벗어나서는 가능하지 않다. 또한 교회론이 성령론과 종말론을 연결한다.

이러한 전제 가운데 웨슬리안 교의학 정립과 교리 해석은 가능한 복음에 적합하고 오늘의 시대적 정황에 시의적절해야 한다. 특히 교의학의 궁극적 목적은 하나님의 진(truth), 선(goodness), 미(beauty)를 향해 나아가야 한다. 다시 말하면 교의학은 진리의 체화(habitus), 사랑의 실천, 그리고 하나님의 영광을 봄이라는 목적에 봉사해야 한다. 웨슬리안 교의학은 일차적으로는 웨슬리안, 궁극적으로는 모든 그리스도인에게 하나님(삶의 궁극적 목적)과의 만남을 향해 나아가는 길을 제시해야 한다. 삼위 하나님과의 인격적 만남의 장이 되어야 한다. 그리스도인 삶의 궁극적 목적으로서 행복으로 인도하는 역할을 해야 한다.

[1차 자료]

아퀴나스, 토마스/ 손은실·박형국 옮김. 『신학대전: 자연과 은총에 관한 주요 문제들』 서울: 두란노 아카데미, 2011.

웨슬리, 존/ 마경일 옮김, 『잠자는 자여 일어나라』(표준설교집 1). 서울: 기독교대한감리회 홍보출판국, 1999.

----- / 이계준 옮김, 『새로운 탄생』(표준설교집 2). 서울: 기독교대한감리회 홍보출판국, 1999.

----- / 한국웨슬리학회 옮김, 『웨슬리 설교전집』 총 7권. 서울: 대한기독교서회, 2006.

----- / 나원영 옮김, 『존 웨슬리의 일기』(개정판). 서울: KMC, 2007.

----- / 이후정 옮김, 『그리스도인의 완전』 서울: 감리교신학대학교 출판부, 2006.

----- / 존 웨슬리 사업회 옮김, 『신약성서주해 상, 하』(존 웨슬리 총서 5, 6). 서울 韓國敎育圖書出版社 1977.

----- / 한국웨슬리학회 편역, 『존 웨슬리 논문집 I』 서울: 한국웨슬리학회, 2009.

----- / 한국웨슬리학회 편역, 『존 웨슬리 논문집 II』 서울: 한국웨슬리학회, 2019.

----- / 나형석 옮김, 『웨슬리 찬송시선집』 서울: KMC, 2011.

Aquinas, Thomas. Summa Theologiae. Translated by fathers of the English Dominican province. New York: Benzinger Brothers, 1947.

Calvin, John. Institutes of the Christian Religion. Edited by John T. McNeill. Translated by Ford Lewis Battles. Louisville: Westminster John Knox Press, 1960.

Luther, Martin. Luther's Works: American Edition. Volumes 1-30: Edited by Jaroslav Pelikan. St. Louis: Concordia Publishing House, 1955-1976. Volumes 31-55: Edited by Helmut Lehmann. Philadelphia and Minneapolis: Muhlenberg Press and Fortress Press, 1957-1986. Volumes 56-82: Edited by Christopher Boyd Brown. St. Louis: Concordia Publishing House, 2009-.

Wesley, John, ed. A Christian Library: Consisting of Extracts from and Abridgments of the Choicest Pieces of Practical Divinity which have been published in the English Tongue. 50 vols. Bristol, England: Farley, 1749-1755; reprinted in 30 vols. London: T. Cordeux, 1819-27.

-----. Complete English Dictionary: Explaining Most of Those Hard Words, which are Found in the Best English Writers. London: W. Strahan, 1753.

-----. Explanatory Notes Upon the New Testament. 5th ed. London: Printed for the Author, 1788.

-----. Explanatory Notes Upon the Old Testament. Bristol, England: William Pine, 1765.

-----. Instruction for Children. Dublin: S. Powell, 1749.

-----. The Letters of the Rev. John Wesley, A. M. 8 vols. Edited by John Telford. London: Epworth Press, 1931.

-----. A Survey of the Wisdom of God in the Creation: Or, a Compendium of Natural Philosophy: In Five Volumes. 3rd ed. 5 vols. London: J. Fry and Company, 1777.

-----. The Works of John Wesley, begun as The Oxford Edition of the Works of John Wesley. Oxford: Clarendon Press, 1975-1983; continued as The Bicentennial Edition of the Works of John Wesley. Nashville, TN: Abingdon Press, 1984-present.

-----. The Works of the Rev. John Wesley, A. M. 14 vols. 3rd ed. Edited by Thomas Jackson. London: Wesleyan Methodist Book Room, 1872 (reprinted Grand Rapids, MI: Baker Book House, 1979).

[2차 자료]

김진두. 『웨슬리와 우리의 교리』(개정판). 서울: KMC, 2009.

____. 『찰스 웨슬리 생애와 찬송』. 서울: KMC, 2015.

김민석. "삶의 목적으로서의 행복: 계몽주의 시대 속에서의 웨슬리." 「한국교회사학회지」 46(2017), 73-110.

____. "존 웨슬리의 신학 방법론과 성서적 성결: 존 로크의 인식론과의 비교." 「한국교회사학회지」 43(2016), 225-260.

____. "감리교 사명과 감리교 세계 선교를 위한 제언." 「신학과세계」 85(2016), 121-144.

김홍기. 『감리교회사』. 서울: KMC, 2013.

____. 『존 웨슬리 신학의 재발견』. 서울: 대한기독교서회, 1993.

____. 『존 웨슬리의 희년사상』. 서울: 감리교신학대학교출판부, 1995.

____. 『존 웨슬리의 구원론: 구원의 완성을 향한 순례』. 서울: 성서 연구사, 2007.

러년, 시오도르/ 김고광 옮김. 『새로운 창조: 오늘의 웨슬리 신학』. 서울: 기독교대한감리회홍보출판국, 1999.

이후정. 『성화의 길 오늘을 위한 웨슬리의 영성』. 서울: 대한기독교서회, 2001.

장기영. 『개신교 신학의 양대 흐름: 루터 신학 vs. 웨슬리 신학』. 부천: 웨슬리 르네상스, 2019.

조종남. 『요한 웨슬레의 신학』. 서울: 大韓基督敎出版社, 2005.

한영태. 『웨슬레의 조직신학』. 서울: 성광문화사, 1996.

콜린스, 케네스/ 이세형 옮김. 『(거룩한 사랑과 은총) 존 웨슬리의 신학』. 서울: KMC, 2012.

____/ 장기영 옮김. 『성경적 구원의 길: 존 웨슬리 신학의 정수』. 서울: 새물결플러스, 2017.

Abraham, William J., and James E. Kirby, eds. The Oxford Handbook of Methodist Studies. New York: Oxford University Press, 2009.

Baker, Frank. John Wesley and the Church of England. Nashville, TN: Abingdon Press, 1970.

Bryant, Barry E. "John Wesley's Doctrine of Sin." Ph.D. diss., King's College, University of London, 1992.

____. John Wesley on the Origins of Evil. Ilkeston, England: Moorley's Print & Publishing, 1992.

Campbell, Ted A. John Wesley and Christian Antiquity: Religious Vision and Cultural Change. Nashville, TN:

Kingswood Books, 1991.

Colón-Emeric, Edgardo Antonio Wesley, Aquinas & Christian Perfection. Waco, TX: Baylor University Press, 2009.

Coppedge, Allen. John Wesley in Theological Debate. Wilmore: Wesley Heritage Press, 1987.

Cushman, R. John Wesley's Experimental Divinity: Studies in Methodist Doctrinal Standards. Nashville: Kingswood Books, 1989.

Deschner, John. "Methodism's Thirteenth Article." Perkins School of Theology Journal 13 (Winter 1960): 5-13.

____. John Wesley's Christology: An Interpretation. Dallas: Southern Methodist University Press, 1985.

Evans, G. R. Augustine on Evil. Cambridge; New York: Cambridge University Press, 1982.

Gunter, W. Stephen and Elaine Robinson eds. Considering The Great Commission: Evangelism and Mission in The Wesleyan Spirit. Nashville: Abingdon Press, 2005.

Hauerwas, Stanley. A Community of Character: Toward a Constructive Christian Social Ethic. Notre Dame, IN: University of Notre Dame Press, 1981.

Hauerwas, Stanley. In Good Company: The Church as Polis. Notre Dame, IN: University of Notre Dame Press, 1995.

Heitzenrater, Richard P. Mirror and Memory: Reflections on Early Methodism. Nashville, TN: Kingswood Books, 1989.

____. Wesley and The People Called Methodist: Second Edition. Nashville: Abingdon Press, 2013.

Im, Seung-an. "John Wesley's Theological Anthropology: A Dialectical Tension Between the Latin Western Patristic Tradition (Augustine) and the Greek Eastern Patristic Tradition (Gregory of Nyssa)." Ph.D. diss., Drew University, 1994.

Jones, Scott J. John Wesley's Conception and Use of Scripture. Nashville: Abandon Press, 1995.

____. "The Rule of Scripture" in Wesley and the Quadrilateral: Renewing the Conversation, ed. Stephen W. Gunter (Nashville, TN: Abingdon Press, 1997)

____.United Methodist Doctrine: The Extreme Center. Nashville, TN: Abingdon Press, 2002.

Kim, Min Seok. ""Happiness and Holiness, Joined in One" as the Christian Life Goal in John Wesley's Theology." Ph.D. diss., Garrett-Evangelical Theological Seminary, 2018.

Knight, Henry H. The Presence of God in the Christian Life: John Wesley and the Means of Grace. Metuchen, NJ: Scarecrow Press, 1992.

Lancaster, Sarah Heaner. The Pursuit of Happiness: Blessing and Fulfillment in Christian Faith. Eugene, OR: Wipf & Stock, 2011.

Lee, Hoo-Jung. "The Doctrine of New Creation in the Theology of John Wesley." Ph.D. diss., Emory

University, 1991.

Long, Stephen D. John Wesley's Moral Theology: The Quest for God and Goodness. Nashville, TN: Kingswood Books, 2005.

Maddox, Randy. Responsible Grace: John Wesley's Practical Theology. Nashville, TN: Kingswood Books, 1994.

Marquardt, Manfred. John Wesley's Social Ethics: Praxis and Principles. Translated by John E. Steely and W. Stephen Gunter. Nashville, TN: Abingdon Press, 1992.

Matthews, Rex D. "Religion and Reason Joined: A Study in the Theology of John Wesley." Th.D. diss., Harvard University, 1986.

Mealey, Mark Thomas. "'Taste and See that the Lord is Good': John Wesley in the Christian Tradition of Spiritual Sensation." Ph.D. diss., University of St. Michael's College, 2006.

Meeks, M. Douglas. "Trinity, Community and Power." In Trinity, Community and Power: Mapping Trajectories in Wesleyan Theology, edited by M. Douglas Meeks, 15-32. Nashville, TN: Kingswood Books, 2000.

Meistad, Tore. Martin Luther and John Wesley on the Sermon on the Mount. Lanham, Maryland, and London: The Scarecrow Press, Inc., 1999.

Niesel, Wilhelm. The Theology of Calvin. Philadelphia: Westminster Press, 1956.

Oden, Thomas C. John Wesley's Teachings, vols. 4. Grand Rapids: Zondervan, 2012.

Oh, Gwang Seok. "John Wesley's Ecclesiology: A Study in Its Sources and Development." PhD diss., Southern Methodist University, 2005.

Outler, Albert C. "The Wesleyan Quadrilateral in John Wesley." Wesleyan Theological Journal 20, no. 1 (Spring 1985): 7-18.

_____ ed. John Wesley: Library of Protestant Thought. New York: Oxford University Press, 1964.

_____. Evangelism and Theology in the Wesleyan Spirit. Nashville, TN: Discipleship Resources, 2004.

Richey, Russell E., Kenneth E. Rowe, and Jean Miller Schmidt, The Methodist Experience in America: A Sourcebook. Nashville: Abingdon, 2000.

Scott, Lane A. "Experience and Scripture in John Wesley's Concept of Saving Faith." In Holiness as a Root of Morality: Essays on Wesleyan Ethics, edited by John S. Park, 245-58. Lewiston, NY: Edwin Mellen Press, 2006.

Schlimm, Matthew R. "The Puzzle of Perfection: Growth in John Wesley's Doctrine of Perfection." Wesleyan Theological Journal, 38 no 2 (Fall 2003): 124-42.

Snyder, Howard A. The Radical Wesley and Patterns for Church Renewal. Eugene, OR: Wipf & Stock Publishers, 1996.

Thompson, Andrew C. "John Wesley and the Means of Grace: Historical and Theological Context." ThD diss.,

Duke University, 2012.

Thorsen, Don. Wesleyan Quadrilateral: An Introduction. Lexington: Emeth Press, 2018.

UMC, Book of Discipline (2004)

____. Book of Discipline (2008)

Vickers, Jason E. "American Methodism: A Theological Transition" in The Cambridge Companion to American Methodism, ed. Jason E. Vickers. New York: Cambridge University Press, 2013.

Wall, Robert W. "Toward a Wesleyan Hermeneutics of Scripture," Wesleyan Theological Journal, 30 no 2 (1995): 50-67.

Watson, David Lowes. Covenant Discipleship: Christian Formation through Mutual Accountability. Nashville, TN: Discipleship Resources, 1991.

Watson, Kevin M. Pursuing Social Holiness: The Band Meeting in Wesley's Thought and Popular Methodist Practice. Oxford; New York: Oxford University Press, 2014.

Webster, John, Kathryn Tanner and Iain Torrance eds., The Oxford Handbook of Systematic Theology. New York: Oxford University Press, 2007.

Williams, Colin W. John Wesley's Theology Today. London: Epworth Press, 1962.

Zizioulas, John D. Being as Communion: Studies in Personhood and the Church. Crestwood, NY: St. Vladimir's Seminary Press, 1985.